税务系统领导胜任力模拟试卷

税务干部能力提升研究组　编

中国财经出版传媒集团
中国财政经济出版社

图书在版编目（CIP）数据

税务系统领导胜任力模拟试卷／税务干部能力提升研究组编．--北京：中国财政经济出版社，2021.9（2022.11重印）
ISBN 978－7－5223－0512－7

Ⅰ．①税…　Ⅱ．①税…　Ⅲ．①税收管理－中国－干部－培训－自学参考资料　Ⅳ．①F812.423

中国版本图书馆 CIP 数据核字（2021）第 077201 号

责任编辑：陈志伟　　　　责任印制：史大鹏
封面设计：卜建辰

中国财政经济出版社 出版
URL：http：//www.cfeph.cn
E－mail：cfeph@cfeph.cn

社址：北京市海淀区阜成路甲 28 号　邮政编码：100142
营销中心电话：010－88191522
天猫网店：中国财政经济出版社旗舰店
网址：https：//zgczjjcbs.tmall.com
北京时捷印刷有限公司印刷　各地新华书店经销
成品尺寸：185mm×260mm　16 开　20.5 印张　404 000 字
2021 年 9 月第 1 版　2022 年 11 月北京第 3 次印刷
定价：86.00 元
ISBN 978－7－5223－0512－7
（图书出现印装问题，本社负责调换，电话：010－88190548）
本社质量投诉电话：010－88190744

前　言

本套丛书共分为通用能力、领导胜任力、征收管理、纳税服务、综合管理、税务稽查、信息技术分册。本套书以税务机关各岗位对干部的能力需求为出发点，通过整理知识层次、配套精华习题、辅以精准解析，既能帮助读者理解知识点，还帮助读者达到知识的点线面结合，构建知识体系。不仅做到轻松过关，更能全方位提升税务干部的政治素质、专业素养和业务能力。

本套图书有如下特色：

1. 配套题目更加新颖。“观千剑而后识器，闻千曲而后知音。”与2021年版辅导用书相比，本系列丛书试题更新度达60%，并与“两测”考试难度高度吻合。全书试题来源于各地内训试题，让读者摆脱四处搜集资料之苦，全身心投入备考学习，真正达到“会当凌绝顶，一览众山小”的最佳竞技状态。

2. 结构设计更加合理。为帮助科学复习迎考，业务能力升级测试辅导用书按照岗位类别和内容侧重划分为通用能力等六册辅导书和领导胜任力试卷。六册辅导书分为知识讲解和模拟试题两大专题。知识讲解专题重点归纳整理常考点，精选习题巩固知识、补漏补缺；模拟试卷部分，吸收最新考情信息，从各地模考中筛选精华试题，通过科学优化组合，力求模考试卷多角度、全方位覆盖全书各类考点，高度还原考试场景。领导胜任力试卷根据不同层级、不同岗位能力要求，科学设计试题，结合实务要求，多维度考查读者领导思维，实现应试水平和思维方式双提升。

3. 细节考虑更加用心。人们常说，细节决定成败。与2021年版辅导用书相比，知识点进一步优化内容组合，突出重点难点，减轻记忆负担；为方便读者学习查阅，本次将答案解析直接注释在章节模拟题后，简单直观；每道试题均标注用于何种等级考试，方便掌握学习状况……读者在使用本书时会真切感受到正是这点点滴滴的不同，让读者的复习过程事半功倍。

希望本套书的面世，不仅能帮助各位读者更快抵达考试成功的彼岸，更能帮助读者更好地拓宽视野、提升格局，在今后的工作生涯中获得更好的发展。

编者

2022年10月

目　录

模拟试卷（一） …… 1
模拟试卷（一）答案及解析 …… 10
模拟试卷（二） …… 21
模拟试卷（二）答案及解析 …… 31
模拟试卷（三） …… 41
模拟试卷（三）答案及解析 …… 52
模拟试卷（四） …… 62
模拟试卷（四）答案及解析 …… 72
模拟试卷（五） …… 82
模拟试卷（五）答案及解析 …… 92
模拟试卷（六） …… 102
模拟试卷（六）答案及解析 …… 112
模拟试卷（七） …… 122
模拟试卷（七）答案及解析 …… 132
模拟试卷（八） …… 142
模拟试卷（八）答案及解析 …… 151
模拟试卷（九） …… 160
模拟试卷（九）答案及解析 …… 170
模拟试卷（十） …… 180
模拟试卷（十）答案及解析 …… 190
模拟试卷（十一） …… 199
模拟试卷（十一）答案及解析 …… 208
模拟试卷（十二） …… 218
模拟试卷（十二）答案及解析 …… 228
模拟试卷（十三） …… 239
模拟试卷（十三）答案及解析 …… 249

模拟试卷（十四） …… 259
模拟试卷（十四）答案及解析 …… 269
模拟试卷（十五） …… 279
模拟试卷（十五）答案及解析 …… 289
模拟试卷（十六） …… 300
模拟试卷（十六）答案及解析 …… 310

模拟试卷（一）

一、单项选择题（下列各题的备选答案中，只有 1 个正确选项，请将正确选项填入括号中。多选、不选、错选均不得分，每小题 0.5 分，共 40 小题，共计 20 分）

1. 一百年来，中国共产党团结带领中国人民进行的一切奋斗、一切牺牲、一切创造，归结起来的主题是（　　）。

A. 实现中华民族伟大复兴

B. 改变被压迫被奴役的命运

C. 实现中华民族崛起

D. 打破帝国主义、封建主义、官僚资本主义的压迫

2. 树立和践行正确政绩观，起决定性作用的是（　　）。

A. 人性　　B. 民心　　C. 党性　　D. 法纪

3. 年轻干部必须筑牢理想信念根基，守住拒腐防变防线，树立和践行（　　）。

A. 正确政绩观　　B. 正确人生观　　C. 正确发展观　　D. 正确世界观

4. “学思践悟强武装、政治建设强统领、纵合横通强党建、六位一体强严治、健全机构强保障”形成了税务总局在（　　）上的制度体系。

A. 抓好党务　　B. 干好税务　　C. 带好队伍　　D. 深化改革

5. 建设中国特色社会主义首要的基本理论问题是（　　）。

A. 正确处理改革、发展同稳定的关系　　B. 坚持以经济建设为中心

C. 解放思想、实事求是　　D. 什么是社会主义、怎样建设社会主义

6. “十四五”时期我国经济社会发展的主题是（　　）。

A. 推动高质量发展　　B. 深化供给侧结构性改革

C. 改革创新　　D. 统筹发展和安全

7. 2022 年政府工作报告提出，实施新的组合式税费支持政策，预计全年退税减税的额度和其中增值税留抵退税的额度分别约是（　　）。

A. 1 万亿元，0.5 万亿元　　B. 1.5 万亿元，1 万亿元

C. 2 万亿元，1.5 万亿元　　D. 2.5 万亿元，1.5 万亿元

8. “四个全面”战略布局是一个整体，它既包括战略目标，也包括战略举措。实现中华民族伟大复兴中国梦的“关键一步”是（　　）。

A. 全面建成小康社会　　B. 全面深化改革

C. 全面依法治国　　D. 全面从严治党

9. 在加强税务执法区域协同任务中，2022 年要达到的程度是（　　）。

A. 基本实现全国通办　　B. 基本实现全省通办

C. 基本实现资质异地共认　　D. 基本实现申报异地办理

10. 商品经济与自然经济是社会经济的两种基本形态，其主要区别在于，商品经济（　　）。

A. 是以交换为目的　　B. 是以使用价值为生产目的

C. 所有制是私有制　　D. 所有制是公有制

11. 社会经济制度变革的最基本、最深刻动力是（　　）。

A. 经济基础和上层建筑的矛盾　　B. 经济基础和经济体制的矛盾

C. 经济制度和经济体制的矛盾　　D. 生产力和生产关系的矛盾

12. 价值增值过程中，无偿为资本家生产剩余价值的时间是（　　）。

A. 剩余劳动时间　　B. 平均劳动时间　　C. 必要劳动时间　　D. 超额劳动时间

13. 党的十九届六中全会通过的《中共中央关于党的百年奋斗重大成就和历史经验的决议》深刻总结了“两个确立”决定性意义。“两个确立”是指（　　）。

A. 确立习近平同志党中央的核心、全党的核心地位，确立党中央权威和集中统一领导

B. 确立习近平同志党中央的核心地位，确立习近平同志全党的核心地位

C. 确立习近平同志党中央的核心、全党的核心地位，确立习近平新时代中国特色社会主义思想的指导地位

D. 确立习近平新时代中国特色社会主义思想的指导地位，确立党中央权威和集中统一领导

14. 最新修订的《不予税务行政处罚决定书》的使用说明中增加了“初次违法且危害后果轻微并及时改正的”，这体现的税务处理原则是（　　）。

A. 首违不罚　　B. 首问负责　　C. 首票服务　　D. 一事不二罚

15. 有人这样比喻政府机构中的分工职责现象：蝗虫飞在天上，农业部门管；落在树上，林业部门管；趴在草丛里，畜牧部门管；飞到公园，城建部门管。针对多头管理导致管理成本加大、人力资源浪费的严重现象，政府机构改革应该（　　）。

A. 加强行政干预，推行行政问责制　　B. 弱化政府职能，减少行政管理机构

C. 加快立法进程，建设法治政府　　D. 科学划分职能，提高宏观管理能力

16. “房子是应该经常打扫的，不打扫就会积满了灰尘，脸是应该经常洗的，不洗也就会灰尘满面。我们同志的思想、我们党的工作，也会沾染灰尘的，也应该打扫和洗涤。”这段话形象地反映了中国共产党在长期革命实践中所形成的作风是（　　）。

A. 勇于自我革命的作风　　B. 为人民服务的作风

C. 艰苦奋斗的作风　　D. 批评与自我批评的作风

17. 创造性思维适合于（　　）。

A. 程序性政策　　B. 非程序性政策　　C. 追踪决策　　D. 开关式决策

18. 异地执行税务稽查检查、巡视巡察、督察督导等专项工作任务，党员超过 3 人、超过一定时间的团队要设立临时党支部，确保党员日常教育管理监督无盲区。这个“一定时间”指的是（　　）。

A. 半年　　B. 1 个月　　C. 15 日　　D. 3 个月

19. 根据《中华人民共和国宪法》规定，我国的基本经济制度是（　　）。

A. 社会主义全民所有制经济

B. 公有制为主体、民营经济为重要补充

C. 公有制为主体、多种所有制经济共同发展

D. 社会主义市场经济制度

20. 中共中央办公厅、国务院办公厅印发的《关于进一步深化税收征管改革的意见》提出，在社会保险费征收、房地产交易和不动产登记等方面探索应用的技术是（　　）。

A. 云计算　　B. 区块链　　C. 人工智能　　D. 移动互联网

21. 根据《财政部 税务总局 科技部关于进一步提高科技型中小企业研发费用税前加计扣除比例的公告》，科技型中小企业开展研发活动中实际发生的研发费用，未形成无形资产计入当期损益的，在按规定据实扣除的基础上，自 2022 年 1 月 1 日起，再按照实际发生额的（　　）在税前加计扣除。

A. 50%　　B. 75%　　C. 100%　　D. 125%

22. 根据《行政处罚法》的有关要求，最新修订的税收执法文书将《税务行政处罚事项告知书》《社会保险费行政处罚事项告知书》中听证提出时间改为（　　）。

A. “行政机关告知后三日内提出”　　B. “行政机关告知后五日内提出”

C. “行政机关告知后七日内提出”　　D. “行政机关告知后十日内提出”

23. 社会主义法治的本质要求是（　　）。

A. 依法治国　　B. 执法为民　　C. 公平正义　　D. 服务大局

24. 发展是解决我国一切问题的基础和关键，发展必须是科学发展，必须坚定不移贯彻新发展理念。新发展理念是指（　　）。

A. 创新、协调、绿色、开放、共享　　B. 创造、协调、生态、开放、共享

C. 创新、统筹、绿色、开放、共享　　D. 创造、统筹、生态、开放、共享

25. 中国特色社会主义法律体系是由多个法律部门组成的有机整体，它的主干是（　　）。

A. 宪法　　B. 法律　　C. 行政法规　　D. 经济法

26. 机关、单位发现国家秘密已经泄露或者可能泄露的，应当立即采取补救措施，并在（　　）小时内向同级保密行政管理部门和上级主管部门报告。

A. 3　　B. 6　　C. 12　　D. 24

27. 根据《宪法》规定，（　　）就职时应当依照法律规定公开进行宪法宣誓。

A. 国家公务员　　B. 国家机关人员　　C. 国家工作人员　　D. 党政领导干部

28. 以下内容最有可能形成决议的是（　　）。

A. 对武警部队某工作人员的嘉奖　　B. 党中央委员会的报告

C. 某村的卫生状况调查　　D. 对某部门的批评

29. 建立税收管理体制的标志在于实现合理分权，而合理分权归根结底是为了正确处理中央与地方政府之间的（　　）。

A. 分配关系　　B. 经济关系　　C. 政治关系　　D. 工作关系

30. 根据《税务行政应诉工作规程》规定，税务机关的出庭应诉人员包括（　　）和委托代理人。

A. 主要负责人　　B. 负责人

C. 法制机构主要负责人　　D. 法制机构负责人

31. 公文处理中，抄送机关为同级机关时，一般按照（　　）次序排列。

A. 党委、人大、政府、政协、军队、监委、法院、检察院、人民团体、民主党派

B. 党委、人大、政府、政协、监委、军队、法院、检察院、人民团体、民主党派

C. 党委、人大、政府、政协、监委、法院、检察院、军队、民主党派、人民团体

D. 党委、人大、政府、政协、军队、监委、法院、检察院、民主党派、人民团体

32. 司马光曾说："自古昔以来，国之乱臣，家之败子，才有余而德不足，以至于颠覆者多矣。"这表明领导在选人用人时要坚持（　　）。

A. 群众公认的原则　　B. 公开竞争的原则

C. 德才兼备的原则　　D. 注重实绩的原则

33. 下列不属于政策执行程序的是（　　）。

A. 政策宣传　　B. 政策试点　　C. 组织落实　　D. 政策合法化

34. 县级以上地方党委和政府的（　　）是履行推进法治建设的第一责任人。

A. 主要负责人　　B. 分管负责人

C. 法制机构主要负责人　　D. 法制机构分管负责人

35. 以下政府信息中不属于行政机关主动公开范围的是（　　）。

A. 国民经济和社会发展统计信息

B. 财政预算、决算信息

C. 行政机关人事管理信息

D. 突发公共事件的应急预案、预警信息及应对情况

36. 宏观调控是通过调节（　　）实现的调控。

A. 商品价格　　B. 经济增长　　C. 价格规律　　D. 供给和需求

37. 经济增长方式由粗放型向集约型转变，关键是依靠（　　）。

A. 增加积累和扩大生产规模　　B. 引入国外先进技术

C. 科技进步和提高劳动者素质　　D. 加快科研成果向生产的转化

38. 按市场工具划分，资本市场不包括（　　）。

A. 商业票据市场　　B. 股票市场　　C. 债券市场　　D. 长期信贷市场

39.《政府采购代理机构管理暂行办法》所称的政府采购代理机构是指（　　）。

A. 集中采购机构和受采购人委托从事政府采购代理业务的社会中介机构

B. 集中采购机构

C. 集中采购机构以外、受采购人委托从事政府采购代理业务的社会中介机构

D. 受采购人委托从事政府采购代理业务的采购代理机构

40. 根据《财政部 国家税务总局关于进一步实施小微企业所得税优惠政策的公告》，2022 年对小型微利企业年应纳税所得额超过 100 万元但不超过 300 万元的部分，计入应纳税所得额的比例是（　　）。

A. 12.5%　　B. 25%　　C. 50%　　D. 75%

二、多项选择题（下列各题的备选答案中，至少有两个正确选项，请将正确选项的字母填写在括号中，多选、错选、少选、不选均不得分。每小题 2 分，共计 20 分）

1. 习近平总书记在十九届中央纪委六次全会上强调，要把握新发展阶段、贯彻新发展理念、构建新发展格局、推动高质量发展，引导督促党员、干部真正悟透党中央大政方针，时时处处向党中央看齐，扎扎实实贯彻党中央决策部署，不打折扣、不做表面文章，纠正（　　），不因一时一地利益而打小算盘、耍小聪明，确保执行不偏向、不变通、不走样。

A. 形式主义　　B. 自由主义　　C. 本位主义　　D. 保护主义

E. 享乐主义

2. 我国经济新常态的主要特点是（　　）。

A. 经济增长速度从高速增长转为中高速增长

B. 中国经济对世界市场的需求减弱

C. 经济结构不断优化升级

D. 经济发展动力从要素驱动、投资驱动转向创新驱动

3. 党委议事决策应当坚持（　　），重大决策应当充分协商，实行科学决策、民主决策、依法决策。

A. 集体领导　　B. 民主集中　　C. 个别酝酿　　D. 会议决定

E. 集体酝酿

4. 下列关于管理的基本含义表述正确的是（　　）。

A. 管理是由领导者进行的活动　　B. 管理需要动员和配置有效资源

C. 管理在一定的环境和条件下进行　　D. 管理需要实现特定的目标

5. 下列选项中划线成语使用有误的是（　　）。

A. 刚学做菜的王艳老是忘记放盐和其他调料，吃起来让我们觉得味同嚼蜡

B. 李琪经常为孤寡老人做好事，他的事迹真是罄竹难书

C. 青青的山，绿绿的水，栩栩如生，令人陶醉

D. 在西南地区遭遇了60年不遇的特大旱灾之际，李明一家人又是捐钱，又是捐物，真可谓大方之家

6. 生产关系是人们在物质生产过程中形成的不以人的意志为转移的经济关系。生产关系（　　）。

A. 是生产的社会条件中最基本最重要的关系

B. 最基本的、决定性的内容是生产资料所有制

C. 本质上是生产过程中人与自然的关系

D. 有广义和狭义之分

7. 中共中央印发的《法治中国建设规划（2020—2025年）》明确，“建设法治中国，必须加强和改进立法工作，深入推进（　　），不断提高立法质量和效率，以高质量立法保障高质量发展、推动全面深化改革、维护社会大局稳定。”

A. 科学立法　　B. 民主立法　　C. 依法立法　　D. 协同立法

8.《关于进一步深化税收征管改革的意见》的原则包括坚持党的全面领导、（　　）、坚持系统观念。

A. 坚持依法治税　　B. 坚持为民便民　　C. 坚持问题导向　　D. 坚持改革创新

9. 法律面前人人平等观念是社会主义法治的基本原则，其基本含义是（　　）。

A. 立法一律平等　　B. 执法一律平等

C. 守法一律平等　　D. 适用法律一律平等

10. 行政机关可以不予公开的内部事项包括（　　）。

A. 人事管理　　B. 领导简介　　C. 后勤管理　　D. 内部工作流程

三、判断题（判断下列各题正误，正确的打“√”，错误的打“×”。每小题1分，共计20分）

1. 坚持和发展中国特色社会主义是当代中国发展进步的根本方向。（　　）

2. 中共中央办公厅、国务院办公厅印发的《关于进一步深化税收征管改革的意见》明确，2022年建成各省统一规范的电子税务局，不断拓展“非接触式”“不见面”办

税缴费服务。（ ）

3. 中央办公厅、国务院办公厅印发的《关于进一步深化税收征管改革的意见》提出，对隐瞒收入、虚列成本、转移利润以及利用“税收洼地”“阴阳合同”和关联交易等逃避税行为，加强预防性制度建设，加大依法防控和监督检查力度。（ ）
4. 按照《财政部 税务总局关于进一步实施小微企业所得税优惠政策的公告》（2022 年第 13 号）规定，小型微利企业只有按查账征收方式缴纳企业所得税，才可享受小型微利企业所得税优惠政策。（ ）
5. 党的十九大报告提出，从 2020 年到 2035 年，在全面建成小康社会的基础上，再奋斗十五年，全面实现社会主义现代化。（ ）
6. 中央办公厅、国务院办公厅印发的《关于进一步深化税收征管改革的意见》明确，到 2025 年，基本建成“无风险不打扰、有违法要追究、全过程强智控”的税务执法新体系，实现从经验式执法向科学精确执法转变。（ ）
7. 2022 年，政府将加大企业创新激励力度，加大研发费用加计扣除政策实施力度，将科技型中小企业加计扣除比例从 50% 提高到 75%。（ ）
8. 纳税人获得一次性存量留抵退税前，增量留抵税额为当期期末留抵税额与 2019 年 3 月 31 日相比新增加的留抵税额。（ ）
9. 2022 年 3 月 28 日，国务院决定，设立六岁以下婴幼儿照护个人所得税专项附加扣除。（ ）
10. 佩戴党徽应当严肃、庄重。党徽应佩戴在外衣右胸中间位置。党徽若与其它徽章同时佩戴，应将党徽置于其它徽章之上。（ ）
11. 中共中央办公厅、国务院办公厅印发的《关于进一步深化税收征管改革的意见》明确，持续扩大跨省经营企业全国通办涉税涉费事项范围，2025 年基本实现全国通办。（ ）
12. 理论自信是一个国家、一个民族发展中更基本、更深沉、更持久的力量。（ ）
13. 行政诉讼制度又通俗地称为“民告官制度”，主要目的是防止行政机关违法、越权、滥用权力，保护行政管理相对人的合法权益。（ ）
14. 领导是正确地做事，而管理是做正确的事。（ ）
15. 公文是人人都要阅读的，行文文字要求不必很精练。（ ）
16. 《党政机关公务用车管理办法》规定，公务用车使用年限超过 5 年的可以更新；达到更新年限仍能继续使用的，应当继续使用。因安全等原因确需提前更新的，应当严格履行审批手续。（ ）
17. 税收规范性文件可以使用“办法”“规定”“规程”“规则”等名称，但不得使用“条例”“实施细则”“通知”或“批复”。（ ）
18. 20 世纪 60 年代以来，形成了一系列不同的理论观点和流派。美国管理学家哈罗德·

孔茨把这一现象形象地比喻为“管理理论的丛林”。 ( )

19. 领导者一旦根据下级的能力授权后就不能改变。 ( )

20. 我国人民法院分为基层人民法院、中级人民法院和高级人民法院。 ( )

四、情景判断题（每题5小题，每小题2分，共10分）

某省税务局向各市局发出号召，倡导参与省局某项创新工作。在某市局局长办公会上，法规部门提出拟在全市试点推行该项创新工作的议案。而该局还需要开展多项重要工作，于是有其他局领导和相关科室提出了强烈的反对意见和诸多客观理由。该局“一把手”经过深入思考后，考虑了以下几种解决措施，请你对各种解决措施的有效性程度逐项作出评价（请对每个措施的有效程度用①—⑦作出评价，其中“①”表示有效性程度最低，“⑦”表示有效性程度最高，选择你认为适当的等级数字，在相应的数字上打“√”。在作答时，对每个措施或办法的有效性程度单独作出评价，无须排序。若你认为有些措施或办法的有效性程度相同，也可以选择相同的等级数字）。

（1）采取民主的方式，听取大家意见后，最后进行会议表决，少数服从多数。

① ② ③ ④ ⑤ ⑥ ⑦

（2）进一步理清该项工作的思路，使大家认识清楚，承担试点是建立全省创新试验区域等一系列战略的发展机遇。

① ② ③ ④ ⑤ ⑥ ⑦

（3）对提出的反对意见进行认真思考，要求法规部门积极分析研究，本次会议暂不作出决议，待会后讨论成熟后，重新上会研究。

① ② ③ ④ ⑤ ⑥ ⑦

（4）通过本次会议中各方意见的碰撞，客观分析工作推行中存在的困难。后期，召开专题会议集中研究讨论全市的战略规划，并形成文本，以备指导、评估、审核。

① ② ③ ④ ⑤ ⑥ ⑦

（5）对提出的反对意见逐条进行驳斥，并批评提出反对意见的同志缺乏大局意识和担当精神。

① ② ③ ④ ⑤ ⑥ ⑦

五、案例分析题（共2大题，每题5小题，每小题3分，共30分）

1. 2022年6月，×县税务局工会会员赵某结婚，钱某生病住院，孙某生育一胎，县局工会拟对赵某、钱某、孙某进行慰问。8月某周末举行登山比赛，共60人参加比赛，比赛设置冠亚季军，人均奖金分别为1 000、800、500元。对未获得冠亚季军的人员设置参与奖，人均奖金100元。组织人事股和党建工作股4名干部担任此次比赛裁判，每人发放劳务费500元；2022年9月组织练兵比武竞赛，30人参加，设置一、二、三等奖奖金分别为1 000、800、500元，共20人获奖。

（1）工会会员赵某结婚，最高可以给予（　　）慰问金。

A. 600 元　　B. 800 元　　C. 1 500 元　　D. 2 000 元

（2）工会会员钱某生病住院，最高可以给予（　　）慰问金。

A. 600 元　　B. 800 元　　C. 1 000 元　　D. 2 000 元

（3）工会会员孙某生育一胎，最高可以给予（　　）慰问金。

A. 600 元　　B. 800 元　　C. 1 000 元　　D. 2 000 元

（4）举行登山比赛，对未获得冠亚季军的人员设置参与奖，人均奖金 100 元，做法是否符合规定。

A. 符合　　B. 不符合

（5）×县税务局组织的练兵比武竞赛，获奖人数不得超过（　　）人。

A. 10 人　　B. 15 人　　C. 20 人　　D. 30 人

2. 2010 年 5 月至 2011 年 10 月，某县税务局一名由上级市税务局党委管理的四级主办 A 同志（党员）未经组织批准，到本县一家融资担保有限公司担任经理，负责办理银行和金融办的贷款手续、相关财务报销审批等事物，以现金方式从公司领取工资四万两千（42 000）元。2022 年 5 月 6 日，A 同志上缴违纪所得三万七千（37 000）元到本县纪委廉政账户。2022 年 9 月 15 日，上级局党委给予 A 同志相关组织处理。

（1）A 同志违反了（　　）纪律。

A. 生活　　B. 工作　　C. 廉洁　　D. 政治

（2）A 同志应该受到（　　）组织处理。

A. 批评教育　　B. 诫勉谈话　　C. 党内警告　　D. 党内严重警告

（3）A 县税务局纪检组应当在（　　）之内将处分决定执行情况向上级局党委报告。

A. 15 日内　　B. 1 个月内

C. 6 个月内　　D. 处分到期后 1 个月内

（4）A 同志受组织处理后，应由（　　）组织实施回访教育。

A. 本局纪检组　　B. A 同志所在单位党支部

C. 上级局纪检组　　D. A 同志所在县局党委

（5）A 同志受组织处理后，2020 年度的考核结果应（　　）。

A. 定为不定等次　　B. 不受影响　　C. 定为称职　　D. 不可评为优秀

模拟试卷（一）答案及解析

一、单项选择题

1.【参考答案】A

【解析】习近平总书记在庆祝中国共产党成立100周年大会上指出，中国共产党一经诞生，就把为中国人民谋幸福、为中华民族谋复兴确立为自己的初心使命。一百年来，中国共产党团结带领中国人民进行的一切奋斗、一切牺牲、一切创造，归结起来就是一个主题：实现中华民族伟大复兴。

2.【参考答案】C

【解析】习近平总书记在2022年春季学期中央党校（国家行政学院）中青年干部培训班开班式上的讲话中指出，树立和践行正确政绩观，起决定性作用的是党性。只有党性坚强、摒弃私心杂念，才能保证政绩观不出偏差。

3.【参考答案】A

【解析】2022年3月1日，习近平总书记在春季学期中央党校（国家行政学院）中青年干部培训班开班式上的重要讲话中指出，年轻干部是党和国家事业发展的希望，必须筑牢理想信念根基，守住拒腐防变防线，树立和践行正确政绩观，练就过硬本领，发扬担当和斗争精神，贯彻党的群众路线，锤炼对党忠诚的政治品格，树立不负人民的家国情怀，追求高尚纯粹的思想境界，为党和人民事业拼搏奉献，在新时代新征程上留下无悔的奋斗足迹。

4.【参考答案】A

【解析】国家税务总局党委书记，局长王军在2021年全国税务工作会议上，总结十八大以来税务部门取得的经验中指出，一以贯之在持续改进完善中着力构建强党治税带队的机制制度体系。着力实践和不断完善了“学思践悟强武装、政治建设强统领、纵合横通强党建、六位一体强严治、健全机构强保障”的“抓好党务”机制制度体系、“依法征税聚财力、改革兴税促发展、便民办税优服务、科技强税提质效、多方协税谋共治”的“干好税务”机制制度体系、“绩效管理抓班子、数字人事管干部、人才工程育俊杰、选贤任能树导向、严管善待活基层”的“带好队伍”机制制度体系，有力确保了党中央、国务院决策部署在税务系统落地见效。

5.【参考答案】D

【解析】邓小平指出，什么是社会主义、怎样建设社会主义是建设中国特色社会主义首要的基本理论问题。改革开放前的曲折和失误，改革开放以来在进步中遇到的一些困惑和问题，归根到底是对于这个问题没有完全搞清楚。搞清楚这个问题的关键，是在坚持社会主义基本制度的前提下，进一步认清社会主义的本质。D 项符合题意。A 项是改革开放的经验原则；B 项是基本路线的基本内容；C 项是党的思想路线的内容，均不符合题意。

6.【参考答案】A

【解析】《中华人民共和国国民经济和社会发展第十四个五年规划和 2035 年远景目标纲要》指出，“十四五”时期经济社会发展以推动高质量发展为主题。

7.【参考答案】D

【解析】2022 年政府工作报告提出，实施新的组合式税费支持政策，预计全年退税减税约 2. 5 万亿元，其中留抵退税约 1. 5 万亿元，退税资金全部直达企业。

8.【参考答案】A

【解析】“四个全面”的战略布局，即全面建成小康社会、全面深化改革、全面依法治国、全面从严治党。“四个全面”战略布局是一个整体，它既包括战略目标，也包括战略举措。全面建成小康社会是战略目标，全面深化改革、全面依法治国、全面从严治党是战略举措。其中：①到 2020 年全面建成小康社会是实现中华民族伟大复兴中国梦的“关键一步”；②全面深化改革是全面建成小康社会的动力源泉，是“关键一招”；③全面依法治国是全面深化改革的法治保障和全面建成小康社会的重要基石；④全面从严治党是全面建成小康社会、全面深化改革和全面从严治党的必然要求和根本保证。因此，A 为正确选项。

9.【参考答案】C

【解析】《关于进一步深化税收征管改革的意见》要求，简化企业涉税涉费事项跨省迁移办理程序，2022 年基本实现资质异地共认。持续扩大跨省经营企业全国通办涉税涉费事项范围，2025 年基本实现全国通办。

10.【参考答案】A

【解析】自然经济是一种以自给自足为特征的经济形式，以使用价值为生产目的。商品经济是一定历史条件下的产物，是以交换为目的而进行生产的经济形式。A 选项正确。

11.【参考答案】D

【解析】生产力和生产关系的矛盾、经济基础和上层建筑的矛盾构成了人类社会的基本矛盾。其中，生产力和生产关系的矛盾是社会经济制度变革的最基本、最深刻的动力，生产力的变化决定生产关系的变化，并最终决定上层建筑的变化和整个社会形态的变化。生产关系随着生产力的发展而改变自身的性质，是社会经济制度变革的一般规律。

12.【参考答案】A

【解析】价值增值过程不外是超过一定点而延长了的价值形成过程，这个一定点就是工人补偿劳动力价值所需要的劳动时间。在这里，工人的劳动时间分成两部分：一部分是再生产劳动力价值的时间，叫作必要劳动时间；另一部分是无偿为资本家生产剩余价值的时间，叫作剩余劳动时间。

13.【参考答案】C

【解析】《中共中央关于党的百年奋斗重大成就和历史经验的决议》指出，党确立习近平同志党中央的核心、全党的核心地位，确立习近平新时代中国特色社会主义思想的指导地位，反映了全党全军全国各族人民共同心愿，对新时代党和国家事业发展、对推进中华民族伟大复兴历史进程具有决定性意义。

14.【参考答案】A

【解析】根据《国家税务总局关于修订部分税务执法文书的公告》（国家税务总局公告2021年第23号）中《不予税务行政处罚决定书》的使用说明，增加“初次违法且危害后果轻微并及时改正的”，即首违不罚的情形。

15.【参考答案】D

【解析】题干说的是多头管理导致管理成本加大、人力资源浪费，所以政府机构的改革要解决“多头管理”这个问题，而这一问题的出现是各部门间权责划分不科学导致的，则政府应该科学划分职能，提高宏观管理能力。因此，本题正确答案为D。

16.【参考答案】D

【解析】党在领导新民主主义革命的过程中，逐步形成了理论和实践相结合的作风、和人民群众紧密地联系在一起的作风以及自我批评的作风，这是中国共产党区别于其他任何政党的显著标志，毛泽东在党的七大所作的《论联合政府》的政治报告中对三大作风进行了深刻阐述。这段话反映了批评与自我批评的优良作风。

17.【参考答案】B

【解析】非程序性决策通常要处理的是一些偶然发生的、无先例可循的、非常规性的问题，在这种情况下，决策者难以照章办事，需要有创造性思维。程序性决策是为了解决那些经常重复出现、性质非常相近的例行性问题，可按规定的步骤和常规的方法处理。根据决策的重复程度不同，开关式决策包含有程序性决策和非程序性决策。追踪决策是指当原始决策的实施结果严重威胁决策目标的实现时，对原始决策目标及其执行方案进行根本性修正的二次决策。综上，故最终答案选B。

18.【参考答案】B

【解析】国家税务总局党委在关于加强新形势下税务系统党的建设的意见中提出，异地执行稽查检查、巡视巡察、督察督导等专项工作任务，党员超过3人、时间超过1个月的团队要设立临时党支部。

19.【参考答案】C

【解析】根据《中华人民共和国宪法》第六条规定，“国家在社会主义初级阶段，坚持公有制为主体、多种所有制经济共同发展的基本经济制度，坚持按劳分配为主体、多种分配方式并存的分配制度。”

20.【参考答案】B

【解析】中共中央办公厅、国务院办公厅印发的《关于进一步深化税收征管改革的意见》提出，深化税收大数据共享应用。探索区块链技术在社会保险费征收、房地产交易和不动产登记等方面的应用，并持续拓展在促进涉税涉费信息共享等领域的应用。

21.【参考答案】C

【解析】根据《财政部 税务总局 科技部关于进一步提高科技型中小企业研发费用税前加计扣除比例的公告》（财政部 税务总局 科技部公告 2022 年第 16 号）第一条的规定，科技型中小企业开展研发活动中实际发生的研发费用，未形成无形资产计入当期损益的，在按规定据实扣除的基础上，自 2022 年 1 月 1 日起，再按照实际发生额的 100% 在税前加计扣除；形成无形资产的，自 2022 年 1 月 1 日起，按照无形资产成本的 200% 在税前摊销。

22.【参考答案】B

【解析】根据《国家税务总局关于修订部分税务执法文书的公告》（国家税务总局公告 2021 年第 23 号）相关内容，《行政处罚法》调整执法文书的具体内容为：将《税务行政处罚事项告知书》《社会保险费行政处罚事项告知书》中听证提出时间改为“行政机关告知后五日内提出”。

23.【参考答案】B

【解析】社会主义法治理念包括“依法治国、执法为民、公平正义、服务大局、党的领导”五个方面的基本内容。其中，依法治国是社会主义法治的核心内容，执法为民是社会主义法治的本质要求，公平正义是社会主义法治的价值追求，服务大局是社会主义法治的重要使命，党的领导是社会主义法治的根本保证。故选项 B 为正确答案。

24.【参考答案】A

【解析】党的十九大报告指出，发展是解决我国一切问题的基础和关键，发展必须是科学发展，必须坚定不移贯彻创新、协调、绿色、开放、共享的新发展理念。

25.【参考答案】B

【解析】中国特色社会主义法律体系是以宪法为统帅，以法律为主干，以行政法规、地方性法规为重要组成部分，由宪法相关法、民商法、行政法、经济法、社会法、刑法、诉讼与非诉讼程序法等多个法律部门组成的有机统一整体。选项 B 符合题意。

26.【参考答案】D

【解析】根据《保守国家秘密法实施条例》第三十四条：“机关、单位发现国家秘密已经泄露或者可能泄露的，应当立即采取补救措施，并在 24 小时内向同级保密行政管理部门和上级主管部门报告。”

27.【参考答案】C

【解析】2018 年 3 月 11 日，第十三届全国人民代表大会第一次会议通过《宪法修正案》，规定“宪法第二十七条增加一款，作为第三款：‘国家工作人员就职时应当依照法律规定公开进行宪法宣誓。’”

28.【参考答案】B

【解析】命令（令）适用于依照有关法律公布行政法规和规章；宣布施行重大强制性行政措施；嘉奖有关单位及人员。所以 A 项适用于命令（令）。报告适用于向上级机关汇报工作，反映情况，答复上级机关的询问。所以 C 项适用于报告。通报适用于表彰先进，批评错误，传达重要精神或者情况。所以 D 项适用于通报。决议是指党的领导机关就重要事项，经会议讨论通过其决策，并要求进行贯彻执行的重要指导性公文，一般具有权威性和指导性。所以 B 项适用于决议。故本题选 B。

29.【参考答案】A

【解析】确立税收管理体制必须遵循责、权、利相结合的原则，正确处理中央与地方政府之间的分配关系。

30.【参考答案】B

【解析】根据《税务行政应诉工作规程》第二十六条规定，“税务机关的出庭应诉人员包括负责人和委托代理人”。

31.【参考答案】B

【解析】同级机关之间一般按照党委、人大、政府、政协、监委、军队、法院、检察院、人民团体、民主党派等次序排列。

32.【参考答案】C

【解析】由题目意思可知选人用人时要坚持德才兼备原则。

33.【参考答案】D

【解析】一般而言，一项公共政策的执行大致包括这样五个步骤：政策宣传；拟定执行计划；组织落实；政策执行试点；全面实施。在实际过程中，并非每一项政策的执行都必须经过这五个步骤，其中有的步骤可以视情况而简化。

34.【参考答案】A

【解析】2016 年 11 月 30 日，中共中央办公厅、国务院办公厅印发的《党政主要负责人履行推进法治建设第一责任人职责规定》正式实施。根据该规定，本题正确选项为 A。

35.【参考答案】C

【解析】根据《中华人民共和国政府信息公开条例》第十六条：“行政机关的内部

事务信息，包括人事管理、后勤管理、内部工作流程等方面的信息，可以不予公开。”

36.【参考答案】D

【解析】宏观调控是政府实施的政策措施，以调节市场经济的运行。在市场经济中，商品和服务的供应及需求是受价格规律及自由市场机制影响的。市场经济带来经济增长，但会引发通货膨胀，而高潮后所跟随的衰退却使经济停滞甚至倒退，这种周期波动对社会资源及生产力都构成严重影响。所以，宏观调控是着重于整体社会的经济运作，通过人为调节供给与需求来达到计划经济的目标。

37.【参考答案】C

【解析】集约型经济增长方式是依靠生产要素的优化组合，通过提高生产要素的质量和使用效率，通过技术进步，提高劳动者素质，提高资金、设备、原材料的利用来实现的增长。这种经济增长方式的实质是以提高经济增长质量和经济效益为核心。所以，经济增长方式由粗放型向集约型转变，关键是依靠科技进步和提高劳动者素质。

38.【参考答案】A

【解析】资本市场又叫长期资金市场，是相对于货币市场（短期资金市场）而言的一种金融市场，通常是指一年以上的金融工具交易的场所，包括股票市场、债券市场和长期信贷市场等。

39.【参考答案】C

【解析】《政府采购代理机构管理暂行办法》（财库〔2018〕2 号）第二条规定，该办法所称政府采购代理机构是指集中采购机构以外、受采购人委托从事政府采购代理业务的社会中介机构。

40.【参考答案】B

【解析】根据《财政部 国家税务总局关于进一步实施小微企业所得税优惠政策的公告》（财政部 税务总局公告 2022 年第 13 号）第一条，对小型微利企业年应纳税所得额超过 100 万元但不超过 300 万元的部分，减按 25% 计入应纳税所得额，按 20% 的税率缴纳企业所得税。

二、多项选择题

1.【参考答案】BCD

【解析】依据习近平总书记在十九届中央纪委六次全会上发表的重要讲话。

2.【参考答案】ACD

【解析】中共中央总书记、国家主席习近平在河南考察时首次提出“新常态”概念之后，2014 年 11 月 9 日，中共中央总书记、国家主席习近平在 APEC 工商领导人峰会开幕式主旨演讲中，对中国经济新常态进行了全面阐述和解读。他指出，经济新常态的主要特点是：①经济增长速度从高速增长转为中高速增长；②经济结构不断优化升级；③经济发展动力从要素驱动、投资驱动转向创新驱动。故 ACD 项正确。B 项中国经济对世界市场的需求减弱，不符合事实，是干扰项。

3.【参考答案】ABCD

【解析】党委议事决策应当坚持集体领导、民主集中、个别酝酿、会议决定，重大决策应当充分协商，实行科学决策、民主决策、依法决策。

4.【参考答案】BCD

【解析】可以从以下几方面理解管理的基本含义：主体方面，管理是由管理者进行的活动；客体方面，管理需要动员和配置有效资源；环境方面，管理在一定的环境和条件下进行；目标方面，管理需要实现特定的目标；职能方面，管理包括计划、组织、领导和控制四种职能；实践方面，管理是一种社会实践活动。故本题答案选 BCD。

5.【参考答案】ABCD

【解析】味同嚼蜡：像吃蜡一样，没有一点儿味。形容语言或文章枯燥无味。罄竹难书：用尽竹子也难写完。形容罪行多得写不完。栩栩如生：指艺术形象非常逼真，如同活的一样。青山绿水，本无生命，也不是艺术形象，无所谓生活与否，与"栩栩如生"无关。大方之家：原指懂得大道理的人。后泛指见识广博或学有专长的人。

6.【参考答案】ABD

【解析】生产关系是人们在物质生产过程中形成的不以人的意志为转移的经济关系，体现了人与人的关系，即物质利益关系。生产关系是社会关系中最基本的关系。生产关系有广义和狭义之分。狭义的生产关系包括三方面内容：生产资料所有制关系；生产中人与人的关系；产品分配关系。广义的生产关系包括四个环节：生产、分配、交换、消费。其中，生产环节是决定性环节。在生产过程所有关系中，最基本的和决定性的是生产资料所有制。因此，ABD 项符合题意。生产力是生产关系中人与自然的关系，而生产关系本质上是生产过程中形成的人与人的物质利益关系，C 项不符合题意。

7.【参考答案】ABC

【解析】中共中央印发的《法治中国建设规划（2020—2025 年）》明确，"建设法治中国，必须加强和改进立法工作，深入推进科学立法、民主立法、依法立法，不断提高立法质量和效率，以高质量立法保障高质量发展、推动全面深化改革、维护社会大局稳定。"

8.【参考答案】ABCD

【解析】依据《关于进一步深化税收征管改革的意见》，工作原则内容包括：坚持党的全面领导，坚持依法治税，坚持为民便民，坚持问题导向，坚持改革创新，坚持系统观念。

9.【参考答案】CD

【解析】法律面前人人平等观念，其含义是指：第一，公民在守法上一律平等。在社会主义国家，不承认有任何享受特权的公民，也不承认有任何免除法律义务的公民。第二，公民在适用法律上一律平等。每个公民的合法权益都平等地受到法律保护，任何公民的违法犯罪行为都平等地受到法律追究和制裁。因此，选项 CD 正确。立法是国家机关依照法定职权和程序制定规范性法律文件的活动，执法是指国家机关及其公职人员，贯彻和实施法律的活动，所以选项 AB 不符合法律面前人人平等的含义。

10.【参考答案】ACD

【解析】《中华人民共和国政府信息公开条例》规定，行政机关的内部事务信息，包括人事管理、后勤管理、内部工作流程等方面的信息，可以不予公开。

三、判断题

1.【参考答案】√

【解析】党的十九大报告指出：坚持和发展中国特色社会主义是当代中国发展进步的根本方向。

2.【参考答案】×

【解析】中共中央办公厅、国务院办公厅印发《关于进一步深化税收征管改革的意见》明确，2022 年建成全国统一规范的电子税务局，不断拓展“非接触式”、“不见面”办税缴费服务。因此正确说法是全国统一不是各省统一。

3.【参考答案】√

【解析】中办、国办印发《关于进一步深化税收征管改革的意见》提出，对隐瞒收入、虚列成本、转移利润以及利用“税收洼地”“阴阳合同”和关联交易等逃避税行为，加强预防性制度建设，加大依法防控和监督检查力度。

4.【参考答案】×

【解析】按照《财政部 税务总局关于进一步实施小微企业所得税优惠政策的公告》（2022 年第 13 号）规定，小型微利企业无论按查账征收方式或核定征收方式缴纳企业所得税，均可享受小型微利企业所得税优惠政策。

5.【参考答案】×

【解析】十九大报告提出，从 2020 年到 2035 年，在全面建成小康社会的基础上，再奋斗十五年，基本实现社会主义现代化。

6.【参考答案】×

【解析】中共中央办公厅、国务院办公厅印发的《关于进一步深化税收征管改革的意见》明确，到 2023 年，基本建成“无风险不打扰、有违法要追究、全过程强智控”的税务执法新体系，实现从经验式执法向科学精确执法转变。因此答案应为到 2023 年。

7.【参考答案】 ×

【解析】2022 年政府工作报告中指出，加大研发费用加计扣除政策实施力度，将科技型中小企业加计扣除比例从 75% 提高到 100%，对企业投入基础研究实行税收优惠，完善设备器具加速折旧、高新技术企业所得税优惠等政策。

8.【参考答案】 √

【解析】《财政部 税务总局关于进一步加大增值税期末留抵退税政策实施力度的公告》（财政部 税务总局公告 2022 年第 14 号）规定，该公告所称增量留抵税额，区分以下情形确定：（一）纳税人获得一次性存量留抵退税前，增量留抵税额为当期期末留抵税额与 2019 年 3 月 31 日相比新增加的留抵税额。（二）纳税人获得一次性存量留抵退税后，增量留抵税额为当期期末留抵税额。故答案是正确的。

9.【参考答案】 ×

【解析】2022 年 3 月 28 日，国务院决定，设立三岁以下婴幼儿照护个人所得税专项附加扣除。

10.【参考答案】 ×

【解析】《中国共产党员佩戴党徽规定》第三条佩戴的部位明确规定：佩戴党徽应当严肃、庄重。党徽应佩戴在外衣左胸中间位置。党徽若与其它徽章同时佩戴，应将党徽置于其它徽章之上。

11.【参考答案】 √

【解析】中共中央办公厅、国务院办公厅印发《关于进一步深化税收征管改革的意见》明确，持续扩大跨省经营企业全国通办涉税涉费事项范围，2025 年基本实现全国通办。

12.【参考答案】 ×

【解析】文化自信是一个国家、一个民族发展中更基本、更深沉、更持久的力量。

13.【参考答案】 √

【解析】根据《中华人民共和国行政诉讼法》第一章的相关规定，行政诉讼是指公民、法人或者其他组织认为行使国家行政权的机关和组织及其工作人员所实施的具体行政行为侵犯了其合法权利，依法向人民法院起诉，人民法院在当事人及其他诉讼参与人的参加下，依法对被诉具体行政行为进行审查并做出裁判，从而解决行政争议的制度。它对保障一个国家依法行政，建立法治政府，确保公民、法人和其他组织合法权利免受行政权力的侵害，具有十分重大的意义。

14.【参考答案】 ×

【解析】领导是做正确的事，管理是正确地做事。

15.【参考答案】 ×

【解析】公文的传阅通常要限定在一定范围内，而且公文由于其特定的程序性和法定性，其行文与一般应用文有明显的区别，在文字表述上要求准确、庄重、朴实、严谨、精练、符合语法逻辑。故本题说法错误。

16.【参考答案】×

【解析】《党政机关公务用车管理办法》规定，公务用车使用年限超过 8 年的可以更新；达到更新年限仍能继续使用的，应当继续使用。因安全等原因确需提前更新的，应当严格履行审批手续。

17.【参考答案】√

【解析】《税收规范性文件制定管理办法》第七条规定：税收规范性文件可以使用“办法”“规定”“规程”“规则”等名称，但不得使用“条例”“实施细则”“通知”或“批复”。

18.【参考答案】√

【解析】20 世纪 60 年代以来，西方企业的经营环境发生了重要变化，在此基础上，形成了一系列不同的理论观点和流派。美国管理学家哈罗德·孔茨把这一现象形象地比喻为“管理理论的丛林”。

19.【参考答案】×

【解析】职能授权是一个动态变化的过程。授权者在监督的同时也要对所授的权进行相应的必要调整，而不应该是固定不变的。

20.【参考答案】×

【解析】我国人民法院分为基层人民法院、中级人民法院、高级人民法院和最高人民法院四级。

四、情景判断题

【参考答案】（1）② （2）⑤ （3）④ （4）⑥ （5）①

五、案例分析题

1.（1）【参考答案】D

【解析】根据《某省基层工会经费收支管理实施办法（试行）》规定，工会会员结婚可给予不超过 2 000 元的慰问金或慰问品，男女双方均可享受。

（2）【参考答案】C

【解析】根据《某省基层工会经费收支管理实施办法（试行）》规定。

（3）【参考答案】C

【解析】《某省基层工会经费收支管理实施办法（试行）》规定，工会会员符合政策的生育，可给予不超过 1 000 元的慰问金或慰问品。

（4）【参考答案】B

【解析】基层工会举办职工运动会、文艺演出、体育比赛等文体活动奖励应以精神鼓励为主、物质激励为辅，坚持“谁举办谁奖励”原则。奖励范围不得超过参与人数的2/3；奖金（奖品）标准：一等奖人均不超过500元，其他等次应依次递减；行政机关、事业单位和国有企业在职在编人员不得领取劳务费。

（5）【参考答案】A

【解析】基层工会组织开展合理化建议、技术革新、发明创造、岗位练兵、技术比武、技术培训等，可对优胜者进行奖励。奖励范围不得超过参与人数的1/3。

2.（1）【参考答案】C

【解析】根据《中国共产党纪律处分条例》第八章“对违反廉洁纪律行为的处分”的第九十四条规定。

（2）【参考答案】C

【解析】根据《中国共产党纪律处分条例》第八章“对违反廉洁纪律行为的处分”的第九十四条规定。

（3）【参考答案】C

【解析】执行处分的机关或者被处分人所在单位，应当在6个月内将处分决定执行情况向批准或者作出处分决定的机关报告。

（4）【参考答案】C

【解析】受处分人员所在单位党组织履行回访教育的主体责任；属于上级税务局党委管理的干部，原则上由上级纪检组开展回访教育，也可委托受处分干部所在单位党组织实施。因题干中未提及委托，所以选择C选项。

（5）【参考答案】D

【解析】根据《公务员考核规定》第二十九条第（一）项规定：受警告处分的当年，参加年度考核，不得确定为优秀等次。

模拟试卷（二）

一、单项选择题（下列各题的备选答案中，只有 1 个正确选项，请将正确选项填入括号中。多选、不选、错选均不得分，每小题 0.5 分，共 40 小题，共计 20 分）

1. 全部马克思主义学说的核心和理论结论是（　　）。

A. 唯物史观　　B. 剩余价值学说

C. 科学社会主义　　D. 无产阶级专政学说

2. 党员干部想要拥有高尚的、充实的人生，必须把为人民幸福而奋斗作为自己最大的幸福，做到胸怀天下、志存高远，不忘初心使命，（　　）。

A. 把个人发展融入党和国家发展之中　　B. 把人生理想融入党和人民事业之中

C. 把个人发展融入党和人民事业之中　　D. 把人生理想融入党和国家发展之中

3. 博鳌亚洲论坛 2022 年年会于 2022 年 4 月 20 日至 22 日在海南博鳌举行，2022 年年的主题为（　　）。

A. “疫情与经济：共促全球发展，构建共同未来”

B. “疫情与未来：共促全球发展，构建共同未来”

C. “疫情与世界：共促全球发展，构建共同未来”

D. “疫情与世界：共促全球发展，构建美好未来”

4. 中共中央办公厅、国务院办公厅印发的《关于进一步深化税收征管改革的意见》提出，智慧税务建设的驱动力是（　　）。

A. 信用 + 监管　　B. 以票治税　　C. 纳税人需求　　D. 税收大数据

5. 2022 年 3 月 5 日，习近平总书记在参加内蒙古代表团审议时强调，巩固拓展党史学习教育成果，要建立的制度机制是（　　）。

A. 形象化具体化制度机制　　B. 动态化内生化制度机制

C. 常态化长效化制度机制　　D. 长远化预期化制度机制

6. 中共中央总书记、国家主席习近平指出：生活在我们伟大祖国和伟大时代的中国人民，共同享有人生出彩的机会，共同享有梦想成真的机会，共同享有祖国和时代一同成长进步的机会。这说明（　　）。

A. “中国梦”必须紧紧依靠人民来实现

B. 只要生逢盛世，人人可以梦想成真

C. 实现“中国梦”必须凝聚中国力量

D. 社会对个人理想、价值的重视和尊重

7. 习近平总书记指出“以内无妄思保证外无妄动”，就是说守住拒腐防变防线，最紧要的是守住（　　）。

A. 欲望　　B. 内心　　C. 思想　　D. 行动

8. 以下不属于税收法定主义原的是（　　）。

A. 课税要素法定　　B. 课税要素明确

C. 税收程序法定　　D. 课征主体法定

9. 要始终保持反腐败永远在路上的清醒和坚定，坚持一体推进的是（　　）。

A. 不愿腐、不会腐、不想腐　　B. 不敢腐、不能腐、不想腐

C. 不愿腐、不会腐、不去腐　　D. 不敢腐、不能腐、不去腐

10. 生产商品的劳动二重性即具体劳动和抽象劳动是指（　　）。

A. 两种独立存在的劳动

B. 不同劳动过程的不同形式

C. 同一劳动过程的两种规定

D. 同一劳动过程中先后出现的两种不同形式

11. 以一定的货币来衡量和表现商品的价值是货币的（　　）。

A. 贮藏价值职能　　B. 流通手段职能

C. 价值尺度职能　　D. 世界货币职能

12. 中共中央办公厅、国务院办公厅印发的《关于进一步深化税收征管改革的意见》中关于稳步实施发票电子化改革的部署，下列说法中错误的是（　　）。

A. 2022 年建成全国统一的电子发票服务平台

B. 制定出台电子发票国家标准

C. 2025 年基本实现发票全领域、全环节、全要素电子化

D. 有序推进铁路、民航等领域发票电子化

13.《关于进一步深化税收征管改革的意见》要求到 2023 年，基本建成“无风险不打扰、有违法要追究、全过程强智控”的税务执法新体系，实现从（　　）执法向（　　）执法转变。

A. 粗放式；科学精确　　B. 粗放式；科学精准

C. 经验式；科学精细　　D. 经验式；科学精确

14. 李克强总理在《政府工作报告》中指出，2022 年实施新的组合式税费支持政策，预计全年退税减税约（　　）万亿元，其中留抵退税约（　　）万亿元，退税资金全部直达企业。

A. 2.5；1　　B. 3.5；1.5

C. 2.5；1.5　　D. 3.5；1

15. 韩信的“背水一战”反映了（　　）。

A. 管理上一条重要的名言：“当看上去只有一条路可走时，这条路往往是错误的”

B. “霍布森选择”

C. 唯一的选择在大多数情况下都是正确的

D. 要提出各种备选方案，才能做到最优选择

16. 要加强人权法治保障，深化法治领域改革，健全人权法治保障机制，实现尊重和保障人权在立法、执法、司法、守法全链条、全过程、全方位覆盖，让人民群众在每一项法律制度、每一个执法决定、每一宗司法案件中都感受到（　　）。

A. 法律权威　　B. 公平正义　　C. 民主权利　　D. 和谐温暖

17. 某行政机构为了更加全面地考核组织成员的工作绩效，拟从与被考核者发生工作关系的多方主体获得被考核的绩效信息，以此对被考核者进行全方位、多维度的绩效评估。此行政机构运用的绩效评估方法是（　　）。

A. 业绩评定表法　　B. 关键绩效指标法

C. 360 度绩效评估法　　D. 目标管理法

18. 根据《民事诉讼法》规定，有关单位接到人民法院协助执行通知书后，拒不协助查询、扣押、冻结、划拨、变价财产的，可以对其（　　）或者直接责任人员予以罚款。

A. 法制机构负责人　　B. 分管法制工作的负责人

C. 分管相关业务的负责人　　D. 主要负责人

19. 根据《财政部 税务总局关于进一步加大增值税期末留抵退税政策实施力度的公告》，下列关于制造业等行业企业纳税人留抵退税的计算公式，正确的是（　　）。

A. 允许退还的增量留抵税额 = 增量留抵税额 × 进项构成比例 × 100%

B. 允许退还的存量留抵税额 = 增量留抵税额 × 进项构成比例 × 100%

C. 允许退还的增量留抵税额 = 增量留抵税额 × 进项构成比例 × 50%

D. 允许退还的存量留抵税额 = 增量留抵税额 × 进项构成比例 × 60%

20. 纳税环节是指税法规定的征税对象从生产到消费的流转过程中（　　）。

A. 应当缴纳税款的环节　　B. 明确纳税人的环节

C. 可供选择纳税的环节　　D. 确认纳税义务的环节

21. 构成新时代坚持和发展中国特色社会主义基本方略的是（　　）。

A. “十四个坚持”　　B. “十四条构想”

C. “十四条规律”　　D. “十四条要求”

22. 习近平新时代中国特色社会主义思想的核心内容是（　　）。

A. “十个明确”“十四个坚持”　　B. 坚持党的领导

C. “八个明确”“十四个坚持”　　D. “五位一体”“四个全面”

23. 下列强制措施的实施无须经院长批准的是（　　）。

A. 罚款　　B. 训诫　　C. 拘留　　D. 拘传

24. “法无明文规定不为罪，法无明文规定不处罚。什么行为构成犯罪、构成什么罪及处何种刑罚，均须由法律明文规定。”体现了刑法的（　　）。

A. 无罪推定原则　　B. 罪刑法定原则

C. 罪刑相当原则　　D. 适用刑法一律平等原则

25. 关于选举权利表述正确的是（　　）。

A. 选举权利就是选举权

B. 选举权与被选举权是统一的

C. 公民享有选举权，不一定享有罢免权

D. 选举权与被选举权的行使原则、方式和程序是人定的

26. 2022 年政府工作报告中提出我国经济社会发展总体要求和政策取向，其中总基调和主线分别是（　　）。

A. 坚持稳中求进；坚持扶持外贸发展扩大出口

B. 坚持稳步前进；坚持扩大内需

C. 坚持稳中求进；坚持需求侧结构性改革

D. 坚持稳中求进；坚持供给侧结构性改革

27. 中国特色社会主义的本质要求和重要保障是（　　）。

A. 全面从严治党　　B. 全面建成小康社会

C. 全面依法治国　　D. 全面深化改革

28. 中共中央办公厅、国务院办公厅印发的《党政主要负责人履行推进法治建设第一责任人职责规定》适用于（　　）地方党委和政府主要负责人。

A. 乡镇以上　　B. 县级以上　　C. 设区的市以上　　D. 省级

29. 综合分析国际国内形势和我国发展条件，从 2020 年到本世纪中叶可以分两个阶段来安排。第一个阶段，在全面建成小康社会的基础上，再奋斗 15 年，基本实现社会主义现代化。第二个阶段，在基本实现现代化的基础上，再奋斗 15 年，把我国建成富强民主文明和谐美丽的社会主义现代化强国。第一阶段是指（　　）。

A. 2020 年到本世纪中叶　　B. 2035 年到 2045 年

C. 2020 年到 2035 年　　D. 2035 年到本世纪中叶

30. 税收治理的切入点是（　　）。

A. 税收伦理塑造　　B. 强化税源管理　　C. 群防群治　　D. 税收法治

31. 大革命失败，中国共产党从中得到的最深刻的教训是（　　）。

①要掌握革命武装

②要制定彻底的革命纲领

③必须建立巩固的工农联盟

④无产阶级必须掌握革命领导权

A. ①③④　　B. ①④　　B. ②③④　　D. ②③

32. 组织文化和领导力如同一枚硬币的两面，两者相互联系、相互作用，法西斯主义横行的状态就是（　　）状态，对组织发展不是好事。

A. 领导力强，文化力强　　B. 领导力弱，文化力强

C. 领导力强，文化力弱　　D. 领导力弱，文化力弱

33. 建设税务监管新体系，未来要实现的征管方式是（　　）。

A. “以数治税”　　B. “以票管税”　　C. “综合治税”　　D. “信息管税”

34. 当前我国政府改革的目标与方向是“（　　）”。

A. 有限政府　　B. 有益政府　　C. 有效政府　　D. 有机政府

35. 下列关于公文页码的表述，错误的是（　　）。

A. 和正文一样使用 3 号仿宋字体

B. 数字左右各放一条一字线

C. 单页码居右空一字，双页码居左空一字

D. 公文的附件与正文一起装订时，页码应当连续编排

36. 根据《宪法》规定，国家实行（　　）。

A. 有计划的商品经济　　B. 商品经济

C. 市场经济　　D. 社会主义市场经济

37. 2022 年“我为纳税人缴费人办实事暨便民办税春风行动”的主题是（　　）。

A. 我为纳税人缴费人办实事　　B. 优化执法服务·办好惠民实事

C. 智慧税务助发展·惠企利民稳增长　　D. 减税降费优服务，助复产促发展

38. 李克强总理在报告中指出，实施新的组合式税费支持政策。坚持阶段性措施和制度性安排相结合，减税与退税并举。预计 2022 年退税减税约（　　）万亿元。

A. 2.6　　B. 2.8　　C. 2.5　　D. 2.4

39. 中共中央印发的《法治中国建设规划（2020—2025 年）》提出，对某一领域有多部法律的，条件成熟时进行（　　）。

A. 法典编纂　　B. 法律汇编　　C. 法律整合　　D. 法律修订

40. 随着社会经济的发展，人们活动的场所不断扩展，从传统的公交车、影剧院、图书馆、公园、集体宿舍等到新兴的证券交易所、人才市场。现代通信技术更使人们的公共生活进一步扩展到虚拟世界。人们在足不出户的情况下，可以通过电话、网络等现代通信工具介入社会公共生活。这体现着社会公共生活具有（　　）。

A. 活动范围的广泛性　　B. 活动内容的公开性

C. 交往对象的复杂性　　D. 活动方式的多样性

二、多项选择题（下列各题的备选答案中，至少有两个正确选项，请将正确选项的字母填写在括号中，多选、错选、少选、不选均不得分。每小题 2 分，共计 20 分）

1. 以习近平新时代中国特色社会主义思想为指导，深化税收征管制度改革，着力建设具有（　　）的智慧税务。

A. 高集成功能　　B. 高集成性能　　C. 高安全性能　　D. 高安全效能

E. 高应用效能

2. 以下属于行政机关公务员处分的种类的有（　　）。

A. 警告　　B. 严重警告　　C. 记过　　D. 降级

E. 开除

3. 根据《纳税担保试行办法》规定，纳税人可以提供质押担保的权利凭证包括（　　）。

A. 汇票、支票、本票　　B. 债券、存款单

C. 可以转让的基金份额　　D. 可以转让的股权

4. 下列关于管理层次和管理幅度的论述，不正确的是（　　）。

A. 管理层次和管理幅度之间没有固定的数额和比例

B. 管理幅度与管理事务的难易程度成反比

C. 管理层次和组织效率成正比

D. 在管理对象和内容不变的情况下，管理幅度和管理层次成正比

5. 税收新闻宣传要坚持正确的（　　），把握好时度效，提高税收新闻舆论传播力、引导力、影响力、公信力。

A. 政治方向　　B. 舆论导向　　C. 价值取向　　D. 行为立场

E. 组织原则

6. 如果政府把经济增长作为宏观调控的正常目标，通常要实行扩张性的财政政策和货币政策，以刺激总需求，一般情况下会导致（　　）。

A. 物价水平下降　　B. 物价水平上升　　C. 通货紧缩　　D. 通货膨胀

7. 党支部应当每月开展 1 次主题党日，贴近党员思想和工作实际，组织党员（　　）等。

A. 集中学习　　B. 过组织生活　　C. 进行民主议事　　D. 开展志愿服务

8. 税收法定原则的具体内容包括（　　）。

A. 税种法定　　B. 税收弹性法定　　C. 税收要素法定　　D. 税收系数法定

9. 判断中国特色社会主义法律体系是否形成的主要依据是（　　）。

A. 涵盖社会关系各方面的法律部门是否齐全

B. 各个部门中基本的、主要的法律是否已经制定

C. 相应的行政法规和地方性法规是否已经齐备

D. 法律体系内部总体上是否做到科学、和谐、统一

10. 一名公务员需要满足的条件包括（　　）。

A. 依法履行公职　　　　B. 纳入国家行政编制

C. 由国家财政负担工资福利　　　　D. 受政府管理

三、判断题（判断下列各题正误，正确的打“√”，错误的打“×”。每小题1分，共计20分）

1. 马克思主义哲学的产生是由于具备了阶级基础、自然科学条件和直接理论来源。（　　）

2. 坚持真理、坚守理想，践行初心、担当使命，不怕牺牲、英勇斗争，对党忠诚、不负人民的伟大建党精神是中国共产党的精神之源。（　　）

3. 走中国特色社会主义政治发展道路，必须坚持党的领导、人民当家作主、依法治国有机统一。（　　）

4. 中共中央总书记、国家主席习近平在二十国集团领导人第十次峰会发表题为《创新增长路径共享发展成果》的重要讲话，强调二十国集团要加强宏观经济政策沟通和协调，落实2030年可持续发展议程。（　　）

5. 推进国家治理体系和治理能力现代化，必须发挥税收在国家治理中的基础性、支柱性、战略性作用。（　　）

6. 根据《税务规范性文件制定管理办法》规定，税务规范性文件只能采用条文式表述。（　　）

7. 全面深化改革是战略目标，在“四个全面”战略布局中居于引领地位。（　　）

8. 党的一切工作必须以实现党的根本利益为最高标准。（　　）

9. 中共中央印发的《法治中国建设规划（2020—2025年）》明确，到2035年，法治国家、法治政府、法治社会基本建成。（　　）

10. 中共中央印发的《法治中国建设规划（2020—2025年）》提出，全面推进依法立法、规范执法、公正司法、全民守法。（　　）

11. 税收经济效率要求税收“额外负担”最小。所谓税收额外负担，就是征税所引起的资源配置效率下降，因此，政府应选择合理的征税方式，以使税收的额外负担最小，保持税收中性。（　　）

12. 符合条件的小微企业，可以自2022年6月纳税申报期起向主管税务机关申请退还增量留抵税额。（　　）

13. 中共中央印发的《法治社会建设实施纲要（2020－2025年）》明确，坚持和发展新时代“枫桥经验”，畅通和规范群众诉求表达、利益协调、权益保障通道，加强矛盾排查和风险研判，完善社会矛盾纠纷多元预防调处化解综合机制，努力将矛盾纠

纷化解在基层。（　　）

14. 中共中央印发的《法治社会建设实施纲要（2020－2025年）》明确，完善党委领导、政府负责、民主协商、社会协同、公众参与、法治保障、科技支撑的社会治理体系，打造共商共建共治共享的社会治理格局。（　　）

15. 全面准确贯彻“一国两制”方针，必须牢牢掌握宪法和基本法赋予的中央对香港、澳门全面管治权，深化内地和港澳地区交流合作，保持香港、澳门繁荣稳定。（　　）

16. 全面依法治国，必须坚持依法治国和以德治党相结合，依法治国和依规治党有机统一。（　　）

17. 国内外政治环境以及国家的社会经济政策也是影响和决定生产力布局的主要因素之一。（　　）

18. 推进国家治理体系和治理能力现代化，要大力培育和弘扬社会主义核心价值体系和核心价值观，加快构建充分反映中国特色、民族特性、时代特征的价值体系。（　　）

19. 古往今来，中华民族之所以在世界有地位、有影响，不是靠穷兵黩武，不是靠对外扩张，而是靠中华文化的强大感召力和吸引力。（　　）

20. 2021年，税收征管方式实现了从“收税”到“报税”再到“控税”的升级。（　　）

四、情景判断题（每题5小题，每小题2分，共10分）

某省局办公室决定在两周后召开工作会议，探讨新时期全省税务系统如何加强办公室工作的问题。省局办公室副主任王某负责会务工作，在筹备过程中与另一名副主任张某就具体举措产生了不同看法。张某认为直接从各市局抽调几名同志负责组织就可以了，省局办公室没必要事必躬亲；王某觉得这样不妥，为了确保会议取得预期效果，考虑了以下几种解决措施，请从下面选择各项工作的有效性程度（请对每个措施的有效程度用①—⑦做出评价，其中“①”表示有效性程度最低，“⑦”表示有效性程度最高，选择你认为适当的等级数字，在相应的数字上打“√”。在做答时，对每个措施或办法的有效性程度单独作出评价，无须排序。若你认为有些措施或办法的有效性程度相同，也可以选择相同的等级数字）。

（1）建议办公室主任及时召开专题会议，要求省局办公室全体人员高度重视此次会议。

①　②　③　④　⑤　⑥　⑦

（2）从各市局抽调办公室骨干，参与会务工作。

①　②　③　④　⑤　⑥　⑦

（3）电话了解清楚各参会单位办公室工作开展现状，选定几个有代表性的单位作专题发言，并要求其他参会单位都要准备相关材料。

① ② ③ ④ ⑤ ⑥ ⑦

（4）下发会议通知。说明会议的主题、各单位需要准备的材料，参会人员，报到时间、地点，会议时间、地点。

① ② ③ ④ ⑤ ⑥ ⑦

（5）及时向省局分管副局长汇报工作进展情况，遇到问题和困难争取领导的支持，确保会议成功举行。

① ② ③ ④ ⑤ ⑥ ⑦

五、案例分析题（共 2 大题，每题 5 小题，每小题 3 分，共 30 分）

1. 1921 年 7 月，中国共产党第一次全国代表大会在上海法租界望志路 106 号（今兴业路 76 号）开幕。党的一大确定党的名称为“中国共产党”。大会通过了中国共产党第一个纲领，明确“革命军队必须与无产阶级一起推翻资本家阶级的政权”，“承认无产阶级专政，直到阶级斗争结束”，“消灭资本家私有制”，以及联合第三国际。中国共产党一经成立，就旗帜鲜明地把社会主义和共产主义规定为自己的奋斗目标，坚持用革命的手段实现这个目标。

（1）中国共产党第一次代表大会是在（　　）开幕的。（单选题）

A. 1921 年 7 月 1 日上海　　B. 1921 年 7 月 13 日嘉兴

C. 1921 年 7 月 23 日上海　　D. 1921 年 7 月 31 日嘉兴

（2）中国共产党第一次代表大会的代表有（　　）人。（单选题）

A. 11　　B. 13　　C. 53　　D. 58

（3）由于会场受到暗探注意和法租界巡捕搜查，中共一大开了一天后，会议就转移到浙江嘉兴南湖的游船上举行。（　　）

A. 正确　　B. 错误

（4）党的一大决定设立中央局作为中央的临时领导机构，选举产生了以（　　）为书记的中央局。（单选题）

A. 陈独秀　　B. 李大钊　　C. 毛泽东　　D. 张闻天

（5）中国共产党作为中国最先进的阶级——工人阶级的政党，不仅代表着工人阶级的利益，而且代表着整个中国人民和中华民族的利益。

A. 正确　　B. 错误

2. 遵义会议是指 1935 年 1 月中共中央政治局在贵州遵义召开的独立自主地解决中国革命问题的一次极其重要的扩大会议，这次会议是中国共产党第一次独立自主地运用马克思列宁主义基本原理解决自己的路线、方针和政策方面问题的会议。这次会议，在极端危急的历史关头，挽救了党，挽救了红军，挽救了中国革命，在中国共产党和红军的历史上，是一个生死攸关的转折点。

(1) 遵义会议在红军第五次反“围剿”失败和长征初期严重受挫的历史关头召开。( )

A. 正确　　B. 错误

(2) 出席遵义会议的政治局委员有毛泽东、洛甫（张闻天）、周恩来、朱德、陈云等，博古和李德没有参加会议。( )

A. 正确　　B. 错误

(3) 遵义会议着重总结了第五次反“围剿”失败的经验教训，全面批判了“右”倾教条主义军事错误。( )

A. 正确　　B. 错误

(4) 遵义会议作出重大决定：毛泽东同志当选为常委。取消三人团，而朱德同志是党内委托的对于指挥军事上下最后决心的负责者。( )

A. 正确　　B. 错误

(5) 遵义会议之所以成为伟大的转折，是因为遵义会议后，中国共产党开始逐渐确立独立自主的原则，坚持把马克思主义基本原理同中国革命实际相结合，坚持一切从中国实际出发。( )

A. 正确　　B. 错误

模拟试卷（二）答案及解析

一、单项选择题

1.【参考答案】C

【解析】马克思主义是无产阶级和人类解放的科学。它包括马克思主义哲学、马克思主义政治经济学和科学社会主义三个基本组成部分。马克思主义哲学，又称辩证唯物主义和历史唯物主义（其中唯物史观是其重要内容），是无产阶级的一般世界观和方法论，是自然界、社会和思维发展的一般规律的学说；马克思主义政治经济学（核心内容是剩余价值学说）是社会发展规律在资本主义社会的具体运用；科学社会主义是无产阶级革命的目的和归宿，是全部马克思主义学说的核心和理论结论。科学社会主义在唯物史观和剩余价值论两大发现的基础上，阐明了资本主义转变为社会主义、共产主义社会的客观规律，阐明了无产阶级获得彻底解放的条件和无产阶级的历史使命，使社会主义由空想成为科学。因此，正确答案是C选项。AB项是科学社会主义的两大理论基石，也是马克思一生的两个重要理论发现。D项无产阶级专政学说属于科学社会主义的内容。

2.【参考答案】B

【解析】习近平总书记2022年3月1日在春季学期中央党校中青年干部培训班开班式上的重要讲话中强调，党员干部只有胸怀天下、志存高远，不忘初心使命，把人生理想融入党和人民事业之中，把为人民幸福而奋斗作为自己最大的幸福，才能拥有高尚的、充实的人生。

3.【参考答案】C

【解析】依据新华社时事新闻。

4.【参考答案】D

【解析】中共中央办公厅、国务院办公厅印发的《关于进一步深化税收征管改革的意见》提出，着力建设以服务纳税人缴费人为中心、以发票电子化改革为突破口、以税收大数据为驱动力的具有高集成功能、高安全性能、高应用效能的智慧税务。

5.【参考答案】C

【解析】2022年3月5日，习近平总书记在参加内蒙古代表团审议时强调，要巩固拓展党史学习教育成果，建立常态化长效化制度机制，教育引导广大党员、干部把学党史、用党史作为终身必修课，不断坚定历史自信、增强政治自觉，弘扬伟大建党精神，更加信心满怀地奋进新征程、建功新时代。

6.【参考答案】D

【解析】中共中央总书记、国家主席习近平的这句话表明社会对个人理想、价值的重视和尊重，故选择 D。B 项明显错误，A 项和 C 项表达的意思相同，但与题干不符。

7.【参考答案】B

【解析】习近平总书记在 2022 年春季学期中青年干部培训班开班式上的讲话中提出，年轻干部必须牢记清廉是福、贪欲是祸的道理，经常对照党的理论和路线方针政策、对照党章党规党纪、对照初心使命，看清一些事情该不该做、能不能干，时刻自重自省，严守纪法规矩。守住拒腐防变防线，最紧要的是守住内心，从小事小节上守起，正心明道、怀德自重。

8.【参考答案】D

【解析】税收法定主义原则的具体内容包括三个方面：一是要素法定，二是要素确定，三是程序合法。

9.【参考答案】B

【解析】2022 年 3 月 5 日，习近平总书记在参加内蒙古代表团审议时强调，要始终保持反腐败永远在路上的清醒和坚定，坚持不敢腐、不能腐、不想腐一体推进，坚决割除毒瘤、清除毒源、肃清流毒。要把严肃党内政治生活作为推动全面从严治党向纵深发展的基础性工程，加快推动党内政治生活全面回归健康规范的轨道

10.【参考答案】C

【解析】具体劳动是形式上各不相同的劳动，抽象劳动是体力和脑力的耗费，即无差别的人类劳动。具体劳动和抽象劳动是指同一劳动过程的两种规定，C 选项正确。

11.【参考答案】C

【解析】货币的价值尺度职能，就是以一定量的货币来衡量和表现商品的价值。货币之所以能够充当价值尺度，是因为货币本身也是商品，具有价值。货币执行价值尺度职能时，可以是观念上的或想象中的货币。商品价值的货币表现，就是商品价格。

12.【参考答案】A

【解析】中共中央办公厅、国务院办公厅印发的《关于进一步深化税收征管改革的意见》提出，稳步实施发票电子化改革。2021 年建成全国统一的电子发票服务平台，24 小时在线免费为纳税人提供电子发票申领、开具、交付、查验等服务。制定出台电子发票国家标准，有序推进铁路、民航等领域发票电子化，2025 年基本实现发票全领域、全环节、全要素电子化，着力降低制度性交易成本。

13.【参考答案】D

【解析】《关于进一步深化税收征管改革的意见》在主要目标中提出，到 2022 年，在税务执法规范性、税费服务便捷性、税务监管精准性上取得重要进展。到 2023 年，

基本建成“无风险不打扰、有违法要追究、全过程强智控”的税务执法新体系，实现从经验式执法向科学精确执法转变。

14.【参考答案】C

【解析】依据《政府工作报告》第三部分“2022 年政府工作任务”第二点中提出的 2022 年实施新的组合式税费支持政策。

15.【参考答案】B

【解析】“背水一战”是没有其他办法选择的情况下做出的无奈选择，这与“霍布森选择”的含义是一样的。故本题答案选 B。

16.【参考答案】B

【解析】习近平总书记指出，要加强人权法治保障，深化法治领域改革，健全人权法治保障机制，实现尊重和保障人权在立法、执法、司法、守法全链条、全过程、全方位覆盖，让人民群众在每一项法律制度、每一个执法决定、每一宗司法案件中都感受到公平正义。

17.【参考答案】C

【解析】360 度绩效评估，又称“360 度绩效反馈”或“全方位评估”，是指从与被考核者发生工作关系的多方主体那里获得被考核者的信息，以此对被考核者进行全方位、多维度的绩效评估的过程。故选 C。

18.【参考答案】D

【解析】根据《中华人民共和国民事诉讼法》第一百一十四条规定，“有关单位接到人民法院协助执行通知书后，拒不协助查询、扣押、冻结、划拨、变价财产的，可以对其主要负责人或者直接责任人员予以罚款。”

19.【参考答案】A

【解析】根据《财政部 税务总局关于进一步加大增值税期末留抵退税政策实施力度的公告》，适用该公告政策的纳税人，按照以下公式计算允许退还的留抵税额：允许退还的增量留抵税额 = 增量留抵税额 × 进项构成比例 ×100%；允许退还的存量留抵税额 = 存量留抵税额 × 进项构成比例 ×100%。

20.【参考答案】A

【解析】纳税环节是每个税种规定应当纳税的环节，在该环节，发生纳税义务需要纳税，不发生纳税义务则不需要纳税。

21.【参考答案】A

【解析】党的十九大报告阐述了习近平新时代中国特色社会主义思想，其提出的“十四个坚持”构成新时代坚持和发展中国特色社会主义基本方略。

22.【参考答案】A

【解析】2021 年 11 月 11 日，中国共产党第十九届中央委员会第六次全体会议通过

《中共中央关于党的百年奋斗重大成就和历史经验的决议》，在党的十九大报告“八个明确”的基础上，用“十个明确”对习近平新时代中国特色社会主义思想的核心内容作了进一步概括。

23.【参考答案】B

【解析】为了保障当事人的合法权益，避免其遭受违法的拘传、罚款、拘留，适用强制措施应当遵守法定的程序，即拘传、罚款、拘留必须经院长批准。故选 B。

24.【参考答案】B

【解析】我国刑法规定了三个基本原则：一是罪刑法定原则。二是罪刑相当原则，是指犯罪社会危害性程度及应负刑事责任的大小，是决定刑罚轻重的主要依据，重罪重罚、轻罪轻罚、无罪不罚、罪刑相当、罚当其罪。三是适用刑法一律平等原则，是指对任何人犯罪，不论其社会地位、民族、种族、性别、职业、宗教信仰、财产状况如何，在适用刑法上一律平等，任何人都不得有任何超越法律的特权。题目体现的是罪刑法定原则，选项 B 正确。选项 CD 内容正确，但不符合题意。我国刑法没有规定无罪推定原则，选项 A 错误。

25.【参考答案】B

【解析】我国宪法法律规定，选举权利包括选举权与被选举权。因此，A 选项错误。选举权与被选举权是统一的，公民有选举权就有被选举权，二者不可分离。因此，B 选项正确。罢免权是选举权的延伸，是选民或代表机关对不称职的代表或者其他公职人员，在其任期届满前用投票的方式决定其是否继续任职或立即免职的权利。公民享有选举权，就应当享有罢免权，因为二者相辅相成。选民行使罢免权，可以制约当选者，使当选者不敢藐视民意，也可以增强当选者的责任感。因此，C 选项是错误的。选举权与被选举权的行使原则、方式和程序是法定的。因此，D 选项错误。

26.【参考答案】D

【解析】2022 年政府工作报告提出的 2022 年经济社会发展总体要求和政策取向是，要在以习近平同志为核心的党中央坚强领导下，以习近平新时代中国特色社会主义思想为指导，全面贯彻落实党的十九大和十九届历次全会精神，弘扬伟大建党精神，坚持稳中求进工作总基调，完整、准确、全面贯彻新发展理念，加快构建新发展格局，全面深化改革开放，坚持创新驱动发展，推动高质量发展，坚持以供给侧结构性改革为主线，统筹疫情防控和经济社会发展，统筹发展和安全，继续做好“六稳”“六保”工作，持续改善民生，着力稳定宏观经济大盘，保持经济运行在合理区间，保持社会大局稳定，迎接党的二十大胜利召开。

27.【参考答案】C

【解析】党的十九大报告指出，全面依法治国是中国特色社会主义的本质要求和重要保障。

28.【参考答案】B

【解析】根据中共中央办公厅、国务院办公厅印发的《党政主要负责人履行推进法治建设第一责任人职责规定》第二条规定，“本规定适用于县级以上地方党委和政府主要负责人。”

29.【参考答案】C

【解析】在党的十九大报告中，习近平总书记指出，综合分析国际国内形势和我国发展条件，从2020年到本世纪中叶可以分两个阶段来安排。第一个阶段，从2020年到2035年，在全面建成小康社会的基础上，再奋斗15年，基本实现社会主义现代化。

30.【参考答案】B

【解析】税源是税收的基础，税源管理是税收治理的基础，因此，加强税源管理就成为实现税收治理现代化的最佳切入点。

31.【参考答案】B

【解析】中国共产党从大革命失败中得到的最深刻教训是：必须坚持无产阶级对革命的领导权；必须掌握革命的武装，坚持武装斗争。

32.【参考答案】C

【解析】组织文化和领导力如同一枚硬币的两面，两者相互联系、相互作用，法西斯主义横行的状态就是领导力强、文化力弱的状态，对组织发展不是好事。

33.【参考答案】A

【解析】中共中央办公厅、国务院办公厅印发的《关于进一步深化税收征管改革的意见》指出，主要目标是基本建成以“双随机、一公开”监管和“互联网+监管”为基本手段、以重点监管为补充、以“信用+风险”监管为基础的税务监管新体系，实现从“以票管税”向“以数治税”分类精准监管转变。

34.【参考答案】C

【解析】当前我国政府改革的目标与方向是“有效政府”。

35.【参考答案】A

【解析】公文页码一般用4号半角宋体阿拉伯数字，编排在公文版心下边缘之下，数字左右各放一条一字线；一字线上距版心下边缘7mm。单页码居右空一与双页码居左空一字。公文的版记页前有空白页的，空白页和版记页均不编排页码。公文的附件与正文一起装订时，页码应当连续编排。

36.【参考答案】D

【解析】根据《中华人民共和国宪法》第十五条规定，“国家实行社会主义市场经济。”

37.【参考答案】C

【解析】根据《国家税务总局关于开展2022年“我为纳税人缴费人办实事暨便民

办税春风行动”的意见》，2022 年以“智慧税务助发展 · 惠企利民稳增长”为主题。

38.【参考答案】C

【解析】2022 年政府工作报告中，李克强总理指出实施新的组合式税费支持政策。坚持阶段性措施和制度性安排相结合，减税与退税并举。预计 2022 年退税减税约 2.5 万亿元。

39.【参考答案】A

【解析】中共中央印发的《法治中国建设规划（2020—2025 年）》提出，“对某一领域有多部法律的，条件成熟时进行法典编纂。”

40.【参考答案】A

【解析】当代社会生活的基本特征主要表现为四个方面：一是活动范围的广泛性，二是活动内容的公开性，三是交往对象的复杂性，四是活动方式的多样性。社会经济的发展，使公共生活的场所和领域不断扩展，说明了活动的范围不断拓展，即 A 选项符合题意。

二、多项选择题

1.【参考答案】ACE

【解析】中共中央办公厅、国务院办公厅印发《关于进一步深化税收征管改革的意见》明确：着力建设以服务纳税人缴费人为中心、以发票电子化改革为突破口、以税收大数据为驱动力的具有高集成功能、高安全性能、高应用效能的智慧税务。

2.【参考答案】ACDE

【解析】《行政机关公务员处分条例》第六条规定，行政机关公务员处分的种类为：（一）警告；（二）记过；（三）记大过；（四）降级；（五）撤职；（六）开除。

3.【参考答案】AB

【解析】根据《纳税担保试行办法》第二十五条规定，“汇票、支票、本票、债券、存款单等权利凭证可以质押。”

4.【参考答案】BCD

【解析】管理幅度是指领导机关或领导者直接领导下属的部门或人员的数额。管理层次是指从最高管理者到具体执行人员之间的不同管理层次。管理层次和组织效率成反比，层次越多，效率越低；在管理对象和内容不变的情况下，管理层次的减少会导致管理幅度的增大，二者成反比；管理幅度越大管理事务越难，因此管理幅度与管理事务的难易成正比；由于管理层次与管理幅度的比例只存在于一定的条件下，考虑到若干因素的影响，因此可以说二者没有固定的数额和比例，A 项正确，故选 BCD。

5.【参考答案】ABC

【解析】坚持正面宣传为主，坚持正确的政治方向、舆论导向、价值取向，把握好时度效，提高税收新闻舆论传播力、引导力、影响力、公信力。

6.【参考答案】BD

【解析】扩张性财政政策是指通过财政分配活动来增加和刺激社会总需求。扩张性财政政策主要通过减税、增加政府支出进而扩大赤字的方式实现，这一般会导致物价上升。扩张性的货币政策就是增加货币的供给量，使货币供给大于需求，货币贬值，导致通货膨胀。

7.【参考答案】ABCD

【解析】《中国共产党党员教育管理工作条例》第十六条规定，党支部应当每月开展1次主题党日，贴近党员思想和工作实际，组织党员集中学习、过组织生活、进行民主议事和开展志愿服务等。

8.【参考答案】AC

【解析】税收法定原则的基本含义和核心要求是：税法主体及其权利和义务必须由法律加以确定，税收的各类构成要素皆必须且只能由法律予以明确规定，没有法律依据，国家不得征税，国民也不得被要求缴纳税款。具体内容包括税种法定、税收要素法定、税收程序法定3个部分。

9.【参考答案】ABCD

【解析】判断法律体系的形成，一般主要有三个方面的标准：第一，国家的政治、经济、文化、社会等各个方面，确需用法律来调整的领域已有相应的法律规范，各个法律部门中的基本的、主要的法律已经制定出来。第二，由这个法律体系内所有法律规范形成的法律制度，与国家的经济社会生活相适应，能够满足国家当前的经济社会发展的需要。第三，法律体系内部的所有法律规范之间和谐、统一，能够形成一个有机统一整体。一个国家的法律只有同时满足这些条件，才称得上普遍意义上的法治完备。选项ABCD都正确。

10.【参考答案】ABC

【解析】《中华人民共和国公务员法》第二条规定，公务员，是指依法履行公职、纳入国家行政编制、由国家财政负担工资福利的工作人员。

三、判断题

1.【参考答案】×

【解析】虽然马克思主义哲学的产生主要具备历史、科学和理论条件，但缺少马克思的革命实践，就不会有马克思对旧世界的批判而创造的哲学理论。

2.【参考答案】√

【解析】习近平总书记在“七一”讲话中指出，坚持真理、坚守理想，践行初心、担当使命，不怕牺牲、英勇斗争，对党忠诚、不负人民的伟大建党精神是中国共产党的精神之源。

3.【参考答案】√

【解析】根据党的十九大报告。

4.【参考答案】√

【解析】二十国集团领导人第十次峰会在土耳其安塔利亚举行。中共中央总书记、国家主席习近平出席并发表题为《创新增长路径共享发展成果》的重要讲话，强调二十国集团要加强宏观经济政策沟通和协调，推动改革创新，构建开放型世界经济，落实2030年可持续发展议程。故本题说法正确。

5.【参考答案】×

【解析】党的十八大以来，习近平总书记多次强调发挥税收在国家治理中的基础性、支柱性、保障性作用。

6.【参考答案】×

【解析】根据《税务规范性文件制定管理办法》第十条规定，“税务规范性文件可以采用条文式或者段落式表述。”

7.【参考答案】×

【解析】全面建成小康社会是战略目标，在“四个全面”战略布局中居于引领地位。

8.【参考答案】×

【解析】党的一切工作必须以最广大人民根本利益为最高标准。

9.【参考答案】√

【解析】中共中央印发的《法治中国建设规划（2020—2025年）》明确，“到2035年，法治国家、法治政府、法治社会基本建成，中国特色社会主义法治体系基本形成，人民平等参与、平等发展权利得到充分保障，国家治理体系和治理能力现代化基本实现。”

10.【参考答案】×

【解析】中共中央印发的《法治中国建设规划（2020—2025年）》提出，“全面推进科学立法、严格执法、公正司法、全民守法。”

11.【参考答案】√

【解析】“额外负担”最小就是要求保持税收中性。

12.【参考答案】×

【解析】根据《关于进一步加大增值税期末留抵退税政策实施力度的公告》，符合条件的小微企业，可以自2022年4月纳税申报期起向主管税务机关申请退还增量留抵税额。

13.【参考答案】√

【解析】中共中央印发的《法治社会建设实施纲要（2020－2025年）》明确，“坚持和发展新时代‘枫桥经验’，畅通和规范群众诉求表达、利益协调、权益保障通道，加强矛盾排查和风险研判，完善社会矛盾纠纷多元预防调处化解综合机制，努力将矛盾纠纷化解在基层。”

14.【参考答案】×

【解析】中共中央印发的《法治社会建设实施纲要（2020－2025 年）》明确，“完善党委领导、政府负责、民主协商、社会协同、公众参与、法治保障、科技支撑的社会治理体系，打造共建共治共享的社会治理格局。”

15.【参考答案】√

【解析】根据党的十九大报告：全面准确贯彻“一国两制”方针，牢牢掌握宪法和基本法赋予的中央对香港、澳门全面管治权，深化内地和港澳地区交流合作，保持香港、澳门繁荣稳定。

16.【参考答案】×

【解析】十九大报告指出：坚持全面依法治国。全面依法治国是中国特色社会主义的本质要求和重要保障。必须把党的领导贯彻落实到依法治国全过程和各方面，坚定不移走中国特色社会主义法治道路，完善以宪法为核心的中国特色社会主义法律体系，建设中国特色社会主义法治体系，建设社会主义法治国家，发展中国特色社会主义法治理论，坚持依法治国、依法执政、依法行政共同推进，坚持法治国家、法治政府、法治社会一体建设，坚持依法治国和以德治国相结合，依法治国和依规治党有机统一。

17.【参考答案】√

【解析】生产力布局是随各种布局因素的变化而变化的，这些因素主要有：①自然因素；②人口因素；③技术因素；④经济因素；⑤社会攻治因素。其中社会政治因素主要是指国际国内政治状况、国家（特别是区域）的经济政策。故本题说法正确。

18.【参考答案】√

【解析】根据习近平总书记在省部级主要领导干部学习贯彻十八届三中全会精神全面深化改革专题研讨班开班式上的讲话。

19.【参考答案】√

【解析】习近平总书记指出，古往今来，中华民族之所以在世界有地位、有影响，不是靠穷兵黩武，不是靠对外扩张，而是靠中华文化的强大感召力和吸引力。

20.【参考答案】×

【解析】2021 年全国税务工作会议报告提出，对标一流谋划推进金税四期建设，明确了总体目标、核心任务、推进策略和实施步骤，全面完成智慧税务顶层设计，着力推动税收征管方式从“收税”到“报税”再到“算税”升级，税收征管流程从“上机”到“上网”再到“上云”转变，税收征管效能从“经验管税”到“以票控税”再到“以数治税”提升。

四、情景判断题

【参考答案】（1）④　（2）③　（3）④　（4）⑥　（5）③

五、案例分析题

1.（1）【参考答案】C

【解析】中国共产党第一次全国代表大会，简称中共一大，于1921年7月23日在上海法租界召开。

（2）【参考答案】B

【解析】中共一大代表有13人。

（3）【参考答案】B

【解析】由于会场受到暗探注意和法租界巡捕搜查，中共一大最后一天的会议转移到浙江嘉兴南湖的游船上举行。

（4）【参考答案】A

【解析】党的一大选举产生了以陈独秀为书记的中央局。

（5）【参考答案】A

【解析】中国共产党作为中国最先进的阶级——工人阶级的政党，不仅代表着工人阶级的利益，而且代表着整个中国人民和中华民族的利益。

2.（1）【参考答案】A

【解析】红军第五次反“围剿”失败后，长征初征严重受挫，湘江战役遭受重大损失，遵义会议就是在这样的危急关头召开的。

（2）【参考答案】B

【解析】博古作为政治局委员参加并主持了会议，李德列席了会议。

（3）【参考答案】B

【解析】遵义会议着重总结了第五次反“围剿”失败的经验教训，全面批判了“左”倾教条主义军事错误。

（4）【参考答案】B

【解析】遵义会议做出重大决定：毛泽东同志当选为常委。取消三人团，而周恩来同志是党内委托的对于指挥军事上下最后决心的负责者。

（5）【参考答案】A

【解析】以遵义会议为转折点，中国共产党开始更加自主地认识中国革命的规律，把握中国革命的主动权和领导权，这标志着党在经历了曲折的道路后，在政治上逐步走向成熟。

模拟试卷（三）

一、单项选择题（下列各题的备选答案中，只有 1 个正确选项，请将正确选项填入括号中。多选、不选、错选均不得分，每小题 0.5 分，共 40 小题，共计 20 分）

1. 习近平总书记在建党 100 周年庆祝大会重要讲话中指出，中国特色社会主义最本质的特征是（　　）。

　A. 中华儿女大团结　　　　B. 中国共产党领导
　C. 一国两制　　　　　　　D. 马克思主义中国化

2. 年轻干部要胜任领导工作，需要掌握的本领是很多的。最根本的本领是（　　）。

　A. 理论素养　　B. 思维能力　　C. 大局意识　　D. 领导艺术

3. 中国解决所有问题的关键是要靠自己的发展，而发展的根本目的是（　　）。

　A. 增强综合国力　　　　　B. 体现社会主义优越性
　C. 消灭剥削，消除两极分化　　D. 使人民共享发展成果，实现共同富裕

4. 2022 年政府工作报告中提出我国经济社会发展总体要求和政策取向，其中总基调和主线分别是（　　）。

　A. 坚持稳中求进；坚持扶持外贸发展扩大出口
　B. 坚持稳步前进；坚持扩大内需
　C. 坚持稳中求进；坚持需求侧结构性改革
　D. 坚持稳中求进；坚持供给侧结构性改革

5. 中共中央总书记、国家主席习近平在庆祝“五一”国际劳动节暨表彰全国劳动模范和先进工作者大会上指出，我国工人阶级地位和作用都不容动摇，不容忽视。这是因为工人阶级是我们国家的（　　）。

　A. 基本依靠力量　　　　　B. 领导阶级
　C. 社会财富的创造者　　　D. 政权基础

6. 2022 年政府工作报告指出，加强数字政府建设，推动政务数据共享，进一步压减各类证明事项，要扩大的通办范围是（　　）。

　A. 跨市通办　　B. 跨省通办　　C. 全国通办　　D. 跨境通办

7. 中共中央总书记、国家主席习近平指出，开展党的群众路线教育实践活动的主要内容是（　　）。

　A. 巩固党的执政基础和执政地位　　B. 保持党的先进性和纯洁性

C. 解决群众反映强烈的突出问题　　D. 为民、务实、清廉

8. 中共中央办公厅、国务院办公厅印发的《关于进一步深化税收征管改革的意见》提出，智慧税务建设的突破口是（　　）。

A. 发票电子化改革　　B. 转变税收监管方式

C. 税收征管体制改革　　D. 优化税务执法方式

9. 下列关于政府工作报告提出的“2022 年经济社会发展政策取向”的说法，不正确的是（　　）。

A. 宏观政策要持续激发市场主体活力

B. 结构政策要着力畅通国民经济循环

C. 区域政策要增强发展的平衡性协调性

D. 社会政策要兜住兜牢民生底线

10. 投入到某种物质商品生产过程中的活动量不变，如果劳动生产率提高，在单位劳动时间内生产的商品数量和单位商品的价值量之间，两者的变化表现为（　　）。

A. 商品数量增加，价值量不变　　B. 商品数量不变，价值量增大

C. 商品数量增加，价值量减少　　D. 商品数量增加，价值量增大

11.《关于进一步深化税收征管改革的意见》要求，优化税务执法方式，要推动税务执法、服务、监管的理念方式手段变革，深入推进（　　），大幅提高税法遵从度和社会满意度，明显降低征纳成本。

A. 精准执法、精细服务、精确监管、精诚共治

B. 精确执法、精准服务、精细监管、精诚共治

C. 精确执法、精细服务、精准监管、精诚共治

D. 精细执法、精确服务、精准监管、精诚共治

12. 行政机关公务员处分的种类不包括（　　）。

A. 警告　　B. 诫勉谈话　　C. 记过　　D. 记大过

13.“曲高和寡”出自战国宋玉的《对楚王问》，这一成语的本义是曲调高深，能跟着唱的人就少，多指知音难得。引申义是言论或作品不通俗，能了解的人很少。如果从经济学的角度来理解，它所体现出的道理是（　　）。

A. 价格应定在边际成本上　　B. 价格应定在消费者的需求线上

C. 价格应该由政府整合调控好　　D. 价格应定在社会实际需求上

14. 涉密人员不得在通信中涉及国家秘密，不得（　　）。

A. 用手机发送涉及工作资料的信息

B. 用手机发送涉及商业秘密的信息

C. 用手机发送涉及个人隐私的信息

D. 用手机发送涉及国家秘密和工作秘密的信息

15. 关于管理幅度、管理层次与组织规模三者的关系，表述正确的是（　　）。

A. 管理幅度既定，管理层次与组织规模成反比

B. 管理幅度既定，管理层次与组织规模成正比

C. 组织规模既定，管理层次与管理幅度成正比

D. 管理层次既定，管理幅度与组织规模成反比

16. 税务规范性文件应当以公告形式发布；未以公告形式发布的，（　　）作为税务机关执法依据。

A. 不得　　B. 原则上不

C. 仍可以　　D. 经制定机关确认后

17. 习近平总书记在建党100周年庆祝大会重要讲话中指出，江山就是人民、人民就是江山，打江山、守江山，守的是（　　）。

A. 民族复兴重任　　B. 党的初心　　C. 群众利益　　D. 人民的心

18. 在控制过程中，不仅可以消除问题以及产生问题的原因，有时甚至可以把企业素质提升到更高水平的工作是（　　）。

A. 拟定标准　　B. 衡量标准　　C. 纠正偏差　　D. 修正标准

19. 全面深化改革的总目标是完善和发展中国特色社会主义制度，推进国家治理体系和治理能力（　　）。

A. 科学化　　B. 信息化　　C. 现代化　　D. 先进性

20. 下列关于税收分配对象描述正确的是（　　）。

A. 根据马克思再生产理论，C是创造税源的基础和前提，M＋V是税收分配的对象

B. 国家税收主要来自税源，也可以来自税本

C. 在私有制条件下，国家可以直接支配社会产品，不需要有税收

D. 税收产生的直接原因就是要合理分配剩余产品

21. 中国特色社会主义进入新时代，我国社会主要矛盾已经转化为（　　）。

A. 人民日益增长的美好生活需要和高水平不平衡的发展之间的矛盾

B. 人民日益增长的幸福生活需要和不平衡不充分的发展之间的矛盾

C. 人民日益增长的幸福生活需要和不充分不平衡的发展之间的矛盾

D. 人民日益增长的美好生活需要和不平衡不充分的发展之间的矛盾

22. 下列关于我国社会主义法律本质说法错误的是（　　）。

A. 从法律体现的意志来看，我国社会主义法律是工人阶级领导下的广大人民意志的体现

B. 从法律的实质内容来看，我国社会主义法律是社会历史发展规律和自然规律的反映，具有鲜明的科学性和先进性

C. 从法律的社会作用来看，我国社会主义法律是中国特色社会主义事业顺利发展的法律保障

D. 从法律的制定技术来看，我国社会主义法律仅借鉴我国传统法和外国社会主义国家法的成功经验

23. 我国经济目前正处在转变发展方式、优化经济结构、转换增长动力的攻关期。下列关于我国经济发展阶段的说法中，正确的是（　　）。

A. 已由高速增长阶段转向高质量发展阶段

B. 已由高速增长阶段转向中速增长阶段

C. 已由高质量发展阶段转向高速增长阶段

D. 已由中速增长阶段转向高速增长阶段

24. 具有中国特色的化解矛盾、消除纷争的非诉讼纠纷解决方式是（　　）。

A. 人民调解　　B. 行政调解　　C. 司法调解　　D. 仲裁调解

25. 根据《中华人民共和国公务员法》规定，公务员辞去公职或者退休的，原系领导成员、县处级以上领导职务的公务员在离职（　　）内，不得到与原工作业务直接相关的企业或者其他营利性组织任职，不得从事与原工作业务直接相关的营利性活动。

A. 五年　　B. 三年　　C. 两年　　D. 一年

26. 在干部干好工作所需的各种能力中，第一位的是（　　）。

A. 组织能力　　B. 调研能力　　C. 政治能力　　D. 应急处突能力

27. 根据《党政机关公文处理工作条例》规定，复制、汇编机密级、秘密级公文，应当符合有关规定并经（　　）批准。

A. 定密机关　　B. 上级机关

C. 本机关负责人　　D. 本机关主要负责人

28. 近代以来，中国半殖民地半封建社会的矛盾呈现出错综复杂的状况。其中贯穿整个中国半殖民地半封建社会始终，并对中国近代社会的发展变化起决定性作用的最主要矛盾是（　　）。

A. 无产阶级与资产阶级的矛盾　　B. 帝国主义与中华民族的矛盾

C. 封建主义和人民大众的矛盾　　D. 农民阶级和地主阶级的矛盾

29. 个人所得税是一把双刃剑，个人所得税过高会抑制劳动者的积极性，抑制经济的发展；个人所得税过低不利于财政收入的增加和国家职能的实现。这体现的哲学道理是（　　）。

A. 前途是光明的，道路是曲折的

B. 想问题、办事情一定要从实际出发

C. 事物的发展是前进性与曲折性的统一

D. 想问题、办事情一定要从整体出发

30. 19 世纪 60 年代到 90 年代，清朝统治阶级内部的洋务派兴办近代企业，建立新式海陆军，创办新式学校，派遣留学生。洋务派兴办洋务新政的主要目的是（　　）。

A. 迎合帝国主义　B. 维护封建统治　C. 对抗顽固派　D. 发展资本主义

31. 税种间相互区别的重要标志是（　　）。

A. 纳税义务　B. 征税对象　C. 税率　D. 纳税环节

32. 与社会主义市场经济相适应的社会保障制度是（　　）。

A. 社会保险系统、社会福利系统、贫困救助系统

B. 社会保险系统、社会福利系统、社会救助系统

C. 社会保险系统、教育福利系统、社会救助系统

D. 养老保险系统、社会福利系统、社会救助系统

33. 党组（党委）会议应当有（　　）以上党组（党委）委员到会方可召开，讨论决定干部任免事项必须有（　　）以上党组（党委）委员到会。

A. 三分之一；半数　B. 半数；三分之二

C. 三分之二；四分之三　D. 四分之三；五分之四

34. 根据《中华人民共和国公职人员政务处分法》规定，公职人员有违法行为，有关机关依照规定给予组织处理的，监察机关（　　）政务处分。

A. 不再给予　B. 不得给予　C. 可以不予　D. 可以同时给予

35. 辛亥革命的失败证明了（　　）。

A. 帝国主义和反动军阀力量太强大

B. 民族资产阶级不能领导中国民主革命取得彻底胜利

C. 中国不能走西方民主议会道路

D. 必须进行革命武装斗争

36. 经济全球化产生的基础不包括（　　）。

A. 对外文化交流更加频繁　B. 国际分工不断深化

C. 生产国际化程度不断提高　D. 资本国际化程度不断提高

37. 20 世纪中国的第一次历史性巨变是（　　）。

A. 太平天国运动　B. 义和团运动

C. 辛亥革命　D. 戊戌变法运动

38. 根据《行政诉讼法》规定，人民法院审理行政案件，参照（　　）。

A. 地方性法规　B. 规章

C. 行政机关规范性文件　D. 行政机关公文

39. 各级税务机关保密委员会实行例会制度，每（　　）至少召开一次会议研究保密工作，并有专门的会议记录。

A. 月　　B. 季　　C. 半年　　D. 年

40. 国家档案馆保管的档案，一般应当自形成之日起满（　　）年向社会开放。

A. 10　　B. 20　　C. 30　　D. 40

二、多项选择题（下列各题的备选答案中，至少有两个正确选项，请将正确选项的字母填写在括号中，多选、错选、少选、不选均不得分。每小题 2 分，共计 20 分）

1. 马克思主义中国化就是将马克思主义基本原理同中国实际相结合，不断形成具有中国特色的马克思主义理论成果的过程，就是赋予马克思主义鲜明的中国特色，这里的“中国特色”是指（　　）。

A. 实践特色　　B. 理论特色　　C. 时代特色　　D. 经济特色

2. 中央全面深化改革委员会第十七次会议审议通过《关于进一步优化税务执法方式的意见》。会议指出，优化税务执法方式，要推动税务执法、服务、监管的理念和方式变革，深入推进（　　）。

A. 精确执法　　B. 精细服务　　C. 精准监管　　D. 精诚共治

3. 改革开放取得成功的关键和根本原因包括（　　）。

A. 坚持党的领导　　B. 坚持思想解放　　C. 创新人才培养　　D. 全面从严治党

E. 大力吸引外资

4. 我国发展仍处于重要战略机遇期，但机遇和挑战都有新的发展变化。这种“新的发展变化”主要表现为（　　）。

A. 危和机并存、危中有机、危可转机

B. 机遇更具有战略性、可塑性

C. 挑战更具有复杂性、全局性

D. 挑战前所未有，应对好了，机遇也前所未有

5. 在风险管理中，风险识别的主要内容包括（　　）。

A. 感知风险　　B. 分析风险　　C. 测量风险　　D. 消除风险

6. 加快转变经济发展方式，促进国民经济又好又快发展，关键在于实现（　　）。

A. 由主要依靠投资、出口拉动向依靠消费、投资、出口协调拉动转变

B. 由主要依靠第二产业带动向依靠第一、第二、第三产业协同带动转变

C. 由主要依靠增加物质资源消耗向主要依靠科技进步、劳动者素质提高、管理创新转变

D. 由主要依靠政府投资拉动向主要依靠政府投资与民间资本协同拉动转变

7. 伟大建党精神的主要内容包括（　　）。

A. 坚持真理、坚守理想　　B. 践行初心、担当使命

C. 不怕牺牲、英勇斗争　　D. 上下同欲、团结一心

E. 对党忠诚、不负人民

8. 党的意识形态工作的根本任务包括（　　）。

A. 集中精力进行经济建设

B. 实现中华民族伟大复兴

C. 巩固马克思主义在意识形态领域的指导地位

D. 巩固全党全国人民团结奋斗的共同思想基础

E. 增强综合国力

9. 政治机关旗帜鲜明讲政治是应尽之责。下列机关中，本质上是政治机关的包括（　　）。

A. 中央和地方各级人大机关　　B. 行政机关

C. 政协机关　　D. 工会机关

E. 妇联机关

10. 根据《中华人民共和国政府信息公开条例》规定，公民、法人或者其他组织申请获取政府信息的，应当向行政机关的政府信息公开工作机构提出，可以采取的方式包括（　　）。

A. 口头提出　　B. 当面递交　　C. 邮寄信件　　D. 发送数据电文

三、判断题（判断下列各题正误，正确的打“√”，错误的打“×”。每小题 1 分，共计 20 分）

1. 习近平总书记在 2020 年 11 月 16 日至 17 日召开的中央全面依法治国工作会议上强调，要坚持依法治国、依法执政、依法行政共同推进，法治国家、法治政府、法治社会一体建设。（　　）

2. 2021 年 1 月 22 日，第十三届全国人民代表大会常务委员会第二十五次会议审议通过新修订的《行政处罚法》。根据新修订的《行政处罚法》规定，同一个违法行为违反多个法律规范应当给予罚款处罚的，按照位阶高的法律规范规定处罚。（　　）

3. 组织形态工作是党的一项极端重要的工作，是为国家立心、为民族立魂的工作。（　　）

4. 创新、协调、绿色、开放、共享的新发展理念，是在深刻总结国内外发展经验教训、分析国内外发展大势的基础上形成的，体现了“十三五”乃至更长时期我国的发展思路、发展方向、发展着力点。（　　）

5. 坚持全国一盘棋，调动各方面积极性，集中力量办大事是中国特色社会主义制度的显著优势。（　　）

6. 信访人请求事由合理但缺乏法律依据的，有权处理的机关、单位应当作出不予支持信访请求意见。（　　）

7. 根据《中华人民共和国行政强制法》规定，采用非强制手段能够达到行政管理目的的，可以不设定和实施行政强制。 (　　)
8. 平时考核与年度考核结果挂钩。年度考核确定为优秀等次的，应当从当年平时考核结果好等次较多且无一般、较差等次的公务员中产生。 (　　)
9. 坚持切实处理好党的领导、人民当家作主与依法治国的关系，我们需要把握好执政党的政策与宪法、法律的关系，党的组织结构与国家机关之间的关系，坚持党的领导与公民对党的执政活动的监督之间的关系。 (　　)
10. 我国古代把汉字造字方法归纳为“六书”，“六书”是指象形、指事、会意、形声、转注、假借。 (　　)
11. 纳税人的具体纳税期限，由主管税务机关根据纳税人应纳税额的大小分别核定，不能按照固定期限纳税的，可以按次纳税。 (　　)
12. 行政管理是一种以政府机关为主体的管理，政府行政机关扮演着管理者的角色。 (　　)
13. 公务员对年度考核确定为不称职等次不服的，可以按照有关规定申请复核、申诉。 (　　)
14. 中共中央印发的《法治社会建设实施纲要（2020－2025年）》提出，强化规则意识，倡导法治精神，维护公序良俗，引导公民理性表达诉求，自觉履行法定义务、社会责任、家庭责任。 (　　)
15. 违反规定，在公务接待、公务交通、会议活动、办公用房以及其他工作生活保障等方面超标准、超范围的最重处分是撤职。 (　　)
16. 政务处分决定自下发文件之日起生效。 (　　)
17. 货币政策是通过控制货币的需求量，使货币的需求量和供应量相适应，从而实现社会总需求和社会总供给的平衡。 (　　)
18. 公文的密级分为绝密、机密和秘密三个等级。不确定具体保密期限的，保密期限一般为绝密30年，机密20年，秘密5年。 (　　)
19. 职业年金所需费用由单位和工作人员共同承担。单位缴费比例为8%，工作人员缴费比例为6%；单位和工作人员缴费基数分别与缴纳基本养老保险费用的缴费基数相同。 (　　)
20. 公文成文日期一般以机关负责人签发的日期为准。 (　　)

四、情景判断题（每题5小题，每小题2分，共10分）

某市税务局马局长在“放管服”工作中明显感觉阻力很大，个别行政审批权放不下去，一些免填单服务落实不到位，纳税人“多头找、来回跑”的现象依然存在等。省督导组即将开展巡视督导，为进一步推进“放管服”工作，马局长采取了以下措施。

请你对各项措施的有效程度逐项作出评价（请对每个措施的有效程度用①—⑦做出评价，其中“①”表示有效性程度最低，“⑦”表示有效性程度最高，选择你认为适当的等级数字，在相应的数字上打“√”。在作答时，对每个措施或办法的有效性程度单独作出评价，无须排序。若你认为有些措施或办法的有效性程度相同，也可以选择相同的等级数字）。

（1）召开“放管服”工作推进会，进一步学习上级指示精神，重新安排部署工作。

① ② ③ ④ ⑤ ⑥ ⑦

（2）定期听取分管领导跟踪汇报“放管服”工作进展情况。

① ② ③ ④ ⑤ ⑥ ⑦

（3）及时通报批评“放管服”工作落实不到位的科室，并限期改正。

① ② ③ ④ ⑤ ⑥ ⑦

（4）安排人员到友邻单位学习借鉴，改正工作中的不足。

① ② ③ ④ ⑤ ⑥ ⑦

（5）安排人员与省局督导组联系，掌握督导内容、方法和程序，高标准做好迎接的准备工作。

① ② ③ ④ ⑤ ⑥ ⑦

五、案例分析题（共 2 大题，每题 5 小题，每小题 3 分，共 30 分）

1. 材料 1：韩愈：不塞不流，不止不行。梅峰语录：玉不遇砥砺，不可以成器；人不遇穷困挫辱，不可以成德。

   材料 2：列宁指出，对立统一规律“提供理解一切现存事物的‘自己运动’的钥匙”。在谈到黑格尔关于每一事物都是“和它自己的他物有差别”时认为“非常正确和重要；‘他物’是自己的他物，是向自己的对立面的发展。”“有两种基本的（或两种可能的，或两种在历史上常见的）发展（进化）观点：认为发展是减少和增加，是重复；以及认为发展是对立面的统一（统一物之分为两个互相排斥的对立面以及它们之间的互相关系）。”

   材料 3：杜林说：“矛盾的东西是一个范畴。这个范畴只能归属于思想组合，而不能归属于现实。”

   材料 4：荀子说：“凡性者，天之就也，不可学，不可事。礼仪者，圣人之所生也，人之所学而能，所事而成者也。不可学，不可事，而在人者，谓之性；可学而能，可事而成之在人者，谓之伪（‘人为’之意），是性伪之分也。”

   材料 5：孙中山先生指出：世界人类之进化，当分三时期：第一由愚昧进文明，为不知而行的时期；第二由文明再进文明，为行而后知时期；第三自科学发明而后，为知而后行时期。以行而求知，困知而知行。

(1) 材料 1 把事物的发展看作是对立面互相斗争、互相作用的结果。(　　)

A. 正确　　　　B. 错误

(2) 下列对材料 2 的理解正确的是(　　)。(多选题)

A. 是辩证唯物主义的发展观

B. 揭示了对立统一规律是事物发展的实质内容

C. 同一性和斗争性是矛盾的两种相反的基本属性

D. 矛盾的同一性是相对的，矛盾的斗争性是绝对的

(3) 材料 3 的根本错误在于否认矛盾的客观存在性。

A. 正确　　　　B. 错误

(4) 材料 4 的观点属于(　　)。(单选题)

A. 主观唯心主义　　　　B. 客观唯心主义

C. 朴素唯物主义　　　　D. 形而上学

(5) 材料 5 中孙中山的知行学说说明(　　)。(单选题)

A. 实践——认识　　　　B. 认识——实践

C. 认识——实践——认识　　　　D. 实践——认识——实践

2. 材料 1：为了维护《党章》和其他党内法规，严肃党的纪律，纯洁党的组织，保障党员民主权利，教育党员遵纪守法，维护党的团结统一，保证党的路线、方针、政策、决议和国家法律法规的贯彻执行，根据《中国共产党章程》，制定了《中国共产党纪律处分条例》。

材料 2：吴某，某市税务局副局长，中共党员，周六在家休息时打开微信，看到一篇关于批评“一国两制”的文章，觉得“甚好”，便轻点手机屏幕进行分享，并罔顾“一国两制”政策出台的背景与实际，发表评论大肆抨击、公然否定。吴某社会关系广、朋友杂，其观点被广泛转发，造成恶劣影响。

(1)《党章》是最根本的党内法规，是管党治党的总规矩。表述是否正确？(　　)

A. 正确　　　　B. 错误

(2) 党的纪律处分工作应当坚持以下原则(　　)。(多选题)

A. 坚持党要管党、全面从严治党　　　　B. 实事求是

C. 民主集中制　　　　D. 惩前毖后、治病救人

(3) 党员受到撤销党内职务处分，或者受到严重警告处分的，(　　)年内不得在党内担任和向党外组织推荐担任与其原任职务相当或者高于其原任职务的职务。(单选题)

A. 1　　　　B. 2　　　　C. 3　　　　D. 5

(4)《中国共产党纪律处分条例》中对失职、渎职行为有关责任人员区分所述的“在自己的职责范围内，对直接主管的工作不履行或者不正确履行职责，对造成的损失

或者后果负直接领导责任的党员领导干部”称为（　　）。(单选题)

A. 直接责任者　　B. 主要领导责任者

C. 重要领导责任者　　D. 直接领导责任者

(5) 根据《中国共产党纪律处分条例》，应对材料2中吴某进行（　　）纪律处罚。(单选题)

A. 严重警告　　B. 记过　　C. 记大过　　D. 降级

模拟试卷（三）答案及解析

一、单项选择题

1.【参考答案】B

【解析】2021年7月1日，习近平总书记在建党100周年庆祝大会重要讲话中指出："以史为鉴、开创未来，必须坚持中国共产党坚强领导。办好中国的事情，关键在党。中华民族近代以来180多年的历史、中国共产党成立以来100年的历史、中华人民共和国成立以来70多年的历史都充分证明，没有中国共产党，就没有新中国，就没有中华民族伟大复兴。历史和人民选择了中国共产党。中国共产党领导是中国特色社会主义最本质的特征，是中国特色社会主义制度的最大优势，是党和国家的根本所在、命脉所在，是全国各族人民的利益所系、命运所系。"

2.【参考答案】A

【解析】习近平总书记在2022年春季学期中青年干部培训班开班式上的讲话中提出，年轻干部要胜任领导工作，需要掌握的本领是很多的，最根本的本领是理论素养。

3.【参考答案】D

【解析】解决中国一切问题的关键是发展。"发展才是硬道理""发展是党执政兴国的第一要务""发展是解决中国一切问题的总钥匙"，这是对社会主义建设历史经验的深刻总结。中国解决所有问题的关键是要靠自己的发展，而发展的根本目的是使人民共享发展成果，实现共同富裕。D项符合题意。

4.【参考答案】D

【解析】2022年政府工作报告提出的2022年经济社会发展总体要求和政策取向是，要在以习近平同志为核心的党中央坚强领导下，以习近平新时代中国特色社会主义思想为指导，全面贯彻落实党的十九大和十九届历次全会精神，弘扬伟大建党精神，坚持稳中求进工作总基调，完整、准确、全面贯彻新发展理念，加快构建新发展格局，全面深化改革开放，坚持创新驱动发展，推动高质量发展，坚持以供给侧结构性改革为主线，统筹疫情防控和经济社会发展，统筹发展和安全，继续做好"六稳""六保"工作，持续改善民生，着力稳定宏观经济大盘，保持经济运行在合理区间，保持社会大局稳定，迎接党的二十大胜利召开。

5.【参考答案】B

【解析】中华人民共和国是工人阶级领导的、以工农联盟为基础的人民民主专政的社会主义国家。人民民主专政是我国的国体，也是我国社会主义制度中最根本的制度。其中工人阶级是领导阶级，工农联盟是阶级基础，故本题答案选 B。

6.【参考答案】B

【解析】2022 年政府工作报告指出，加强数字政府建设，推动政务数据共享，进一步压减各类证明事项，扩大“跨省通办”范围，基本实现电子证照互通互认，便利企业跨区域经营，加快解决群众关切事项的异地办理问题。

7.【参考答案】D

【解析】中共中央总书记、国家主席习近平指出，围绕保持党的先进性和纯洁性，在全党深入开展以为民、务实、清廉为主要内容的党的群众路线教育实践活动。故选 D。

8.【参考答案】A

【解析】中共中央办公厅、国务院办公厅印发的《关于进一步深化税收征管改革的意见》提出，着力建设以服务纳税人缴费人为中心、以发票电子化改革为突破口、以税收大数据为驱动力的具有高集成功能、高安全性能、高应用效能的智慧税务。

9.【参考答案】A

【解析】依据 2022 年政府工作报告。

10.【参考答案】C

【解析】投入到某种商品生产过程中的活动量不变，则说明社会必要劳动时间不变。社会必要劳动时间不变，则说明价值量不变。当劳动生产率提高时，单位时间内生产的商品数量增加，即使用价值量增加，单位商品的价值量减少，商品的总价值量不变，反之亦然。故 C 选项正确。

11.【参考答案】C

【解析】《关于进一步深化税收征管改革的意见》指导思想中明确提出，深入推进精确执法、精细服务、精准监管、精诚共治，大幅提高税法遵从度和社会满意度，明显降低征纳成本，充分发挥税收在国家治理中的基础性、支柱性、保障性作用，为推动高质量发展提供有力支撑。

12.【参考答案】B

【解析】《行政机关公务员处分条例》第六条规定，行政机关公务员处分的种类为：（一）警告；（二）记过；（三）记大过；（四）降级；（五）撤职；（六）开除。

13.【参考答案】A

【解析】“曲高和寡”从经济学的角度来理解，就是价格不能定得过高，过高则会造成消费者需求的不足。这个原则要求我们把价格定在合理的位置上，即把价格定在边际成本上。

14.【参考答案】D

【解析】普通手机使用中，不得在通信中涉及国家秘密，不得存储、处理、传输涉及国家秘密和工作秘密的信息。

15.【参考答案】B

【解析】管理幅度、管理层次与组织规模三者的关系：①管理幅度既定，管理层次与组织规模成正比：②组织规模既定，管理层次与管理幅度成反比；③管理层次既定，管理幅度与组织规模成正比。故选 B。

16.【参考答案】A

【解析】根据《税务规范性文件制定管理办法》第二十八条规定，“税务规范性文件应当以公告形式发布；未以公告形式发布的，不得作为税务机关执法依据。”

17.【参考答案】D

【解析】2021 年 7 月 1 日，习近平总书记在建党 100 周年庆祝大会重要讲话中指出，江山就是人民、人民就是江山，打江山、守江山，守的是人民的心。

18.【参考答案】C

【解析】确定标准，衡量成效，纠正偏差，这三者构成了控制的基本过程。在控制过程中，纠正偏差不仅可以消除问题以及产生问题的原因，有时甚至可以把企业素质提升到更高水平。故选 C。

19.【参考答案】C

【解析】党的十八届三中全会指出，全面深化改革的总目标是完善和发展中国特色社会主义制度，推进国家治理体系和治理能力现代化。

20.【参考答案】D

【解析】选项 A，C + V 是创造税源的基础和前提，M 是税收分配的对象；选项 B，国家税收只能来自税源，不能来自税本；选项 C，在国家所有制条件下，国家可以直接支配社会产品，不需要有税收。

21.【参考答案】D

【解析】党的十九大报告指出，中国特色社会主义进入新时代，我国社会主要矛盾已经转化为人民日益增长的美好生活需要和不平衡不充分的发展之间的矛盾。

22.【参考答案】D

【解析】我国社会主义法律的本质主要表现在以下几个方面：第一，从法律所体现的意志来看，我国社会主义法律是工人阶级领导下的广大人民意志的体现。第二，从法律的实质内容来看，我国社会主义法律是社会历史发展规律和自然规律的反映，具有鲜明的科学性和先进性。其科学性和先进性主要体现在三个方面：一是我国社会主义法律坚持了辩证唯物主义和历史唯物主义的世界观和方法论；二是我国社会主义法律善于借鉴我国传统法和外国法的成功经验，所以选项 D 错误；三是我国社会主义法律的立法体制、立法程序和立法技术，适应时代发展而不断改革与创新，使立法的质量和水平不断提高。第三，从法律的社会作用来看，我国社会主义法律是中国特色社会主义事业顺利发展、社会主义和谐社会建设的法律保障。

23.【参考答案】A

【解析】党的十九大报告指出，我国经济已由高速增长阶段转向高质量发展阶段，正处在转变发展方式、优化经济结构、转换增长动力的攻关期，建设现代化经济体系是跨越关口的迫切要求和我国发展的战略目标。

24.【参考答案】A

【解析】人民调解是一项具有中国特色的化解矛盾、消除纷争的非诉讼纠纷解决方式。我国宪法、民事诉讼法对人民调解的性质和基本原则作了规定，国务院颁布了《人民调解委员会组织条例》，人民调解工作不断发展。故 A 项为正确选项。

25.【参考答案】B

【解析】根据《中华人民共和国公务员法》第一百零七条规定，“公务员辞去公职或者退休的，原系领导成员、县处级以上领导职务的公务员在离职三年内，其他公务员在离职两年内，不得到与原工作业务直接相关的企业或者其他营利性组织任职，不得从事与原工作业务直接相关的营利性活动。”

26.【参考答案】C

【解析】在干部干好工作所需的各种能力中，政治能力是第一位的。

27.【参考答案】C

【解析】根据《党政机关公文处理工作条例》第三十二条规定，“复制、汇编机密级、秘密级公文，应当符合有关规定并经本机关负责人批准。”

28.【参考答案】B

【解析】帝国主义与中华民族的矛盾贯穿整个中国半殖民地半封建社会始终，并对中国近代社会的发展变化起决定性作用。

29.【参考答案】B

【解析】税收过高或过低都会带来不同程度的危害，所以要坚持一切从实际出发，使主观与客观相符合，结合实际情况制定出适宜的税收政策。

30.【参考答案】B

【解析】洋务运动的根本目的是拯救清王朝，维护地主阶级的封建统治。但是，事实并没有像他们期望的那样发展。甲午中日战争中中国惨败，直接标志着洋务运动的破产。

31.【参考答案】B

【解析】征税对象指税法规定对什么征税，是区别一种税与另一种税的重要标志。

32.【参考答案】B

【解析】社会保障制度是在政府的管理之下，以国家为主体，依据一定的法律和规定，通过国民收入的再分配，以社会保障基金为依托，对公民在暂时或者永久性失去劳动能力以及由于各种原因生活发生困难时给予物质帮助，用以保障居民最基本的生活需要。与社会主义市场经济相适应的社会保障制度包括社会保险、社会救助和社会福利三个部分。

33.【参考答案】B

【解析】依据《中国共产党党组工作条例》。

34.【参考答案】D

【解析】根据《中华人民共和国公职人员政务处分法》第十七条规定，“公职人员有违法行为，有关机关依照规定给予组织处理的，监察机关可以同时给予政务处分。”

35.【参考答案】B

【解析】辛亥革命的失败证明了民族资产阶级不能领导中国民主革命取得彻底胜利。

36.【参考答案】A

【解析】经济全球化是在国际分工不断深化、生产国际化和资本国际化程度不断提高的基础上产生的。经济全球化的主要内容包括生产全球化、贸易全球化和资本全球化。

37.【参考答案】C

【解析】辛亥革命是20世纪中国的第一次历史性巨变。

38.【参考答案】B

【解析】根据《中华人民共和国行政诉讼法》第六十三条规定，“人民法院审理行政案件，参照规章。”

39.【参考答案】D

【解析】各级税务机关保密委员会要规范工作程序，建立健全保密工作制度。保密委员会实行例会制度，每年至少召开一次会议研究保密工作，并有专门的会议记录。

40.【参考答案】C

【解析】《档案法》第十九条：“国家档案馆保管的档案，一般应当自形成之日起满三十年向社会开放。”

二、多项选择题

1.【参考答案】ABC

【解析】总的来说，马克思主义中国化就是将马克思主义基本原理同中国具体实际相结合，不断形成具有中国特色的马克思主义理论成果的过程。具体理解：①马克思主义只有指导中国实践才有生命力，赋予马克思主义实践特色；②将中国最新实践上升为理论，丰富和发展了马克思主义，赋予马克思主义时代特色和理论特色；③将马克思主义植根于中国文化，赋予马克思主义民族内容和民族形式。故ABC项均符合题意。

2.【参考答案】ABCD

【解析】2020 年 12 月 30 日，中央全面深化改革委员会第十七次会议审议通过《关于进一步优化税务执法方式的意见》。会议指出，优化税务执法方式，要推动税务执法、服务、监管的理念和方式变革，深入推进精确执法、精细服务、精准监管、精诚共治，大幅提高税法遵从度和社会满意度，明显降低征纳成本，发挥税收在国家治理中的基础性、支柱性、保障性作用。

3.【参考答案】AD

【解析】习近平总书记指出，坚持党的领导，全面从严治党，是改革开放取得成功的关键和根本。改革开放的过程就是思想解放的过程。

4.【参考答案】ABCD

【解析】《习近平新时代中国特色社会主义思想学习问答》指出，我国发展仍处于重要战略机遇期，但机遇和挑战都有新的发展变化。习近平总书记强调，对于重要战略机遇期，我们的判断是危和机并存、危中有机、危可转机，机遇更具有战略性、可塑性，挑战更具有复杂性、全局性，挑战前所未有，应对好了，机遇也前所未有。

5.【参考答案】AB

【解析】风险识别是指风险管理人员通过对大量来源可靠的信息进行系统了解和分析，认清经济单位存在的各种风险因素，进而确定经济单位所面临的风险及其性质，并把握其发展趋势。

6.【参考答案】ABC

【解析】加快转变经济发展方式，促进国民经济又好又快发展，关键在于实现三个转变，即由主要依靠投资、出口拉动向依靠消费、投资、出口协调拉动转变；由主要依靠第二产业带动向依靠第一、第二、第三产业协同带动转变；由主要依靠增加物质资源消耗向主要依靠科技进步、劳动者素质提高、管理创新转变。

7.【参考答案】ABCE

【解析】一百年前，中国共产党的先驱们创建了中国共产党，形成了坚持真理、坚守理想，践行初心、担当使命，不怕牺牲、英勇斗争，对党忠诚、不负人民的伟大建党精神，这是中国共产党的精神之源。

8.【参考答案】CD

【解析】党的意识形态工作的根本任务是巩固马克思主义在意识形态领域的指导地位，巩固全党全国人民团结奋斗的共同思想基础。

9.【参考答案】ABC

【解析】中央和地方各级人大机关、行政机关、政协机关、监察机关、审判机关、检察机关本质上都是政治机关，旗帜鲜明讲政治是应尽之责。工会、共青团、妇联等群团组织是党领导下的政治组织，政治性是群团组织的灵魂。

10.【参考答案】ABCD

【解析】根据《中华人民共和国政府信息公开条例》第二十九条规定，“公民、法人或者其他组织申请获取政府信息的，应当向行政机关的政府信息公开工作机构提出，并采取包括信件、数据电文在内的书面形式；采取书面形式确有困难的，申请人可以口头提出，由受理该申请的政府信息公开工作机构代为填写政府信息公开申请。”

三、判断题

1.【参考答案】√

【解析】习近平总书记在2020年11月16日至17日召开的中央全面依法治国工作会议上强调，要坚持依法治国、依法执政、依法行政共同推进，法治国家、法治政府、法治社会一体建设。

2.【参考答案】×

【解析】2021年1月22日，第十三届全国人民代表大会常务委员会第二十五次会议审议通过新修订的《行政处罚法》。新修订的《行政处罚法》第二十九条规定，“同一个违法行为违反多个法律规范应当给予罚款处罚的，按照罚款数额高的规定处罚。”

3.【参考答案】×

【解析】根据习近平总书记在全国宣传思想工作会议上的重要讲话，意识形态工作是党的一项极端重要的工作，是为国家立心、为民族立魂的工作。

4.【参考答案】√

【解析】中共中央总书记、国家主席习近平在重庆调研时强调，创新、协调、绿色、开放、共享的新发展理念，是在深刻总结国内外发展经验教训、分析国内外发展大势的基础上形成的，凝聚着对经济社会发展规律的深入思考，体现了“十三五”乃至更长时期我国的发展思路、发展方向、发展着力点。故本题说法正确。

5.【参考答案】√

【解析】《中共中央关于坚持和完善中国特色社会主义制度、推进国家治理体系和治理能力现代化若干重大问题的决定》指出：坚持全国一盘棋，调动各方面积极性，集中力量办大事的显著优势。

6.【参考答案】×

【解析】根据《信访工作条例》第三十二条，应将“不予支持”改为“作出解释说明”

7.【参考答案】×

【解析】根据《中华人民共和国行政强制法》第五条规定，“采用非强制手段可以达到行政管理目的的，不得设定和实施行政强制。”

8.【参考答案】√

【解析】平时考核与年度考核结果挂钩。年度考核确定为优秀等次的，应当从当年平时考核结果好等次较多且无一般、较差等次的公务员中产生。

9.【参考答案】√

【解析】这里需要把握三个关系：一是执政党的政策与宪法、法律的关系；二是党的组织结构与国家机关之间的关系；三是坚持党的领导与公民对党的执政活动的监督之间的关系。

10.【参考答案】√

【解析】我国东汉许慎所著的《说文解字》，把汉字造字方法归纳为“六书”，“六书”是指象形、指事、会意、形声、转注、假借。

11.【参考答案】√

【解析】纳税人的具体纳税期限，由主管税务机关根据纳税人应纳税额的大小分别核定，不能按照固定期限纳税的，可以按次纳税。

12.【参考答案】√

【解析】从行政管理的特点来看，行政管理的主体是政府机关。行政管理是一种以政府机关为主体的管理，政府行政机关扮演着管理者的角色。故本题说法正确。

13.【参考答案】√

【解析】根据《公务员考核规定》第十六条有关规定。

14.【参考答案】×

【解析】中共中央印发的《法治社会建设实施纲要（2020－2025年）》提出，“强化规则意识，倡导契约精神，维护公序良俗，引导公民理性表达诉求，自觉履行法定义务、社会责任、家庭责任。”

15.【参考答案】√

【解析】根据《公职人员政务处分法》第三十五条规定，有下列行为之一，情节较重的，予以警告、记过或者记大过；情节严重的，予以降级或者撤职：（一）违反规定设定、发放薪酬或者津贴、补贴、奖金的；（二）违反规定，在公务接待、公务交通、会议活动、办公用房以及其他工作生活保障等方面超标准、超范围的。

16.【参考答案】×

【解析】根据《公职人员政务处分法》第八条规定，政务处分的期间为：（一）警告，六个月；（二）记过，十二个月；（三）记大过，十八个月；（四）降级、撤职，二十四个月。政务处分决定自作出之日起生效，政务处分期自政务处分决定生效之日起计算。

17.【参考答案】×

【解析】货币政策是指中央银行为实现既定的目标，运用各种工具调节货币供应量来调节市场利率，通过市场利率的变化来影响民间的资本投资，影响总需求和宏观经济运行的各种方针措施。货币政策调整的是供应量，不是需求量。故本题说法错误。

18.【参考答案】×

【解析】公文的密级分为绝密、机密和秘密三个等级。尽可能根据公文的内容规定为“长期”或确定保密的最佳期限，如“秘密★6个月”“机密★5年”“绝密★长期”。不确定具体保密期限的，保密期限一般为绝密30年，机密20年，秘密10年。

19.【参考答案】×

【解析】个人缴费比例是4%。

20.【参考答案】√

【解析】成文日期，署会议通过或者发文机关负责人签发的日期。联合行文时，署最后签发机关负责人签发的日期。故本题说法正确。

四、情景判断题

【参考答案】（1）⑥　（2）③　（3）②　（4）④　（5）①

五、案例分析题

1.（1）【参考答案】A

【解析】材料1把事物的发展看作是对立面互相斗争、互相作用的结果。韩愈的观点认为（对佛教、道教）如不加以禁止，（儒教）就不能得到流传和推行。《梅峰语录》中关于人的发展的观点认为，人不遭受困难屈辱的锻炼，就不能成为品德高尚的人。这种观点是朴素的、辩证的，是正确的发展观。

（2）【参考答案】ABCD

【解析】材料2的观点是辩证唯物主义的发展观。它揭示了对立统一规律是事物发展的实质内容。矛盾的同一性使矛盾双方联结起来，使事物处于相对稳定状态，提供矛盾双方得以存在和发展的条件，从而也就孕育着扬弃旧的矛盾的条件。矛盾斗争在事物量变过程中的作用，就在于它推动着矛盾双方力量的变化，矛盾的斗争性在事物质变过程中的作用在于它能突破特定事物存在的限度。同一性和斗争性是矛盾的两种相反的基本属性，它们在矛盾中的地位是不同的，矛盾的同一性是相对的，矛盾的斗争性是绝对的。

（3）【参考答案】A

【解析】材料3把矛盾归结为一个范畴，当作纯粹是主观的思想的东西：认为它不是现实的，只能是思想的任意组合。其根本错误在于否认矛盾的客观存在性。把矛盾当作是由思想臆造的。

（4）【参考答案】C

【解析】材料4中荀子的观点承认了人的认识是后天学习所得，是朴素唯物主义。

（5）【参考答案】D

【解析】孙中山借人类文明说明知识的来源和认识的发展，指出这是一个由低级到高级的不断发展的过程，人的认识不是先天就有，也不可能一次完成。孙中山的知行学说包含了在实践中需要理论的指导（以行求知）和在理论指导下的行动（知先行后）这样的实践——认识——实践的意义，具有朴素的唯物主义和辩证法思想。

2.（1）【参考答案】A

【解析】根据《中国共产党纪律处分条例》第一章第三条。

（2）【参考答案】ABCD

【解析】根据《中国共产党纪律处分条例》第一章第四条。

（3）【参考答案】B

【解析】根据《中国共产党纪律处分条例》第二章第十一条。

（4）【参考答案】B

【解析】《中国共产党纪律处分条倒》第三十七条违纪行为有关责任人月的区分：①直接责任者，是指在其职责范围内，不履行或者不正确履行自己的职，对造成的损失或者后果起决定性作用的党员或者党员领导部；②主要领导责者，是指在其职责范围内，对直接主管的工作不履行或者不正确履行职责，对造成的损失或者后果负直接领导责任的党员领导干部；③重要领导责任者，是指在其职责范围内，对应管的工作或者参与决定的工作不履行或者不正确履行职责，对造成的损失或者后果负次要领导责任的党员领导干部。

（5）【参考答案】A

【解析】《中国共产党纪律处分条例》第六章第五十二条规定：制造、散布、传播政治谣言，破坏党的团结统一的，给予警告或者严重警告处分；情节较重的，给予撤销党内职务或者留党察看处分；情节严重的，给予开除党籍处分。

模拟试卷（四）

一、单项选择题（下列各题的备选答案中，只有 1 个正确选项，请将正确选项填入括号中。多选、不选、错选均不得分，每小题 0.5 分，共 40 小题，共计 20 分）

1. 马克思主义理论体系的本质特征是（　　）。

A. 阶级性和群众性的统一　　B. 历史性和现实性的统一

C. 科学性和革命性的统一　　D. 批判性和创造性的统一

2. 在庆祝中国共产党成立 100 周年大会上，习近平总书记指出："中国共产党为什么能、中国特色社会主义为什么好，归根到底是因为（　　）。"

A. 党不断推进马克思主义中国化时代化并用以指导实践

B. 党坚持全心全意为人民服务

C. 马克思主义行

D. 有习近平新时代中国特色社会主义思想科学指引

3. 新修订的《中国共产党廉洁自律准则》是对（　　）的具体化。

A. 党的十八大精神　　B. 党的十九大精神

C. 习总书记讲话精神　　D.《党章》规定

4. 当前和今后一个时期，我国发展仍然处于的时期是（　　）。

A. 重要战略机遇期　　B. 重要战略攻坚期

C. 重大战略机遇期　　D. 重要战略转型期

5. 指导党和人民实现中华民族伟大复兴的正确理论是（　　）。

A. 中国特色社会主义道路　　B. 中国特色社会主义理论体系

C. 中国特色社会主义制度　　D. 中国特色社会主义文化

6. 党的十九大报告提出的"四个伟大"是指（　　）。

A. 伟大斗争、伟大建设、伟大成就、伟大理想

B. 伟大斗争、伟大工程、伟大事业、伟大梦想

C. 伟大战斗、伟大工程、伟大成就、伟大梦想

D. 伟大战斗、伟大建设、伟大事业、伟大理想

7. 中共中央总书记、国家主席习近平指出：要补足共产党人精神上的"钙"。精神上"缺钙"，"就会得'软骨病'，就可能导致政治上变质、经济上贪婪、道德上堕落、生活上腐化"。这里突出强调了党的（　　）。

A. 理想信念　　B. 根本宗旨　　C. 组织原则　　D. 政治立场

8. 面对世界经济复苏乏力，国际金融市场跌宕起伏，保护主义明显抬头，经济下行压力增大的局面，我国坚持不搞“大水漫灌”式强刺激，而是适应把握引领经济发展新常态，统筹稳增长、促改革、调结构、惠民生、防风险，不断创新和完善宏观调控，确立区间调控的思路和方式，加强（　　）。

A. 定点调控、相机调控、精确调控　　B. 定点调控、相机调控、精准调控

C. 定向调控、相机调控、精准调控　　D. 定向调控、相机调控、精确调控

9. 中共中央印发的《法治中国建设规划（2020—2025 年）》提出，把（　　）要求融入法治建设和社会治理。

A. 社会公平正义　　B. 重大改革于法有据

C. 社会主义核心价值观　　D. 党的领导

10. 深化税收征管制度改革，着力建设以（　　）为中心、以（　　）为突破口、以（　　）为驱动力的具有高集成功能、高安全性能、高应用效能的智慧税务。

A. 服务纳税人缴费人；发票电子化改革；税收大数据

B. 发票电子化改革；服务纳税人缴费人；税收大数据

C. 税收大数据；发票电子化改革；服务纳税人缴费人

D. 服务纳税人缴费人；税收大数据；发票电子化改革

11. 到 2025 年，深化税收征管制度改革取得显著成效，基本建成功能强大的（　　），形成国内一流的智能化行政应用系统，全方位提高税务执法、服务、监管能力。

A. 数据共享平台　　B. 风险监控平台　　C. 智慧税务　　D. 纳税服务网络

12. 监察委员会依据法律规定独立行使（　　）。

A. 检察权　　B. 监督权　　C. 监察权　　D. 审查权

13. 涉密人员离岗、调动的，按照人事管理权限和有关保密规定办理，涉密人员调离涉密岗位，实行脱密期管理。一般涉密人员脱密期限为（　　）。

A. 6 个月—1 年　　B. 1—2 年　　C. 2—3 年　　D. 3—4 年

14. 信访工作是党的（　　）的重要组成部分，是了解社情民情的重要窗口。

A. 群众工作　　B. 政治工作　　C. 思想工作　　D. 社会工作

15. 党员受到警告处分一定时间内、受到严重警告处分一定时间内，不得在党内提升职务和向党外组织推荐担任高于其原任职务的党外职务。上述一定时间分别是指（　　）。

A. 半年、一年　　B. 一年、一年半　　C. 一年、两年半　　D. 一年、两年

16. 决策的灵魂是（　　）。

A. 选择性　　B. 目标性　　C. 预见性　　D. 主观性

17. 规章制度属于企业文化中的（　　）。

A. 上层文化　　B. 中层文化　　C. 表层文化　　D. 深层文化

18. 技术装备程度低、产品成本中劳动消耗所占比重大的企业是（　　）。

A. 资金密集型企业　　B. 劳动密集型企业

C. 技术密集型企业　　D. 知识密集型企业

19. 税务总局拟于近期召开司局便函使用规范培训，下列是小张草拟的便函使用规范，其中说法错误的是（　　）。

A. 召开二类会议、三类会议、四类会议、视频会议，组织培训（包括视频培训）的通知

B. 开展集中办公、调研、系统测试的通知

C. 通报各内设机构年度重点工作安排或要点的通知

D. 下发一般性软件补丁升级的通知

20. 下列关于税收法治的内涵描述正确的是（　　）。

A. 税收法治的基本价值取向是树立国家利益至上的现代法治观念

B. 税收法治的核心是有效规范和限制公权力

C. 税收法治的基本特征是法制健全

D. 税收法治最基本的原则是公平合理

21. 下列各句中有两个错别字的是（　　）。

A. 除夕之夜，是大多数中国家庭举家团圆的良霄，而独出新裁、群英汇萃、令人欢欣愉悦的春节晚会，则是除夕之夜的一顿大餐。

B. 九寨民俗，纯朴深厚；九寨历史，渊远流长；九寨机场，则给这个世外桃源插上了腾飞的翅膀。

C. 只要中国航天人一如继往地发扬艰苦卓绝的优良作风，我们就有理由相信，“神六”的再次辉煌是计日程功之事。

D. “一些别有用心的人污蔑我厂出口劳改产品，”李厂长义愤填膺地对大家说，“对于这种无耻滥言，对于他们的攻击，我们要同仇敌概，粉碎他们的阴谋。”

22. 依法治国是社会主义法治的核心内容，依法治国的根本保证是（　　）。

A. 人民当家作主　　B. 党的领导

C. 社会主义法律体系　　D. 政治协商制度

23. 开展信访工作的专门机构是（　　）。

A. 地方各级信访工作联席会议　　B. 各级党委和政府信访部门

C. 地方党委　　D. 中央信访工作联席会议

24. 省税务局分管纳税工作的局领导就下列事项不需要向本级党委或上级党组织报告的是（　　）。

A. 因个人原因要离开本地工作

B. 拟于近期代表省局党委就纳税信用等级问题对外发表重要意见

C. 近期参加民主生活会和所在党支部（党小组）组织生活会情况

D. 属于自身职权范围但事关重大的问题和情况

25. 下列选项中属于有效民事行为的是（　　）。

A. 某青年以一块糖果换得某 10 岁儿童的一块手表

B. 某精神病人，在患病期间将家里的摄像机送给邻居

C. 某单位两职工就家具转让意思表示达成一致，并签订协议

D. 五个中学生强行以 5 元人民币的价格买下某同学的一辆新自行车

26. 法规性通告带有强制性，事情较复杂，多采用（　　）写法。

A. 篇段合一式　　B. 条款式　　C. 分项式　　D. 分布式

27. 根据《行政公文公开属性管理办法》有关规定，下列不属于不予公开范围的是（　　）。

A. 涉及国家秘密的公文，报上级机关的请示、报告，向有关部门征求意见和答复有关部门意见的公文以及司局便函

B. 涉及公共利益、公众权益、社会关切及需要社会广泛知晓的建议和提案办理复文

C. 涉及税收统计、税务检查、信息化建设等税务工作秘密的

D. 涉及税务机关内部管理事项的

28. 政府工作报告中指出，回顾 2021 年工作，从全年看，主要宏观经济指标符合预期，（　　），经济增速继续位居世界前列。

A. 财政赤字率上升，宏观杠杆率上升　　B. 财政赤字率上升，宏观杠杆率下降

C. 财政赤字率下降，宏观杠杆率上升　　D. 财政赤字率下降，宏观杠杆率下降

29. 税收结构调节政策是通过（　　）来影响经济，以实现结构性调整。

A. 调节宏观税负　　B. 边际消费倾向

C. 有条件的税负差别对待　　D. 强制性

30. 党委会议应当有（　　）以上党委委员到会方可召开，讨论和决定干部任免、处分党员事项必须有（　　）以上党委委员到会。

A. 半数；半数　　B. 半数；2/3

C. 2/3；半数　　D. 2/3；2/3

31. 下列哪项不属于数字人事系统四大支柱（　　）。

A. 平时考核　　B. 分类考核　　C. 公认评价　　D. 领导胜任力评价

32. “在你开口以前，你已经把什么都说了。”领导者的形象作为“静默语”，不知不觉中向周围的人发出各种信息。这句话说明（　　）。

A. 非语言沟通比语言沟通更加重要

B. 领导者的形象和表情表露着人的文化、个性和身份，下属正是根据这些静默的信号，来分析和判断领导者的意图

C. 在领导者与下属沟通的过程中，领导者无须说过多的话而是要保持沉默，让下属自己猜测

D. 这种说法是错误的，因为语言沟通比非语言沟通更加重要

33. 为了深化公务员分类改革，推行公务员职务与职级并行、职级与待遇挂钩制度。职级序列按照综合管理类、专业技术类、行政执法类等公务员职位类别分别设置。下列不属于综合管理类公务员职级序列的是（　　）。

A. 一级科员、二级科员、三级科员、四级科员

B. 一级主任科员、二级主任科员、三级主任科员、四级主任科员

C. 一级调研员、二级调研员、三级调研员、四级调研员

D. 一级巡视员、二级巡视员

34. 按照领导决策目标涉及的广度与深度，可分为（　　）。

A. 常规决策与非常规决策　　B. 确定型决策与不确定型决策

C. 单项决策和系列决策　　D. 战略决策与战术决策

35. 局务会议、局长办公会议、局领导专题会议讨论通过决定印发的文件，原则上应在会议结束后（　　）个工作日内印发。

A. 3　　B. 5　　C. 7　　D. 10

36. 经济增长就其内涵来说反映的只是（　　）的增长，只要经济总量增加了也就实现了经济增长。

A. 经济增长速度　　B. 生产力

C. 经济增长效率　　D. 经济总量

37. 突发事件信息实行分级报告。按照《税务系统特别重大、重大突发事件分级标准（试行）》规定，各地发生符合（　　）突发事件的，应向税务总局报告信息。

A. Ⅰ级　　B. Ⅰ级和Ⅱ级

C. Ⅱ级　　D. Ⅰ级、Ⅱ级和Ⅲ级

38. 总供给问题可以归结为（　　）。

A. 生产问题　　B. 投资问题　　C. 就业问题　　D. 消费问题

39. 共享单车是指企业在校园、地铁站点、公交站点、居民区、商业区、公共服务区等提供自行车单车共享服务，是一种分时租赁模式。共享单车是一种新型共享经济，可以充分利用城市因快速的经济发展而带来的自行车出行萎靡状况，最大化地利用公共道路通过率，同时起到锻炼身体的作用。它的作用突出体现在（　　）。

A. 从要素驱动、投资驱动转向创新驱动　　B. 看不见的手与看得见的手统筹兼顾

C. 日益完善覆盖全民的社会保障体系　　D. 不断满足物质文化与生态文明需要

40. 督办工作一般步骤是（　　）。

A. 立项、交办、承办、督促、反馈、审核、归档

B. 立项、承办、交办、督促、反馈、审核、归档

C. 立项、交办、承办、督促、审核、反馈、归档

D. 立项、交办、承办、督促、反馈、归档、审核

二、多项选择题（下列各题的备选答案中，至少有两个正确选项，请将正确选项的字母填写在括号中，多选、错选、少选、不选均不得分。每小题 2 分，共计 20 分）

1. 习近平总书记在建党 100 周年庆祝大会重要讲话中指出，中国共产党的产生实现了“三个深刻改变”。“三个深刻改变”的主要内容包括（　　）。

A. 深刻改变了近代以后中华民族发展的方向和进程

B. 深刻改变了中国人民和中华民族的前途和命运

C. 深刻改变了世界发展的趋势和格局

D. 深刻改变了无产阶级的命运

E. 深刻改变了社会主要矛盾

2. 坚持党对人民军队的绝对领导，坚持走中国特色强军之路应采取的举措包括（　　）。

A. 政治建军　　B. 改革强军　　C. 科技强军　　D. 人才强军

E. 依法治军

3. 下列属于党的十九大关于《党章》新写入的内容有（　　）。

A. 坚持民主集中制　　B. 致力于中华民族伟大复兴的中国梦

C. 不断增强人民群众获得感　　D. 军民融合发展战略

E. 习近平新时代中国特色社会主义思想

4. 根据《税务行政复议规则》规定，申请人和被申请人在行政复议机关作出行政复议决定以前可以达成和解的行政复议事项包括（　　）。

A. 加收滞纳金　　B. 行政处罚　　C. 核定应纳税额　　D. 确定应税所得率

5. 根据现代激励理论，下列因素中真正能对组织员工产生激励作用的是（　　）。

A. 职业认同　　B. 职业保障　　C. 工作的挑战性　　D. 工作条件

6. 任何单位和个人不得阻挠和限制中小企业自由进入本地区和本行业的政府采购市场，政府采购活动不得以（　　）等供应商的规模条件对中小企业实行差别待遇或者歧视待遇。

A. 注册资本金　　B. 资产总额　　C. 利润　　D. 纳税额

7. 关于我国外汇储备，说法正确的是（　　）。

A. 外汇储备的积累将使出口企业的成本开支无法弥补而倒闭破产

B. 外汇储备经营始终坚持“安全、流动、增值”的原则

C. 外汇储备是一国用于稳定汇率偿还对外债务的外汇积累

D. 外汇储备越多，对我国经济发展越有利

8. 加强对权力运行的制约和监督，很重要的一点就是把权力关进制度的笼子里，形成不敢腐的惩戒机制、不能腐的防范机制、不易腐的保障机制。把权力关进制度的笼子里，就是要（　　）。

A. 依法设定权力　B. 依法规范权力　C. 依法制约权力　D. 依法监督权力

E. 依法核定权力

9. 下列对实体公正和程序公正理解正确的是（　　）。

A. 实体公正是指法律上的权利、义务、责任之设定、分配的结果是否正当合理

B. 程序公正是指法律上的权利、义务、责任之设定、分配的过程或程序是否正当合理

C. 在参与或从事法律活动时，既要重视实体公正，也要重视程序公正

D. 程序公正与实体公正是密切联系、相互制约的，程序不公正往往会导致实体不公正

10. 税务机关作出的行政行为具有的特征包括（　　）。

A. 可协商性　B. 强制性　C. 单方意志性　D. 效力恒定性

三、判断题（判断下列各题正误，正确的打“√”，错误的打“×”。每小题1分，共计20分）

1. 习近平新时代中国特色社会主义思想是马克思主义中国化最新成果。（　　）

2. 中共中央印发的《法治社会建设实施纲要（2020－2025年）》明确，加强行政复议、行政调解、行政裁决工作，发挥行政机关化解纠纷的“分流阀”作用。（　　）

3. 根据《关于进一步深化税收征管改革的意见》，2023年将建成全国统一规范的电子税务局，不断拓展“非接触式”“不见面”办税缴费服务。（　　）

4. 理想信念就是共产党人精神上的“钙”，没有理想信念，理想信念不坚定，精神上就会“缺钙”，就会得“软骨病”。（　　）

5. 要实现政府高效、廉洁的目标，政府机关必须精简。（　　）

6. 要尊重世界文明多样性，以文明交流超越文明隔阂、文明互鉴超越文明冲突、文明共存超越文明优越。（　　）

7. 我国社会主要矛盾的变化是关系全局的历史性变化，改变了我们对我国社会主义所处历史阶段的判断，对党和国家工作提出了许多新要求。（　　）

8.《信访工作条例》规定，地方各级信访工作联席会议在本级党委和政府领导下，负责本地区信访工作的统筹协调、整体推进、督促落实，协调处理发生在本地区的重

要信访问题，指导下级信访工作联席会议工作。联席会议召集人一般由党委负责同志担任。（　　）

9. 中共中央印发的《法治社会建设实施纲要（2020－2025年）》明确，坚持依法治国和以德治国相结合，把法律规范和道德规范结合起来，以法治精神滋养道德。（　　）

10. 局务会议、局长办公会议、局领导专题会议讨论通过决定印发的文件，原则上应在会议结束后5个工作日内印发。（　　）

11. 在集约型经济增长模式下，所得税收入较少。（　　）

12. 税务机关工作秘密，是指税务机关内部在一定时间内只限一定范围人员知悉的，不属于国家秘密范围，但不宜公开，一旦泄露会给机关、单位的工作造成损害或被动的事项。（　　）

13. 社会救济是指政府对收入在贫困线以下的居民和因自然灾害遭受损失或发生其他不幸事故而生活困难者提供资金与实物救助的一种社会保障制度。（　　）

14. 时间具有供给毫无弹性、无法积蓄、无法取代和无法失而复得4个特性。（　　）

15. 任何机关只要向级别比本机关高的单位行文，都称为上行文。（　　）

16. 信用违约掉期是目前最常用的信用衍生品。（　　）

17. 社会主义核心价值观：富强、民主、文明、和谐、自由、平等、公正、法制、爱国、敬业、诚信、友善。（　　）

18. 根据《中华人民共和国税收征收管理法》规定，税务机关负责征收、管理、稽查、行政复议的人员的职责应当明确，并相互分离、相互制约。（　　）

19. 年度培训计划一经批准，原则上不得调整。因工作需要确需临时增加培训项目的，或在年度预算内增加培训项目预算的，须经业务分管局领导审核同意，并由教育主管部门分管领导审批。涉及年度预算调增的，须严格履行预算调整程序。（　　）

20. 公文的结尾一般会交代制发公文的根据与目的。（　　）

四、情景判断题（每题5小题，每小题2分，共10分）

某市税务局王局长接到通知，省局领导计划下周到市局开展调研。该市局有4名干部因为历史遗留问题和干部身份问题不能享受相关待遇政策，心存怨言，近期正打算“组团”在市局门口静坐、表达诉求。相关部门已多次向4名干部解读了相关政策，但效果不佳。王局长在了解相关情况后，采取了以下措施。请你对各项措施的有效程度逐项作出评价（请对每个措施的有效程度用①—⑦做出评价，其中“①”表示有效性程度最低，“⑦”表示有效性程度最高，选择你认为适当的等级数字，在相应的数字上打“√”。在作答时，对每个措施或办法的有效性程度单独作出评价，无须排序。若你认为有些措施或办法的有效性程度相同，也可以选择相同的等级数字）。

（1）在省局领导调研期间，安排上述4名干部赴本单位“扶贫点”开展精准扶贫工作。

① ② ③ ④ ⑤ ⑥ ⑦

（2）及时向省局领导汇报，申请改变调研地点。同时提前做好预案，以便向领导做好解释说明。

① ② ③ ④ ⑤ ⑥ ⑦

（3）放下身段巧打“感情牌”，亲自联系上述4名干部，希望他们讲政治、讲大局，放弃“上访”。

① ② ③ ④ ⑤ ⑥ ⑦

（4）及时召集4名干部座谈，认真听取诉求，班子成员分工联系上述干部，避免出现上访情况。

① ② ③ ④ ⑤ ⑥ ⑦

（5）向4名干部私下承诺，在政策允许的范围内给予他们一定的“补偿”。

① ② ③ ④ ⑤ ⑥ ⑦

五、案例分析题（共2大题，每题5小题，每小题3分，共30分）

1. 2022年5月7日至9日，A县税务局副局长刘某，在镇上某酒店为儿子结婚办酒席。刘某10天前向组织报告5月8日婚礼这天按规定共办20桌。但他5月7日以“试菜”名义宴请宾客，5月9日以答谢名义再宴请宾客，一连3天前后共摆酒席80桌。刘某人缘好，很多乡镇干部以及辖区内的企业负责人主动要求参加宴请并赠送礼金，刘某儿子收受礼金40多万元。

（1）刘某按规定提前10天向组织作出报告，8日婚礼当天的20桌标准也符合规定。因此，刘某不存在违纪违规行为。（　　）

A. 正确　　　　B. 错误

（2）很多乡镇干部以及辖区内的企业负责人是自己主动要求参加宴请并赠送礼金的，而且礼金是刘某的儿子收的，因此，刘某不存在婚丧事宜中利用职权的行为。（　　）

A. 正确　　　　B. 错误

（3）刘某应该受到党纪处分。（　　）

A. 正确　　　　B. 错误

（4）造成类似婚庆腐败案件的主要原因是社会习俗所致。（　　）

A. 正确　　　　B. 错误

（5）非党员在操办婚丧事宜也得遵守各地各部门的“关于规范党员干部办理婚丧嫁娶等事宜的暂行规定”的具体内容。（　　）

A. 正确　　　　B. 错误

2. 2021 年 3 月 1 日，国家统计局发布 2020 年国民经济和社会发展统计公报。初步核算，全年国内生产总值 1 015 986 亿元，比上年增长 2.3%。其中，第一产业增加值 77 754 亿元，增长 3.0%；第二产业增加值 384 255 亿元，增长 2.6%；第三产业增加值 553 977 亿元，增长 2.1%。第一产业增加值占国内生产总值比重为 7.7%，第二产业增加值比重为 37.8%，第三产业增加值比重为 54.5%。全年最终消费支出拉动国内生产总值下降 0.5 个百分点，资本形成总额拉动国内生产总值增长 2.2 个百分点，货物和服务净出口拉动国内生产总值增长 0.7 个百分点。分季度看，一季度国内生产总值同比下降 6.8%，二季度增长 3.2%，三季度增长 4.9%，四季度增长 6.5%。预计全年人均国内生产总值 72 447 元，比上年增长 2.0%。国民总收入 1 009 151 亿元，比上年增长 1.9%。全国万元国内生产总值能耗比上年下降 0.1%。预计全员劳动生产率为 117 746 元/人，比上年提高 2.5%。

(1) 在国民收入核算体系中，计入 GDP 的政府支出是指（　　）。(单选题)

A. 政府购买物品的支出

B. 政府购买物品和劳务的支出

C. 政府购买物品和劳务的支出加上政府转移支付之和

D. 政府工作人员的薪金和政府转移支付

(2) 在国民生产总值和国民生产净值统计数字中，投资包括（　　）。(单选题)

A. 通过政府部门生产的任何耐用产品，如一条新公路

B. 购买任何一种新发行的普通股

C. 年终与年初相比增加的存货量

D. 消费者购买的但到年终并没完全消费掉的任何商品

(3) 一辆二手汽车按其价值销售的价格应该计入当年的 GDP。(　　)

A. 正确　　　　B. 错误

(4) 下列不属于国民收入部分的是（　　）。(单选题)

A. 租金收入　　B. 福利支付　　C. 工资　　D. 利息净额

(5) 已知某国的资本品存量在年初为 500 亿元，它在本年度生产了 125 亿元的资本品，资本消耗折旧是 100 亿元，则该国在本年度的总投资和净投资分别是（　　）。(单选题)

A. 125 亿元和 25 亿元　　　　B. 625 亿元和 525 亿元

C. 125 亿元和 100 亿元　　　　D. 35 亿元和 400 亿元

模拟试卷（四）答案及解析

一、单项选择题

1.【参考答案】C

【解析】马克思主义的根本理论特征是以实践为基础的科学性和革命性的统一。①马克思主义哲学的科学性是指它始终严格地以客观存在的事实为根据；②革命性是指对现存事物的肯定的理解中同时包含对现存事物的否定的理解。科学性源于革命性的要求，并且通过革命性表现出来；革命性必须以科学性为前提和基础。马克思主义的科学性和革命性都是以实践性为基础的。因此，正确答案是 C 选项。ABD 项不符合题意。

2.【参考答案】C

【解析】习近平总书记指出：中国共产党为什么能、中国特色社会主义为什么好，归根到底是因为马克思主义行。

3.【参考答案】D

【解析】依据《中国共产党廉洁自律准则》。

4.【参考答案】A

【解析】党的十九届五中全会明确指出，我国发展仍然处于重要战略机遇期。

5.【参考答案】B

【解析】党的十九大报告指出，中国特色社会主义理论体系是指导党和人民实现中华民族伟大复兴的正确理论。

6.【参考答案】B

【解析】改革开放以来，在我们党的许多重要文献中把伟大事业同伟大工程联系起来。党的十八届六中全会将伟大斗争、伟大工程、伟大事业并提，突出了新的时代条件下我们党治国理政的重要战略支撑。党的十九大把伟大斗争、伟大工程、伟大事业、伟大梦想作为一个统一整体提出，这是我们党的一个重大理论创新，进一步明确了党在新时代治国理政总战略、引领全局的总蓝图、谋划工作的总坐标。

7.【参考答案】A

【解析】理想指引人生方向，信念决定事业成败。对理想信念的重要性，中共中央总书记、国家主席习近平有个形象的比喻：“理想信念是共产党人精神上的‘钙’”。他反复强调，“理想信念坚定，骨头就硬，没有理想信念，或理想信念不坚定，精神上就会‘缺钙’，就会得‘软骨病’，就可能导致政治上变质、经济上贪婪、道德上堕落、生活上腐化”。从严管党治党，首先就要坚定党员干部的理想信念。故本题正确答案为 A 选项，BCD 项均为干扰项。

8.【参考答案】C

【解析】2018 年《政府工作报告》指出：这些年，世界经济复苏乏力，国际金融市场跌宕起伏，保护主义明显抬头。我国经济发展中结构性问题和深层次矛盾凸显，经济下行压力持续加大，遇到不少两难多难抉择。面对这种局面，我们保持战略定力，坚持不搞“大水漫灌”式强刺激，而是适应把握引领经济发展新常态，统筹稳增长、促改革、调结构、惠民生、防风险，不断创新和完善宏观调控，确立区间调控的思路和方式，加强定向调控、相机调控、精准调控。明确强调只要经济运行在合理区间，就业增加、收入增长、环境改善，就集中精力促改革、调结构、添动力。

9.【参考答案】C

【解析】中共中央印发的《法治中国建设规划（2020—2025 年）》提出，“把社会主义核心价值观要求融入法治建设和社会治理。”

10.【参考答案】A

【解析】《关于进一步深化税收征管改革的意见》中的总体要求包括：（一）指导思想内容：深化税收征管制度改革，着力建设以服务纳税人缴费人为中心、以发票电子化改革为突破口、以税收大数据为驱动力的具有高集成功能、高安全性能、高应用效能的智慧税务。

11.【参考答案】C

【解析】《关于进一步深化税收征管改革的意见》中的总体要求包括：（三）主要目标内容：到 2025 年，深化税收征管制度改革取得显著成效，基本建成功能强大的智慧税务，形成国内一流的智能化行政应用系统，全方位提高税务执法、服务、监管能力。

12.【参考答案】C

【解析】依据《中华人民共和国监察法》。

13.【参考答案】A

【解析】涉密人员调离涉密岗位，实行脱密期管理。脱密期限为：一般涉密人员 6 个月—1 年，重要涉密人员 1—2 年，核心涉密人员 2—3 年。

14.【参考答案】A

【解析】中共中央、国务院印发了《信访工作条例》，并发出通知，要求各地区各部门认真遵照执行。通知指出，信访工作是党的群众工作的重要组成部分，是了解社情民情的重要窗口。

15.【参考答案】B

【解析】依据《中国共产党纪律处分条例》第十条规定内容。

16.【参考答案】A

【解析】决策过程实质上就是选择的过程，选择性是决策的灵魂，没有选择就没有决策。无论是目标的确定还是行动方案的确定，二者都离不开选择。

17.【参考答案】B

【解析】企业文化有表层文化、中层文化和深层文化之分。规章制度属于企业文化中的中层文化。企业的物质设施和产品的造型、商标、包装等为企业的表层文化，价值观和企业精神为企业的深层文化。故选 B。

18.【参考答案】B

【解析】劳动密集型企业，是指生产过程中需要大量的劳动力，产品成本中劳动消耗所占比重较大的企业。其特点是技术装备程度较低。故选 B。

19.【参考答案】A

【解析】司局便函适用于商洽工作，通报情况，询问和答复一般事务性问题，安排其他一般性、事务性、临时性内部工作。以下情况一般使用司局便函：（一）召开四类会议、视频会议，组织培训（包括视频培训）的通知；（二）开展集中办公、调研、系统测试的通知；（三）通报各内设机构年度重点工作安排或要点的通知；（四）下发一般性软件补丁升级的通知；（五）要求下级税务机关内设机构报送各类数据、信息、经验材料、工作总结等通知；（六）以对等原则使用便函回复征求意见；（七）通报本单位日常性、事务性工作开展情况；（八）安排其他一般性、事务性、临时性内部工作；（九）确因工作需要可以便函行文的其他情况。

20.【参考答案】B

【解析】选项 A，税收法治的基本价值取向是树立法律至上的现代法治观念；选项 B 正确；选项 C，税收法治的基本特征是良法与善治；选项 D，税收法治最基本的原则是税收法定。

21.【参考答案】B

【解析】A，霄—宵，新—心，汇—荟；B，纯—淳，渊—源；C，继—既；D 项，赝—膺，滥—谰，慨—忾。

22.【参考答案】B

【解析】党的领导是社会主义民主法治建设的根本保证，选项 B 正确。中国共产党是社会主义民主法治建设的领导力量，是维护和发展人民民主、实行并坚持依法治国的坚强保证。发展社会主义民主政治，最根本的是要坚持党的领导、人民当家作主和依法治国的有机统一。

23.【参考答案】B

【解析】《信访工作条例》第十四条规定，“各级党委和政府信访部门是开展信访工作的专门机构”。

24.【参考答案】C

【解析】根据《中国共产党重大事项请求报告条例》，A、B、D属于领导干部应当请示的事项。

25.【参考答案】C

【解析】选项A、B、D的主体方或双方均是无行为能力人或是限制行为能力人，不能作出独立的意思表示，其行为是无效的，故错误。

26.【参考答案】B

【解析】通告适用于公布社会各有关方面应当遵守或者周知的事项。通告按不同用途分为法规性通告和周知性通告两种。周知性通告，事情简单，多采用篇段合一式写法，说明原因、事项即可；法规性通告带有强制性，事情较复杂，多采用条款式写法。故本题选B。

27.【参考答案】B

【解析】A、C、D选项符合《行政公文公开属性管理办法》第七条，涉及国家秘密的公文，报上级机关的请示、报告，向有关部门征求意见和答复有关部门意见的公文以及司局便函，不予公开。第八条，除该办法第七条规定外，公文内容符合下列要求之一的，不予公开：（一）涉及税收统计、税务检查、信息化建设等税务工作秘密的；（二）公开后可能影响重大税收政策的有效实施、信息安全或造成税收秩序异常波动的；（三）涉及税务机关内部管理事项的；（四）其他法律、法规禁止公开的内容。B选项属于主动公开范围。

28.【参考答案】D

【解析】从全年看，主要宏观经济指标符合预期，财政赤字率和宏观杠杆率下降，经济增速继续位居世界前列。

29.【参考答案】C

【解析】税收结构调节政策是通过有条件的税负差别对待来影响经济，以实现结构性调整。

30.【参考答案】B

【解析】党委会议应当有半数以上党委委员到会方可召开，讨论和决定干部任免、处分党员事项必须有三分之二以上党委委员到会。

31.【参考答案】B

【解析】数字人事着力构建包括平时考核、公认评价、业务能力评价、领导胜任力评价四大支柱。

32.【参考答案】B

【解析】沟通的特征包括语言沟通和非语言沟通，两者都很重要，领导者既要注意用语言沟通，又要注意非语言沟通，所以 ACD 项均不正确，故本题答案选 B。

33.【参考答案】A

【解析】《公务员职务与职级并行规定》规定，综合管理类公务员职级序列分为：一级巡视员、二级巡视员、一级调研员、二级调研员、三级调研员、四级调研员、一级主任科员、二级主任科员、三级主任科员、四级主任科员、一级科员、二级科员。

34.【参考答案】D

【解析】按领导决策目标涉及的广度与深度，可分为战略决策和战术决策。

35.【参考答案】C

【解析】局务会议、局长办公会议、局领导专题会议讨论通过决定印发的文件，原则上应在会议结束后 7 个工作日内印发。

36.【参考答案】D

【解析】经济增长就其内涵来说反映的只是经济总量的增长，只要经济总量增加了，也就实现了经济增长。经济增长速度与经济增长效率是统一的，经济的发展要有一定的速度，也要有良好的效益。

37.【参考答案】B

【解析】《全国税务系统突发事件信息报告工作管理办法》，突发事件信息实行分级报告。按照《税务系统特别重大、重大突发事件分级标准（试行）》规定，各地发生符合Ⅰ级和Ⅱ级突发事件的，应向税务总局报告信息。（一）税务系统有关重要预测预警信息，以及可能演化为特别重大和重大突发事件的信息，应向税务总局报告紧急情况。（二）除特殊情况外，不符合向税务总局报送标准的Ⅲ级及以下突发事件信息，由各地税务机关转请事发地人民政府有关部门关注，或依照有关规定在省以下相应范围报告和处置，省税务局不需向税务总局报告，事发地税务机关不得随意越级向税务总局报告。

38.【参考答案】C

【解析】供给能力取决于一定的制度、技术水平、劳动力的投入量、资本的投入量。在短期内，经济制度、技术水平和资本的投入量基本上是稳定的，可以看作是给定的，这样总供给能力就取决于劳动的投入量即就业量，于是总供给问题就可以归结为就业问题。

39.【参考答案】D

【解析】共享单车等共享经济体现了共享发展的理念，体现了以人民为中心的发展理念，体现了供给侧结构性改革的最新动向，体现了全面建成小康社会的新要求，满足了人民群众日益增长的物质文化与生态文明新需要。

40.【参考答案】A

【解析】依据《国家税务总局机关督办管理办法》。

二、多项选择题

1.【参考答案】ABC

【解析】中国产生了共产党，这是开天辟地的大事变，深刻改变了近代以后中华民族发展的方向和进程，深刻改变了中国人民和中华民族的前途和命运，深刻改变了世界发展的趋势和格局。

2.【参考答案】ABCDE

【解析】习近平总书记在建党100周年庆祝大会重要讲话中指出，新的征程上，我们必须全面贯彻新时代党的强军思想，贯彻新时代军事战略方针，坚持党对人民军队的绝对领导，坚持走中国特色强军之路，全面推进政治建军、改革强军、科技强军、人才强军、依法治军，把人民军队建设成为世界一流军队，以更强大的能力、更可靠的手段捍卫国家主权、安全、发展利益！

3.【参考答案】BCDE

【解析】《党章》一共新增了十大方面：

①习近平新时代中国特色社会主义思想写入《党章》；

②中国特色社会主义文化写入《党章》；

③实现中华民族伟大复兴的中国梦写入《党章》；

④《党章》根据我国社会主要矛盾的转化作出相应修改；

⑤推进国家治理体系和治理能力现代化写入《党章》；

⑥供给侧结构性改革、“绿水青山就是金山银山”写入《党章》；

⑦人类命运共同体、“一带一路”写入《党章》；

⑧全面从严治党、四个意识写入《党章》；

⑨“党是领导一切的”写入《党章》；

⑩实现巡视全覆盖、推进“两学一做”写入《党章》。

4.【参考答案】BCD

【解析】根据《税务行政复议规则》第八十六条规定，“对下列行政复议事项，按照自愿、合法的原则，申请人和被申请人在行政复议机关作出行政复议决定以前可以达成和解，行政复议机关也可以调解：（一）行使自由裁量权作出的具体行政行为，如行政处罚、核定税额、确定应税所得率等。（二）行政赔偿。（三）行政奖励。（四）存在其他合理性问题的具体行政行为。”

5.【参考答案】AC

【解析】激励因素，又称本质因素或内容因素，主要与工作内容和工作成果有关，如认可工作的挑战性、工作责任、个人发展等，这类因素的存在能够使员工感到满意，能够对员工产生强大而持久的激励作用。

6.【参考答案】ABCD

【解析】包括注册资本金、资产总额、利润、纳税额、营业收入、从业人员等条件。

7.【参考答案】ABC

【解析】外汇储备的多少，不能代表一国经济发展的状况。D 项错误。故选 ABC。

8.【参考答案】ABCD

【解析】根据习近平总书记 2015 年 2 月 2 日在省部级主要领导干部学习贯彻党的十八届四中全会精神全面推进依法治国专题研讨班上的讲话：我们说要把权力关进制度的笼子里，就是要依法设定权力、规范权力、制约权力、监督权力。如果法治的堤坝被冲破了，权力的滥用就会像洪水一样成灾。

9.【参考答案】ABCD

【解析】在法律中，实体公正是指法律上的权利、义务、责任之设定、分配的结果是否正当合理。程序公正是指法律上的权利、义务、责任之设定、分配的过程或程序是否正当合理。在从事法律活动时，既要重视实体公正，也要重视程序公正。程序公正与实体公正是密切联系、相互制约的，程序不公正往往会导致实体不公正。以诉讼为例，不公正的审判程序容易导致不公正的审判结果。因此，选项 ABCD 都正确。

10.【参考答案】BC

【解析】行政行为具有法律的执行性、单方意志性、效力公定性、一定的行政裁量性、强制性的特征。

三、判断题

1.【参考答案】√

【解析】《中国共产党章程》指出，习近平新时代中国特色社会主义思想是马克思主义中国化最新成果。

2.【参考答案】√

【解析】中共中央印发的《法治社会建设实施纲要（2020－2025 年）》明确，加强行政复议、行政调解、行政裁决工作，发挥行政机关化解纠纷的“分流阀”作用。

3.【参考答案】×

【解析】2022 年建成全国统一规范的电子税务局，不断拓展“非接触式”“不见面”办税缴费服务。

4.【参考答案】√

【解析】根据习近平总书记在十八届中共中央政治局第一次集体学习时的讲话。

5.【参考答案】√

【解析】政府机构只有精简才能实现高效廉洁的目标。故本题判断正确。

6.【参考答案】√

【解析】根据党的十九大报告原文。

7.【参考答案】×

【解析】根据党的十九大报告：必须认识到，我国社会主要矛盾的变化，没有改变我们对我国社会主义所处历史阶段的判断，我国仍处于并将长期处于社会主义初级阶段的基本国情没有变，我国是世界最大发展中国家的国际地位没有变。

8.【参考答案】×

【解析】联席会议召集人一般由党委和政府负责同志担任。

9.【参考答案】×

【解析】中共中央印发的《法治社会建设实施纲要（2020－2025年）》明确，“坚持依法治国和以德治国相结合，把法律规范和道德规范结合起来，以道德滋养法治精神。”

10.【参考答案】×

【解析】局务会议、局长办公会议、局领导专题会议讨论通过决定印发的文件，原则上应在会议结束后7个工作日内印发。

11.【参考答案】×

【解析】在经济发展水平既定的前提下，粗放型经济增长模式下，所得税收入较少；而在集约型经济增长模式下，所得税收入较多。

12.【参考答案】√

【解析】《国家税务总局关于印发〈税务机关工作秘密范围的规定〉的通知》规定，税务机关工作秘密，是指税务机关内部在一定时间内只限一定范围人员知悉的，不属于国家秘密范围，但不宜公开，一旦泄露会给机关、单位的工作造成损害或被动的事项。

13.【参考答案】√

【解析】这是关于社会救济的正确解释。

14.【参考答案】√

【解析】时间具有供给毫无弹性、无法积蓄、无法取代和无法失而复得4个特性。

15.【参考答案】×

【解析】上行文指下级机关向所隶属的上级机关的发文。向级别比本机关高的单位行文，如果为非隶属关系，也有可能是平行文。故本题说法错误。

16.【参考答案】√

【解析】信用衍生产品类型多样、形式灵活，其中最常用的是信用违约掉期（又称信用违约）。

17.【参考答案】×

【解析】社会主义核心价值观（24个字）：富强、民主、文明、和谐、自由、平等、公正、法治、爱国、敬业、诚信、友善。

18.【参考答案】√

【解析】根据《中华人民共和国税收征收管理法》第十一条规定，“税务机关负责征收、管理、稽查、行政复议的人员的职责应当明确，并相互分离、相互制约。”

19.【参考答案】×

【解析】年度培训计划一经批准，原则上不得调整。因工作需要确需临时增加培训项目的，或在年度预算内增加培训项目预算的，须经业务、教育主管部门分管局领导审核同意，并由单位主要负责同志审批。涉及年度预算调增的，须严格履行预算调整程序。

20.【参考答案】×

【解析】公文结尾一般采用下列方式的一种：（1）强调公文目的；（2）概括、深化主题，帮助理解全文；（3）说明公文生效、实施的时间；（4）发出号召或提出希望要求；（5）陈述具体要求。故本题说法错误。

四、情景判断题

【参考答案】（1）④　（2）②　（3）④　（4）⑤　（5）①

五、案例分析题

1.（1）【参考答案】B

【解析】《中国共产党员纪律处分条例》第八十五条是对党员操办婚丧喜庆事宜违纪的规定，在此基础上，各地各部门都出台了“关于规范党员干部办理婚丧嫁娶等事宜的暂行规定”，严禁领导干部利用婚丧喜庆事宜邀请管理和服务对象及其他与本人行使职权有关的单位和个人，严禁同一婚事多处设席或多次操办等。刘某明显违反了相关规定，属于违纪行为。

（2）【参考答案】B

【解析】《中国共产党员纪律处分条例》第八十五条规定，严禁领导干部“利用职权和职务上的影响”操办婚丧事宜。此规定重在强调连利用“职务上的影响”也是禁止的，本题是一种变相利用职权。

（3）【参考答案】A

【解析】刘某违反党纪，应该受到党纪处分。

（4）【参考答案】B

【解析】造成类似婚庆腐败案件的主要原因是党员领导干部自身放松对自我的要求，党性不强表现。

（5）【参考答案】B

【解析】禁止党员领导干部“利用职权和职务上的影响”操办婚丧事宜，并不是禁止传统民俗，“关于规范党员干部办理婚丧嫁娶等事宜的暂行规定”并不针对非党员。

2.（1）【参考答案】B

【解析】在宏观经济中，政府支出分为对物品和劳务的购买与转移支付两部分。政府购买是指政府为了满足政府活动的需要而进行的对物品与劳务的购买，转移支付是政府不以换取物品与劳务为目的的支出。需要注意的是，政府支出并不等同于政府购买，政府支出除了政府购买外还包括转移支付。其中政府购买计入 GDP，而政府转移支付表示的是收入的转移，不计 GDP。

（2）【参考答案】C

【解析】投资是一定时期内增加到资本存量中的资本流量，包括房屋建筑、机器制造，以及企业存货的增加。本题中 A 属于政府购买。B 对于个人来说是投资，但企业则对应着相应的负投资，因此经济体中的净投资为 0，不计入投资部分，属于经济学意义上的投资。D 是否属于投资取决于消费者购买的商品的性质，像房子等耐用品，则应计入投资；像食品等快速消费品，则不计入投资。

（3）【参考答案】B

【解析】在计算 GDP 时，需要注意的是，二手货的价值不包括在内。

（4）【参考答案】B

【解析】按收入法核算的国内生产总值就是要素报酬（租金、工资、利息、利润之和）加上间接税、企业转移支付和折旧。而国民收入是国内生产总值扣除折旧和间接税后加企业转移支付，加政府补助金。因此，国民收入应该是要素报酬的总和。福利不是要素收入。

（5）【参考答案】A

【解析】总投资是没有将折旧去除的投资总额，而净投资则是剔除折旧部分的投资。因此，根据题中给出的条件，总投资为本年度生产的 125 亿元，净投资则需要减去折旧部分 100 亿元，即 25 亿元。

模拟试卷（五）

一、单项选择题（下列各题的备选答案中，只有 1 个正确选项，请将正确选项填入括号中。多选、不选、错选均不得分，每小题 0.5 分，共 40 小题，共计 20 分）

1. 党的组织活动原则是（　　）。

A. 民主集中制度　　B. 民主制度

C. 党员代表大会制度　　D. 人民代表大会制度

2. 习近平总书记在建党 100 周年庆祝大会重要讲话中指出，中国共产党区别于其他政党的显著标志是（　　）。

A. 勇于自我革命　　B. 坚持实事求是

C. 不断开拓进取　　D. 以全心全意为人民服务为宗旨

3. 我们立党立国、兴党强国的根本指导思想是（　　）。

A. 毛泽东思想　　B. 邓小平理论

C. 马克思主义　　D. 中国特色社会主义

4. 中国共产党人的初心和使命，是激励中国共产党人不断前进的根本动力。这个初心和使命就是（　　）。

A. 为中国人民谋幸福，为中华民族谋解放

B. 为中国人民谋幸福，为中华民族谋未来

C. 为中国人民谋幸福，为中华民族谋复兴

D. 为中国人民谋生活，为中华民族谋未来

5. 宣传思想工作一定要把（　　）作为基本职责，胸怀大局、把握大势、着眼大事，找准工作切入点和着力点。因势而谋、应势而动、顺势而为。

A. 围绕中心、服务大局　　B. 因势而谋、应势而动

C. 应势而动、顺势而为　　D. 围绕中心、顺势而为

6. 根据政府工作报告，做好 2022 年各项工作，应坚持的工作总基调和主线分别是（　　）。

A. 稳步前进；推进国家治理体系和治理能力现代化

B. 稳步前进；供给侧结构性改革

C. 稳中求进；推进国家治理体系和治理能力现代化

D. 稳中求进；供给侧结构性改革

7. 各级税务机关的内设机构可以在自己的职权范围内向下级机关的相关部门和其他机关的有关部门商洽工作，通报情况，询问和答复一般事务性问题使用（　　）。

A. 函　　B. 通知　　C. 意见　　D. 便函

8. 根据《民法典》规定，法定代表人因执行职务造成他人损害的，由（　　）承担民事责任。

A. 法定代表人　　B. 法人

C. 法人和法定代表人　　D. 法人或者法定代表人

9. 公文有附件的，要在“附件说明”中标注附件的序号和标题。以下关于公文附件使用正确的是（　　）。

A. ××市税务局办公室人员小李为避免混乱，将某公文附件中的附件填在“附件说明”中

B. ××市税务局办公室人员小李为统一格式，将正文中的附件说明与附件标题保持一致

C. ××市税务局办公室人员小李为区分两个层次的附件，在附件后面的附件注明“附件二”

D. ××市税务局办公室人员小李为显得文件更加正式，标注附件名称时加注了书名号

10. 资本循环的第一阶段是指（　　）。

A. 销售阶段　　B. 流通阶段　　C. 生产阶段　　D. 购买阶段

11. 根据《税收征收管理法》规定，因税务机关的责任，致使纳税人、扣缴义务人未缴或者少缴税款的，税务机关可以（　　）要求纳税人、扣缴义务人补缴税款，但是不得加收滞纳金。

A. 在三年内　　B. 在五年内　　C. 在十年内　　D. 无限期

12. （　　）是群众信访的源头，又是解决信访问题的关键。对同一信访事项的处理，实行（　　）终结制。

A. 信访部门；四级　　B. 领导干部；一级

C. 基层；三级　　D. 党组织；二级

13. 不宜抄送给下级的文件是（　　）。

A. 报告　　B. 请示　　C. 通报　　D. 通知

14. 公文办理包括（　　）。

A. 收文办理、发文办理　　B. 发文办理、整理归档

C. 收文办理、整理归档　　D. 收文办理、发文办理和整理归档

15. 将下列语句连成语意贯通的一段话，排序恰当的一项是（　　）。

①因思索而辨别是非

②那种学问才是自己的学问

③经过“怀疑”“思索”“辨别”三步以后，那本书才是自己的书

④无论对古人的哪一本书，哪一种学问，我们都要经过自己的怀疑

⑤否则，就是盲从，就是迷信

⑥因怀疑而思索

A. ④①⑥②③⑤　　B. ③②④⑥①⑤

C. ④⑥①③②⑤　　D. ③②⑤⑥①④

16. 中共中央印发的《法治中国建设规划（2020—2025 年）》明确，凡涉及宪法有关规定如何理解、实施、适用问题的，都应当依照有关规定向（　　）书面提出合宪性审查请求。

A. 全国人大宪法和法律委员会　　B. 全国人大常委会

C. 全国人大常委会法制工作委员会　　D. 全国人大常委会办公厅

17. 以下说法正确的是（　　）。

A. 党员的党龄从成为预备党员之日算起

B. 党员如果没有正当理由，连续九个月不参加党的组织生活，或不交纳党费，或不做党所分配的工作，就被认为是自行脱党

C. 发展党员，必须把政治标准放在首位，经过党的支部，坚持个别吸收的原则

D. 党的任一级委员会都不可以直接接收党员

18. 关于党的基层组织，以下说法错误的是（　　）。

A. 党的基层组织，根据工作需要和党员人数，经上级党组织批准，分别设立党的基层委员会、总支部委员会、支部委员会

B. 党的基层委员会、总支部委员会、支部委员会每届任期三年

C. 实行行政领导人负责制的事业单位中党的基层组织，发挥战斗堡垒作用

D. 各级党和国家机关中党的基层组织，协助行政负责人完成任务，改进工作，对包括行政负责人在内的每个党员进行教育、管理、监督，不领导本单位的业务工作

19.《信访工作条例》于 2022 年 1 月 24 日中共中央政治局会议审议批准，2022 年 2 月 25 日（　　）发布。

A. 中共中央　　B. 国务院

C. 中共中央、国务院　　D. 全国人大

20. 下列对税收现象描述正确的是（　　）。

A. 国家获取财政收入的途径有很多，税收只是一种选择，可有可无

B. 从历史的角度看，税收的产生是一种偶然现象

C. 税收分配关系的调整是现代法治形成的重要动因

D. 从经济学的角度看，税收是国家以普通经济主体身份参与市场竞争的收入形式

21. 每（　　）至少召开1次党委会，听取保密工作汇报。

A. 月　　B. 季度　　C. 半年　　D. 年

22. 全面依法治国的根本制度保障是（　　）。

A. 中国特色社会主义制度　　B. 中国特色社会主义法律制度

C. 社会主义法律体系　　D. 政治协商制度

23. 到2023年，基本建成“无风险不打扰、有违法要追究、全过程强智控”的（　　）。

A. 税务执法新体系　　B. 税费服务新体系

C. 税务监管新体系　　D. 税费监管新体系

24. 根据《中华人民共和国反不正当竞争法》的规定，下列不构成不正当竞争行为的是（　　）。

A. 经营者在销售商品时，在账外给予对方折扣

B. 第三人使用明知是他人违反约定提供的客户名单进行交易

C. 当地政府发布文件限制在本地区销售外地生产的同类产品

D. 以低于成本的价格进行季节性降价

25. 公务员的考核应当按照管理权限，全面考核公务员的德、能、勤、绩、廉，重点考核（　　）和工作实绩。

A. 业务能力　　B. 理想信念　　C. 政治素质　　D. 专业能力

26. 请示正文的三个组成部分分别是（　　）。

A. 请示时间、请示地点、请示原因　　B. 请示目的、请示意义、请示方案

C. 请示内容、请示原因、承诺条件　　D. 请示缘由、请示事项、请示用语

27. 税务总局要求，异地执行稽查检查、巡视巡察、督查督导等专项工作任务，党员超过3人、时间超过（　　）的团队要设立临时党支部，确保党员日常教育管理监督无盲区。

A. 半年　　B. 1个月　　C. 15天　　D. 3个月

28. 机关或部门的领导人对来文办理提出处理意见，这在公文处理中称作（　　）。

A. 拟办　　B. 承办　　C. 批办　　D. 查办

29. 对于税收收入适度的表述，下列错误的是（　　）。

A. 不应当妨碍简单再生产　　B. 不能妨碍民间投资

C. 不能妨碍劳动力再生产　　D. 不能突破财政预算规模

30. 根据新“纵合横通强党建”机制体系要求，各级税务机关党建工作领导小组召开专题研究党建工作会议的次数是（　　）。

A. 每年至少 1 次　　B. 每年至少 2 次

C. 每半年至少 1 次　　D. 每季度至少 1 次

31. 加收滞纳金属于（　　）的追究。

A. 经济责任　　B. 行政责任　　C. 刑事责任　　D. 社会责任

32. 下列不属于领导决策构成因素的是（　　）。

A. 决策目标　　B. 决策方法　　C. 决策者　　D. 决策情势

33. 2021 年 7 月 1 日，习近平总书记在庆祝中国共产党成立 100 周年大会上庄严宣告，经过全党全国各族人民持续奋斗，我们实现了（　　）。

A. 小康社会　　B. 百年奋斗目标

C. 第一个百年奋斗目标　　D. 社会主义现代化

34.《党章》规定，党员的党龄从（　　）之日算起。

A. 预备期满转为正式党员　　B. 递交入党志愿书

C. 支部大会通过其为预备党员　　D. 递交入党申请书

35. 本单位工作人员因工作需要借阅非本人主管业务的机密文件，必须经（　　）批准后，按照保密相关规定执行。

A. 单位主要负责人　B. 单位分管领导

C. 办公室负责人　　D. 科室负责人

36. 总需求由消费需求、投资需求、（　　）、出口需求四部分组成。

A. 进口需求　　B. 政府支出　　C. 资金需求　　D. 生产需求

37. 对保密工作负直接领导责任的是（　　）。

A. 单位主要领导　　B. 分管保密领导　　C. 分管业务领导　　D. 办公室负责人

38. 国家税务总局根据法律和国务院的行政法规、决定、命令，在权限范围内制定对税务机关和税务行政相对人具有普遍约束力的税务规章，以国家税务总局（　　）公布。

A. 通知　　B. 通告　　C. 公告　　D. 令

39. 以下列（　　）日期为文件成文日期。

A. 拟稿日期　　B. 定稿日期

C. 办公室负责人审核日期　　D. 机关负责人签发日期

40. “许多事情我们可以讲一千个理由、一万个理由，但老百姓吃不上饭，就没有理由。‘民以食为天’。”这段话表明（　　）。

A. 人们首先必须吃、喝、住、穿，然后才能从事政治、科学、艺术、宗教等活动

B. 人的生理需求是历史的基础

C. 人的自然属性决定着人的本质

D. 人的物质欲望是社会发展的根本动力

二、多项选择题（下列各题的备选答案中，至少有两个正确选项，请将正确选项的字母填写在括号中，多选、错选、少选、不选均不得分。每小题 2 分，共计 20 分）

1. 之所以说实事求是是马克思主义中国化理论成果的精髓，是因为实事求是（　　）。
   A. 贯穿于马克思主义中国化两大理论成果形成和发展全过程
   B. 体现于马克思主义中国化两大理论成果的各个方面
   C. 渗透于马克思主义中国化两大理论成果的方法论原则
   D. 是党和国家必须坚持的政治路线

2. 习近平新时代中国特色社会主义思想以全新的视野深化了对“三大规律”的认识。这“三大规律”包括（　　）。
   A. 共产党执政规律　　B. 社会主义建设规律
   C. 社会经济发展规律　　D. 人类社会发展规律
   E. 政党政治发展规律

3. 习近平新时代中国特色社会主义思想明确全面推进依法治国的总目标包括（　　）。
   A. 建设中国特色社会主义法治体系　　B. 建设中国特色社会主义法制体系
   C. 建设社会主义法治国家　　D. 建设社会主义法制国家
   E. 深化司法体制改革

4. 中国共产党的各级纪律检查委员会的职责包括（　　）。
   A. 监督　　B. 督查　　C. 问责　　D. 执法
   E. 执纪

5. 党内法规制定的主体包括（　　）。
   A. 党的中央组织　　B. 中央纪律检查委员会
   C. 党中央工作机关　　D. 设区的市、自治州党委
   E. 省、自治区、直辖市党委

6. 各级纪律检查机关必须加强自身建设，健全内控机制，自觉接受监督，确保权力受到严格约束。监督的方式包括（　　）。
   A. 党内监督　　B. 社会监督　　C. 舆论监督　　D. 群众监督
   E. 网络监督

7. 下列关于经济全球化的说法中，正确的是（　　）。
   A. 其主导力量是技术进步
   B. 其主要表现形式是贸易、投资和金融的全球化
   C. 其内容不仅涉及生产领域还包括流通、金融、科技和文化领域
   D. 其核心是各国社会再生产过程的交叉渗透形成全球社会再生产

8. 下列属于税收管理体制内容的是（　　）。
   A. 税收立法权　　B. 税收执法权　　C. 税收司法权　　D. 税收减免权

9. 冯某造谣中伤戴某生活作风有问题，致使戴某的工作受到很不利的影响。戴某可以要求冯某承担的民事责任是（　　）。

A. 停止侵害　　B. 返还财产　　C. 赔礼道歉　　D. 恢复名誉

10. 根据《档案法》规定，按照国家规定应当形成档案的机关、团体、企业事业单位和其他组织，应当建立档案工作责任制，依法健全档案管理制度。下列材料应当纳入归档范围的包括（　　）。

A. 反映机关、团体组织沿革和主要职能活动的

B. 反映国有企业事业单位主要研发、建设、生产、经营和服务活动，以及维护国有企业事业单位权益和职工权益的

C. 反映基层群众性自治组织城乡社区治理、服务活动的

D. 反映历史上各时期国家治理活动、经济科技发展、社会历史面貌、文化习俗、生态环境的

三、判断题（判断下列各题正误，正确的打"√"，错误的打"×"。每小题 1 分，共计 20 分）

1. 习近平总书记指出，对百年奋斗历史最好的致敬，是书写新的奋斗历史。（　　）
2. 留党察看处分的最长期限不超过三年。（　　）
3. 各级税务局党委主要负责人要切实担负起落实"第一议题"制度的政治责任。（　　）
4. 各级税务机关依法分类处理信访诉求应当在党委领导下，坚持属地管理、分级负责，谁主管、谁负责，依法、及时、就地解决问题与疏导教育相结合的原则。（　　）
5. 市税务局召开的年度税务工作会议属三类会议。（　　）
6. 一个国家计算机的应用水平直接标志着一个国家的科学现代化水平。（　　）
7. 凯恩斯认为人们持有货币有三种动机：交易动机、预防动机和投机动机。（　　）
8. 最新修订的《税务规范性文件管理办法》建立并完善了税务规范性文件权益性审核机制，这将使纳税人缴费人权益保护工作贯穿政策措施制定、执行、监督全过程，更好维护纳税人缴费人的合法权益。（　　）
9. 所有国家机关、政党、社会团体、社会组织、大众传媒和公民既是监督的主体，也是监督的客体。（　　）
10. 执法人员当场作出行政处罚决定的，应当向当事人出示执法身份证件，填写预定格式、编有号码的行政处罚决定书。行政处罚决定书应当当场交付当事人。（　　）
11. 信息公开选项已明确标注为"主动公开""依申请公开"类属的文件，可以不进行保密审查。（　　）
12. 行政执行的效果是评估、判断行政管理工作的客观依据。（　　）

13. 群体决策是指一定行政单位的全体成员共享决策权力，根据一致意见或少数服从多数的原则进行决策。 （ ）

14. 机关文书档案的保管期限划分为永久、定期两种。定期一般分为20年、10年。 （ ）

15. 在公文标题中已明确发布、转发、批转文件名称的，该被发布、转发、批转的文件不再列入附件。 （ ）

16.《中国共产党党内监督条例》规定，党组织主要负责人个人有关事项应当在党内全部范围公开，主动接受监督。 （ ）

17. 新闻写作的基本要求有信息性、知识性、可读性、时效性以及针对性等。 （ ）

18. 全省税务系统干部因私出国（境）需要报送备案的范围为：处级以上领导干部（包括副处级以上非领导职务），各单位机要、保密、财务等特殊岗位人员。 （ ）

19. 我国古代把汉字造字方法归纳为“六书”，“六书”是指象形、指事、会意、形声、转注、假借。 （ ）

20. 2021年9月25日，世界上最大跨度结合梁斜拉桥——安九铁路长江大桥正式通车营运。 （ ）

四、情景判断题（每题5小题，每小题2分，共10分）

某市税务局多名内设科室负责人已达岗位轮换时间上限，人事部门已按规定程序，下达了预警提醒，一些岗位需在今年内进行调整。刚到该市局工作的“一把手”，面对这种情况考虑了以下几种解决措施，请你对各种解决措施的有效性程度逐项作出评价（请对每个措施的有效程度用①—⑦做出评价，其中“①”表示有效性程度最低，“⑦”表示有效性程度最高，选择你认为适当的等级数字，在相应的数字上打“√”。在作答时，对每个措施或办法的有效性程度单独作出评价，无须排序。若你认为有些措施或办法的有效性程度相同，也可以选择相同的等级数字）。

（1）因本人刚来，不了解情况，为确保工作稳定，调整之事明年再议。

① ② ③ ④ ⑤ ⑥ ⑦

（2）与分管人事的局领导和人事科同事进行沟通交流，听取他们意见建议，提交局党委会议集体审议，按要求迅速对人员岗位进行调整。

① ② ③ ④ ⑤ ⑥ ⑦

（3）加强与科长的沟通交流，听取班子成员对分管部门工作的看法和意见。力争在年底前完成岗位轮换。

① ② ③ ④ ⑤ ⑥ ⑦

（4）先对个别岗位进行岗位轮换，既确保工作稳定和持续，又按照有关部门预警

提醒采取了措施

① ② ③ ④ ⑤ ⑥ ⑦

（5）按照有关部门预警提醒，对全局需调整岗位进行双向选择，制定相应办法，按照一定竞争程序重新确定岗位负责人。

① ② ③ ④ ⑤ ⑥ ⑦

五、案例分析题（共 2 大题，每题 5 小题，每小题 3 分，共 30 分）

1. 中国特色社会主义进入新时代，全面依法治国在党和国家工作全局中的地位更加突出、作用更加重大。在这样一个关键的历史时段，习近平法治思想的提出，为深入推进全面依法治国、加快建设社会主义法治国家，运用制度威力应对风险挑战，全面建设社会主义现代化国家、实现中华民族伟大复兴的中国梦，提供了科学的法治理论指导和制度保障。习近平法治思想是在推进伟大斗争、伟大工程、伟大事业、伟大梦想的实践之中完善形成的，也还会随着实践的发展而进一步丰富。2021 年 4 月 7 日至 9 日，最高人民法院党组书记、院长周强在四川调研时强调，要坚持以习近平新时代中国特色社会主义思想为指导，深入贯彻习近平法治思想，扎实开展党史学习教育和队伍教育整顿，坚持服务大局、司法为民、公正司法，推进人民法院工作高质量发展。

（1）我国现行宪法颁布施行纪念日是每年的（　　）。（单选题）

A. 12 月 3 日　　B. 12 月 4 日　　C. 12 月 13 日　　D. 12 月 14 日

（2）2020 年宪法宣传周活动主题是“深入学习宣传习近平法治思想，大力弘扬法治精神”。（　　）（单选题）

A. 正确　　B. 错误

（3）依法治国的核心是（　　）。（单选题）

A. 党的领导　　B. 人民当家作主　　C. 依宪治国　　D. 依规治党

（4）材料中强调要深入贯彻习近平法治思想，下列关于习近平法治思想描述正确的是（　　）。（多选题）

A. 党的领导是推进全面依法治国的根本保证

B. 中国特色社会主义法治道路是建设社会主义法治国家的唯一正确道路

C. 依宪治国、依宪执政是全面依法治国的首要任务

D. 建设中国特色社会主义法治体系是全面依法治国的总抓手

（5）我国现行宪法的基本原则有（　　）。（多选题）

A. 一切国家权力属于人民的原则　　B. 保障公民权利和义务的原则

C. 民主集中制原则　　D. 权利监督与制约原则

2. A 县市场监督管理局根据甲公司的申请，依法向其颁发了营业执照。在一次市场监

督、税务联合执法大检查中，该县市场监督管理局和税务局发现甲公司在生产经营中有违法经营行为，同时违反了有关法规，于是县市场监督管理局对甲公司决定予以暂扣营业执照。县税务局对甲公司的逃税行为处以罚款并加收滞纳金。甲公司对上述决定不服，向法院提起行政诉讼，并请求行政赔偿。

（1）在本案中，县市场监督管理局向甲公司颁发营业执照的行为，从行政行为分类看、属于（　　）。（多选题）

A. 双方行政行为　　B. 要式行政行为　　C. 行政执法行为　　D. 外部行政行为

（2）在本案中，税务局对企业加收滞纳金的行为，依照《行政处罚法》规定，应适用（　　）。（单选题）

A. 简易程序　　B. 听证程序　　C. 普通程序　　D. 行政给付

（3）甲公司若想直接向人民法院提起诉讼的，应当在知道或者应当知道作出具体行政行为之日起（　　）个月内提出。（单选题）

A. 1　　B. 2　　C. 3　　D. 6

（4）本案中，对于甲公司提起的行政赔偿诉讼，（　　）。（多选题）

A. 法院审理过程中应当要求甲公司承担相应的举证责任

B. 法院可以以调解方式结案

C. 法院应要求甲公司先向行政机关申请解决

D. 法院应要求甲公司先向行政机关申请复议

（5）在本案中，县市场监督管理局对甲公司实施的处罚属于财产罚。（　　）

A. 正确　　B. 错误

模拟试卷（五）答案及解析

一、单项选择题

1.【参考答案】A

【解析】《党章》规定，党的组织活动原则是民主集中制度。

2.【参考答案】A

【解析】2021 年 7 月 1 日，习近平总书记在建党 100 周年庆祝大会重要讲话中指出，勇于自我革命是中国共产党区别于其他政党的显著标志。

3.【参考答案】C

【解析】党的十九届六中全会《决议》指出，马克思主义是我们立党立国、兴党强国的根本指导思想。党之所以能够领导人民在一次次求索、一次次挫折、一次次开拓中完成中国其他各种政治力量不可能完成的艰巨任务，根本在于坚持解放思想、实事求是、与时俱进、求真务实，坚持把马克思主义基本原理同中国具体实际相结合、同中华优秀传统文化相结合，坚持实践是检验真理的唯一标准，坚持一切从实际出发，及时回答时代之问、人民之问，不断推进马克思主义中国化时代化。

4.【参考答案】C

【解析】党的初心和使命，中国共产党人的初心和使命，就是为中国人民谋幸福，为中华民族谋复兴。这个初心和使命是激励中国共产党人不断前进的根本动力。

5.【参考答案】A

【解析】中共中央总书记、国家主席习近平强调，宣传思想工作一定要把围绕中心、服务大局作为基本职责，胸怀大局、把握大势、着眼大事，找准工作切入点和着力点，做到因势而谋、应势而动、顺势而为。

6.【参考答案】D

【解析】2022 年政府工作报告指出，要在以习近平同志为核心的党中央坚强领导下，以习近平新时代中国特色社会主义思想为指导，全面贯彻落实党的十九大和十九届历次全会精神，弘扬伟大建党精神，坚持稳中求进工作总基调，完整、准确、全面贯彻新发展理念，加快构建新发展格局，全面深化改革开放，坚持创新驱动发展，推动高质量发展，坚持以供给侧结构性改革为主线，统筹疫情防控和经济社会发展，统筹发展和安全，继续做好“六稳”“六保”工作，持续改善民生，着力稳定宏观经济大盘，保持经济运行在合理区间，保持社会大局稳定，迎接党的二十大胜利召开。故本题答案为 D。

7.【参考答案】D

【解析】依据《全国税务机关公文处理办法》。

8.【参考答案】B

【解析】根据《中华人民共和国民法典》第六十二条规定，“法定代表人因执行职务造成他人损害的，由法人承担民事责任。”

9.【参考答案】B

【解析】依据《全国税务机关公文处理办法》。

10.【参考答案】D

【解析】产业资本循环的第一阶段是购买阶段。这一阶段，资本家用货币资本在生产要素市场上购买生产资料和劳动力，为剩余价值生产做准备。

11.【参考答案】A

【解析】根据《中华人民共和国税收征收管理法》第五十二条规定，“因税务机关的责任，致使纳税人、扣缴义务人未缴或者少缴税款的，税务机关在三年内可以要求纳税人、扣缴义务人补缴税款，但是不得加收滞纳金。”

12.【参考答案】C

【解析】习近平总书记指出：基层是群众信访的源头，又是解决问题的关键。

13.【参考答案】B

【解析】依据《国家行政机关公文处理办法》。

14.【参考答案】D

【解析】依据《国家行政机关公文处理办法》。

15.【参考答案】C

【解析】略。

16.【参考答案】B

【解析】中共中央印发的《法治中国建设规划（2020—2025 年）》明确，“凡涉及宪法有关规定如何理解、实施、适用问题的，都应当依照有关规定向全国人大常委会书面提出合宪性审查请求。”

17.【参考答案】C

【解析】《中国共产党章程》第七条规定，党员的党龄，从预备期满转为正式党员之日算起。第九条，党员如果没有正当理由，连续六个月不参加党的组织生活，或不交纳党费，或不做党所分配的工作，就被认为是自行脱党。在特殊情况下，党的中央和省、自治区、直辖市委员会可以直接接收党员。

18.【参考答案】B

【解析】《中国共产党章程》第三十一条规定，党的基层委员会、总支部委员会、支部委员会每届任期三年至五年。

19.【参考答案】C

【解析】《信访工作条例》于“2022年2月25日中共中央、国务院发布”。

20.【参考答案】C

【解析】选项A，税收是财政收入的主要形式，不可或缺；选项B，税收的产生是历史必然；选项D，国家征税不是一般经济行为。

21.【参考答案】D

【解析】各级税务机关党委要加强对保密工作的领导，将保密工作纳入党委议事日程，将保密知识列入党委中心组学习内容，每年至少召开1次党委会，听取保密工作汇报，研究解决保密工作中存在的问题。

22.【参考答案】A

【解析】中国特色社会主义制度是中国特色社会主义法治体系的根本制度基础，是全面依法治国的根本制度保障。中国特色社会主义法治道路所坚持的是社会主义制度而不是其他形式的社会制度。它包括人民代表大会制度、中国共产党领导的多党合作和政治协商制度、民族区域自治制度、基层群众自治制度等。因此，选项A正确。

23.【参考答案】A

【解析】中共中央办公厅、国务院办公厅印发的《关于进一步深化税收征管改革的意见》明确：到2023年，基本建成“无风险不打扰、有违法要追究、全过程强智控”的税务执法新体系，实现从经验式执法向科学精确执法转变。

24.【参考答案】D

【解析】A选项已经构成商业贿赂行为；B选项属于侵犯商业秘密行为；C选项属于政府部门滥用行政权力限制正常市场竞争的行为。

25.【参考答案】C

【解析】依据是《中华人民共和国公务员法》第三十五条的规定。

26.【参考答案】D

【解析】请示的正文由请示的缘由、事项和惯用结束语三部分组成。缘由，即请示的理由或根据。事项，即请求上级机关给予或指示或批准或支持和帮助的具体内容。结束语，通常使用“妥否，请批复”“特此请示，请予批准”“请批准”“请审批”“请指示”等惯用语。因此，本题正确答案为D。

27.【参考答案】B

【解析】根据《关于加强新形势下税务系统党的建设的意见》规定，异地执行稽查检查、巡视巡察、督查督导等专项工作任务，党员超过3人、时间超过1个月的团队要设立临时党支部。

28.【参考答案】C

【解析】公文拟办是对收文如何办理提出建议性处理意见。公文承办就是形成新的公文，公文只有经过承办才能产生切实的效用。公文批办是指机关或部门的领导人对收文办理提出指示性意见的决策性活动。公文查办是指核查重要公文的执行情况并督促协助承办单位落实公文精神、解决有关问题。故本题选 C。

29.【参考答案】D

【解析】收入适度是指税收收入在满足国家财政需要的同时，必须兼顾负担可能，应照顾经济承受能力，做到取之有度。在通常情况下，税收保持与国民生产总值或国民收入同步增长，大体符合收入适度这一要求。一般而言，税收不应突破 3 个禁区：一是不应当妨碍简单再生产，“竭泽而渔”只能使国民经济萎缩；二是不能妨碍民间投资，如果因为税负苛重而导致民间投资失去积极性，则违背了税收的中性原则；三是不能妨碍劳动力再生产，即税收不要影响人民生活水平稳步提升。

30.【参考答案】C

【解析】《关于进一步加强税务系统党建工作完善新“纵合横通强党建”机制体系的意见》（税总党委发〔2020〕106 号）规定，党建工作领导小组每半年至少召开 1 次会议，专题研究本单位本系统党建工作重大问题。

31.【参考答案】A

【解析】税法规定的法律责任形式主要有三种：经济责任、行政责任、刑事责任。

32.【参考答案】B

【解析】领导决策一般由决策者、决策目标、决策备选方案、决策情势和决策后果 5 个因素构成。

33.【参考答案】C

【解析】2021 年 7 月 1 日，习近平总书记在庆祝中国共产党成立 100 周年大会上庄严宣告，经过全党全国各族人民持续奋斗，我们实现了第一个百年奋斗目标，在中华大地上全面建成了小康社会。

34.【参考答案】A

【解析】根据《党章》规定，选择 A。

35.【参考答案】C

【解析】单位工作人员因工作需要借阅非本人主管业务的机密文件，必须经办公室负责人批准后，按照保密相关规定执行。

36.【参考答案】B

【解析】总需求包括两个部分：一是国内需求，包括投资需求和消费需求。投资需求由固定资产投资需求和流动资产投资需求组成。消费需求由居民个人消费需求和社会集团消费需求组成。二是国外需求，即产品和劳务的输出。一般将总需求分为四大部分：

（1）消费需求是居民的日常消费；

（2）投资需求是企业在投资和再投资过程中形成的商品和劳务需求；

（3）政府支出是政府部门对商品和劳务的购买；

（4）出口代表了国外对本国商品和劳务的需求。

37.【参考答案】C

【解析】根据《领导干部和涉密人员保密行为手册》规定：分管业务领导对保密工作负直接领导责任。

38.【参考答案】D

【解析】国家税务总局根据法律和国务院的行政法规、决定、命令，在权限范围内制定对税务机关和税务行政相对人具有普遍约束力的税务规章。税务规章以国家税务总局令公布。

39.【参考答案】D

【解析】发文机关负责人签发日期为成文日期。

40.【参考答案】A

【解析】“民以食为天”充分说明了物质生产是社会存在和发展的基础与前提。人类社会要想不断地存在和发展，就一时一刻也不能脱离物质生活资料的发展。必须首先满足人们吃、喝、住、穿的要求，然后才能从事政治、科学、艺术、宗教等活动，故选 A。把人的生理需求看成历史的基础、把人的物质欲望看成社会发展的根本动力的观点都属于唯心史观，故不选 BD；人的本质属性是社会属性而非自然属性，因此不能认为人的自然属性决定着人的本质，故不选 C。

二、多项选择题

1.【参考答案】ABC

【解析】之所以说实事求是是马克思主义中国化理论成果的精髓，是因为：①实事求是贯穿于马克思主义中国化两大理论成果形成和发展的全过程；②实事求是体现于马克思主义中国化两大理论成果的各个方面；③实事求是渗透于马克思主义中国化两大理论成果的方法论原则。ABC 项为正确答案。D 项表述错误，实事求是不是政治路线，而是思想路线。

2.【参考答案】ABD

【解析】十九大报告：围绕这个重大时代课题，我们党坚持以马克思列宁主义、毛泽东思想、邓小平理论、“三个代表”重要思想、科学发展观为指导，坚持解放思想、实事求是、与时俱进、求真务实，坚持辩证唯物主义和历史唯物主义，紧密结合新的时代条件和实践要求，以全新的视野深化对共产党执政规律、社会主义建设规律、人类社会发展规律的认识，进行艰辛理论探索，取得重大理论创新成果，形成了习近平新时代中国特色社会主义思想。

3.【参考答案】AC

【解析】依据党的十九大报告原文：习近平新时代中国特色社会主义思想，明确全面推进依法治国总目标是建设中国特色社会主义法治体系、建设社会主义法治国家。

4.【参考答案】ACE

【解析】《中国共产党章程》第四十六条规定，党的各级纪律检查委员会的职责是监督、执纪、问责。

5.【参考答案】ABCE

【解析】党内法规是党的中央组织，中央纪律检查委员会以及党中央工作机关和省、自治区、直辖市党委制定的体现党的统一意志、规范党的领导和党的建设活动、依靠党的纪律保证实施的专门规章制度。

6.【参考答案】ABD

【解析】《中国共产党党内监督条例》第三十四条规定，加强对纪律检查机关的监督。发现纪律检查机关及其工作人员有违反纪律问题的，必须严肃处理。各级纪律检查机关必须加强自身建设，健全内控机制，自觉接受党内监督、社会监督、群众监督，确保权力受到严格约束。

7.【参考答案】BCD

【解析】跨国公司在全球范围内组织生产和流通，日益成为经济全球化的主导力量和主要载体。A 项错误。故选 BCD。

8.【参考答案】ABD

【解析】划分税权包括税收收入在各级政府之间如何划分的问题，也包括税收立法权、税收解释权、税种的开征或停征权、税法的调整权、税收的减免权或加征权等税收管理权限在各级政府之间如何划分的问题。一般不涉及司法权。

9.【参考答案】ACD

【解析】根据《中华人民共和国民法总则》的规定，承担民事责任的方式主要有：停止侵害、排除妨害、消除危险、返还财产、恢复原状、修理、重作、更换、继续履行、赔偿损失、支付违约金、消除影响、恢复名誉、赔礼道歉等。戴某名誉权受到侵害，可要求侵权人冯某承担停止侵害、消除影响、恢复名誉、赔礼道歉、赔偿损失等责任，所以选项 ACD 正确。排除妨害、消除危险、返还财产、恢复原状、修理、重作、更换、继续履行、赔偿损失、支付违约金适用于物权、债权受到侵害的情形，所以选项 B 不选。

10.【参考答案】ABCD

【解析】根据《中华人民共和国档案法》第十三条规定，“直接形成的对国家和社会具有保存价值的下列材料，应当纳入归档范围：（一）反映机关、团体组织沿革和主要职能活动的；（二）反映国有企业事业单位主要研发、建设、生产、经营和服务活动，以及维护国有企业事业单位权益和职工权益的；（三）反映基层群众性自治组织城乡社区治理、服务活动的；（四）反映历史上各时期国家治理活动、经济科技发展、社会历史面貌、文化习俗、生态环境的；（五）法律、行政法规规定应当归档的。”

三、判断题

1.【参考答案】√

【解析】习近平总书记指出，对百年奋斗历史最好的致敬，是书写新的奋斗历史（依据2022年1月30日习近平总书记在中共中央国务院举行的春节团拜会上的讲话）。

2.【参考答案】×

【解析】《中国共产党纪律处分条例》《中国共产党章程》规定：留党察看处分，分为留党察看一年、留党察看二年。对于受到留党察看处分一年的党员，期满后仍不符合恢复党员权利条件的，再延长一年留党察看期限。留党察看期限最长不得超过二年。党员在留党察看期间没有表决权、选举权和被选举权。

3.【参考答案】×

【解析】各级税务局党委要切实担负起落实“第一议题”制度的政治责任（依据《关于进一步完善和落实“第一议题”制度的通知》）。

4.【参考答案】√

【解析】各级税务机关依法分类处理信访诉求应当在党委领导下，坚持属地管理、分级负责，谁主管、谁负责，依法、及时、就地解决问题与疏导教育相结合的原则（《税务系统依法分类处理信访诉求工作规程》第三条）。

5.【参考答案】×

【解析】三类会议，是指省税务局召开的每年一次的年度工作会议。

6.【参考答案】√

【解析】在过去的50多年里，计算机技术得到了飞速发展，计算机及其应用已经渗透到社会的各个领域，有力地推动了社会信息化的进程。目前，一个国家计算机的应用水平直接标志着一个国家的科学现代化水平。故本题判断正确。

7.【参考答案】√

【解析】凯恩斯把人们持有货币的动机分为：持币的交易动机、持币的谨慎动机（预防动机）和持币的投机动机。

8.【参考答案】√

【解析】最新修订的《税务规范性文件管理办法》建立并完善了税务规范性文件权

益性审核机制，这是税务部门践行以人民为中心的发展思想，全心全意服务纳税人缴费人的必然要求。建立税务规范性文件权益性审核机制，将使纳税人缴费人权益保护工作贯穿政策措施制定、执行、监督全过程，更好维护纳税人缴费人的合法权益。

9.【参考答案】√

【解析】国家机关、政党、社会团体、社会组织、大众传媒和公民都是法实施的主体，在法实施的任何一个环节都应该进行有效的监督，因此法实施的广泛主体也应该广泛地受到监督。所有国家机关、政党、社会团体、社会组织、大众传媒和公民在法律监督过程中的作用是职权明确和相互的，缺一不可，这样才能实现有效而广泛的监督体系。

10.【参考答案】√

【解析】《中华人民共和国行政处罚法》第三十四条规定，执法人员当场作出行政处罚决定的，应当向当事人出示执法身份证件，填写预定格式、编有号码的行政处罚决定书。行政处罚决定书应当当场交付当事人。

11.【参考答案】×

【解析】信息公开（保密审查）选项已明确标注为“主动公开”“依申请公开”类属的文件，也应进行保密审查。

12.【参考答案】√

【解析】行政执行，也称行政实施，是公共行政学发展史上形成最早的概念，是行政机关及行政人员依法实施行政决策，以实现预测行政目标和社会目标的活动总和。行政执行的效果是评估、判断行政管理工作的客观依据。

13.【参考答案】√

【解析】本题考查群体决策的定义。

14.【参考答案】×

【解析】机关文书档案的保管期限划分为永久、定期两种。定期一般分为 30 年、10 年。

15.【参考答案】√

【解析】凡在公文标题中已明确发布、转发、批转文件名称的，该被发布、转发、批转的文件不再列入附件。因为此类公文的正文是为附件服务的，而且公文标题中已经出现了附件的标题。故本题说法正确。

16.【参考答案】×

【解析】《中国共产党党内监督条例》，党组织主要负责人个人有关事项应当在党内一定范围公开，主动接受监督。

17.【参考答案】√

【解析】新闻写作的基本要求有信息性、知识性、可读性、时效性以及针对性等。

18.【参考答案】×

【解析】报送备案的范围为：科级以上领导干部（包括副处级以上非领导职务），各单位机要、保密、财务等特殊岗位人员。备案人员退休3年后原则上准予撤销。

19.【参考答案】√

【解析】我国东汉许慎所著的《说文解字》，把汉字造字方法归纳为“六书”，“六书”是指象形、指事、会意、形声、转注、假借。

20.【参考答案】×

【解析】世界上最大跨度结合梁斜拉桥——赤壁长江公路大桥正式通车营运。

四、情景判断题

【参考答案】(1) ②　(2) ④　(3) ⑥　(4) ②　(5) ⑤

五、案例分析题

1. (1)【参考答案】B

【解析】12月4日为我国现行宪法颁布施行纪念日。

(2)【参考答案】A

【解析】2020年宪法宣传周活动主题是“深入学习宣传习近平法治思想，大力弘扬宪法精神”。

(3)【参考答案】C

【解析】宪法是实行依法治国的根本依据，因而依法治国的核心是依宪治国。

(4)【参考答案】ABCD

【解析】上述选项均符合习近平法治思想的内涵。

(5)【参考答案】ABCD

【解析】我国宪法的基本原则有5个，分别是：人民主权原则、基本人权原则、法治原则、权力制约原则、民主集中制原则。

2. (1)【参考答案】BCD

【解析】双方行政行为是指行政机关与其他民事主体达成合意的行为，由此产生法律效力，具有强制力、确定力和拘束力。典型的双方行政行为就是行政合同，而县工商局向甲公司颁发营业执照的行为不属于双方行政行为。

(2)【参考答案】C

【解析】税务局对企业加收滞纳金的行为，是一种具体行政行为，适用普通程序。

(3)【参考答案】D

【解析】本题考核行政诉讼的实施程序。甲公司若想直接向人民法院提起诉讼的，应当在知道或者应当知道作出具体行政行为之日起6个月内提出。

（4）【参考答案】AB

【解析】行政赔偿诉讼可以适用调解，并要求行政赔偿，请求人对其诉讼请求及其他主要进行举证。

（5）【参考答案】B

【解析】县市场监督管理局对甲公司实施的处罚是限制或剥夺违法者某种特定行为能力，属于行为罚。

模拟试卷（六）

一、单项选择题（下列各题的备选答案中，只有1个正确选项，请将正确选项填入括号中。多选、不选、错选均不得分，每小题0.5分，共40小题，共计20分）

1. 下列人物中，没有出席中国共产党第一次全国代表大会的是（　　）。

A. 陈独秀　　B. 毛泽东　　C. 马林　　D. 李达

2. 习近平总书记指出，树立和践行正确政绩观，起决定性作用的是（　　）。

A. 初心　　B. 宗旨　　C. 情怀　　D. 党性

3. “一带一路”旨在积极发展与沿线国家的经济合作伙伴关系，共同打造政治互信、经济融合、文化包容的共同体。具体是指（　　）。

A. 经济共同体、命运共同体和社会共同体

B. 利益共同体、命运共同体和责任共同体

C. 经济共同体、生命共同体和责任共同体

D. 利益共同体、生命共同体和社会共同体

4. 2022年政府工作报告提出，就业优先政策要提质加力。强化就业优先政策。大力拓宽就业渠道，注重通过（　　）来稳就业，增强创业带动就业作用。

A. 稳市场投资　　B. 稳外贸出口　　C. 稳市场主体　　D. 稳预期工作

5. 根据“三步走”发展战略，我国到21世纪中叶的战略目标是（　　）。

A. 基本实现现代化，达到中等发达国家水平

B. 建立一个独立的比较完整的工业体系和国民经济体系

C. 全面建成小康社会，实现经济快速发展

D. 实现国民生产总值比2 000年翻一番，使人民的小康生活更加富裕

6. 加快完善社会主义市场经济体制。经济体制改革必须以（　　）和（　　）为重点，实现产权有效激励、要素自由流动、价格反应灵活、竞争公平有序、企业优胜劣汰。

A. 完善产权制度；要素市场化配置

B. 要素市场化配置；建立现代财政制度

C. 建立现代财政制度；创新和完善宏观调控

D. 完善产权制度；创新和完善宏观调控

7. 全党必须牢记，（　　）的问题，是检验一个政党、一个政权性质的试金石。

A. 为什么人　B. 执政宗旨　C. 建党宗旨　D. 权力来源

8. 下列行政行为中，不属于依职权的行政行为是（　）。

A. 税务行政处罚　B. 征税行为　C. 税务行政许可　D. 税务行政强制

9. 根据《中华人民共和国公务员法》有关规定，对公务员受处分的期间表述正确的是（　）

A. 警告三个月　B. 记过六个月

C. 记大过十二个月　D. 降级、撤职二十四个月

10. 以下不属于党的三大优良作风的内容是（　）。

A. 理论和实践相结合的作风

B. 实事求是的作风

C. 与人民群众紧密地联系在一起的作风

D. 批评及自我批评的作风

11. 金银充当货币后，可以与一切商品相交换，这表明（　）。

A. 金银作为货币，代表着一种社会生产关系

B. 金银作为货币，就不再是商品了

C. 金银作为货币，其购买力大小是不变的

D. 金银天然具有作为货币的社会属性

12. 我国经济体制改革的中心环节是（　）。

A. 加强宏观经济调控　B. 国有企业改革

C. 进一步完善市场体系　D. 建立社会主义市场经济体制

13. 可用于上行文、下行文和平行文的公文种类是（　）。

A. 决定　B. 意见　C. 通报　D. 通知

14. 除培训外，视频会议期限一般不得超过（　）个小时。

A. 2　B. 2.5　C. 3　D. 4

15. 作为行政相对人，任何人、任何组织、任何团体不得阻碍政府职能的正常行使，这体现政府职能的（　）。

A. 公共性　B. 法定性　C. 强制性　D. 扩张性

16. 信访事项应当自受理之日起（　）办结；情况复杂的，经本行政机关负责人批准，可以适当延长办理期限，但延长期限不得超过30日，并告知信访人延期理由。法律、行政法规另有规定的，从其规定。

A. 30日内　B. 60日内　C. 90日内　D. 15日内

17. 企业把创新产品的价格定得较低，以吸引大量顾客，提高市场占有率，这种定价策略叫作（　）。

A. 撇脂定价　B. 渗透定价　C. 目标定价　D. 加成定价

18. 市级税务局在获悉所属地区发生突发事件后，原则上重特大突发事件信息应在（　　）内向省税务局电话报告，（　　）内书面报告，并按规定同步报送给相关业务管理部门。

A. 10 分钟；30 分钟　　B. 10 分钟；45 分钟

C. 15 分钟；30 分钟　　D. 15 分钟；45 分钟

19. 某税务局王局长把任务分配给下级时总是不放心，老是插手到下级的具体事务中，并要求下级时不时地汇报工作。有些下属有抱怨，总觉得王局长不信任他们。这时候，王局长应该（　　）。

A. 根据下级的能力来分配任务

B. 把下放的权力收回

C. 把任务分配给那些没有抱怨的下级

D. 信任下级的工作能力，为他们的工作提供适当的支持

20. 电子公文是指在计算机网络系统中形成的具有规范格式的公文电子数据。税务机关制发的电子公文可以作为本系统、本机关内部处理公务的依据，在税务系统内部具有（　　）。

A. 约束效力　　B. 规范效力　　C. 法律效力　　D. 行政效力

21. “平等、确定、便利、最少征收费”的税收四原则的提出者是（　　）。

A. 亚当·斯密　　B. 马克思　　C. 瓦格纳　　D. 凯恩斯

22. 第 31 个全国税收宣传月活动的主题是（　　）。

A. 税收优惠促发展，惠企利民向未来

B. 深化税收改革，助力企业发展

C. 优化税收营商环境，助力经济高质量发展

D. 落实减税降费，促进经济高质量发展

23. 信访事项已经受理或者正在办理的，信访人在规定期限内向受理、办理机关的上级机关再提出同一信访事项的，该上级机关（　　）。

A. 应当受理　　B. 可以受理　　C. 不予受理　　D. 转下级受理

24. 课题经费的预算执行分三个部分：第一部分额度为课题总经费的（　　），在发出立项通知书后执行；第二部分额度为总经费的（　　），在提出课题评审申请时执行；第三部分额度为总经费的（　　），作为预留资金，在课题评审合格后执行，用于结题之后成果推广应用以及对优秀研究成果的奖励。

A. 60%；25%；15%　　B. 60%；20%；20%

C. 50%；25%；25%　　D. 50%；30%；20%

25. 法律运行的起始和关键性环节是（　　）。

A. 法律制定　　B. 法律遵守　　C. 法律执行　　D. 法律适用

26. 税务总局科研课题鼓励和扶持青年研究工作者和（　　）税收科学研究。
A. 本土特色　　B. 日常工作　　C. 重点工作　　D. 地域特色

27. 新修订的《党政领导干部选拔任用工作条例》规定，实行党政领导干部任职前公示制度，其中公示期（　　）。
A. 一般为 7 至 15 天　　B. 一般为 7 天
C. 不少于 7 个工作日　　D. 不少于 5 个工作日

28. 公文附件说明的顺序和名称应该标注在（　　）。
A. 正文之后，成文日期之前　　B. 成文日期之后，附注之前
C. 附注之后，成文日期之前　　D. 成文日期之后，抄送机关之前

29. 十四五期间，我们要把（　　）放在全局工作的突出位置
A. 经济建设　　B. 文化建设　　C. 政治建设　　D. 社会建设

30. 各级税务局党委理论学习中心组集体学习研讨每年不少于（　　）次。
A. 1　　B. 2　　C. 4　　D. 3

31. 根据《中华人民共和国政府信息公开条例》，县级以上人民政府部门应当在每年（　　）前向本级政府信息公开工作主管部门提交本行政机关上一年度政府信息公开工作年度报告，并向社会公布。
A. 1 月 1 日　　B. 1 月 31 日　　C. 3 月 31 日　　D. 4 月 1 日

32. 管理表现出一套看得见的工具和技术，而领导通常定义为一个目标的实现过程，更多表现在人的方面，具有鲜明的人文特征。这体现了领导与管理的（　　）不同。
A. 功能　　B. 主要活动方式　　C. 职能　　D. 素质要求

33. 涉密会议应当按照“谁主办，谁负责”和（　　）的原则进行管理，明确涉密会议保密管理职责。
A. “全过程管理”　　B. “专人管理”　　C. “全方位管理”　　D. “协同管理”

34. 下列有关表述中，错误的是（　　）。
A. 函适用于不相隶属的机关之间
B. 会签文件以起草单位负责人签发日期为成文日期
C. 函用于相互商洽工作、询问和答复问题
D. 函是公文中使用范围比较广泛的一种文种

35. 世界贸易组织的最终目标是实现（　　）。
A. 世界贸易标准化　　B. 各国利益均等化
C. 世界贸易自由化　　D. 世界贸易稳定化

36. 在中央银行一般性货币政策工具里，最具灵活性的货币政策工具是（　　）。
A. 存款准备金率　　B. 再贴现率　　C. 再贷款利率　　D. 公开市场业务

37. 下列说法不正确的是（　　）。

A. 会议费开支范围包括会议住宿费、伙食费、会议场地租金、交通费、文件印刷费、医药费等。

B. 系统督查流程一般包括：督查立项、实施准备、实地督查、反馈意见、督促整改等环节。

C. 督查内审部门是税务系统内部控制的管理部门。

D. 接待来访的工作人员不得少于 2 人。

38. 根据《中华人民共和国公务员法》规定，机关根据公务员工作职责的要求和提高公务员素质的需要，对公务员进行（　　）培训。

A. 初任　　B. 专门业务　　C. 分级分类　　D. 在职

39. 各级机关、单位应当建立健全（　　）和新录用干部到信访工作岗位锻炼制度。

A. 优秀年轻干部　　B. 中青年干部　　C. 党员干部　　D. 年轻干部

40. 党支部党员大会议题提交表决前，应当经过充分讨论。表决必须有（　　）有表决权的党员到会方可进行，赞成人数超过（　　）有表决权的党员的半数为通过。

A. 2/3 以上；实到会　　B. 半数以上；应到会

C. 半数以上；实到会　　D. 2/3 以上；应到会

二、多项选择题（下列各题的备选答案中，至少有两个正确选项，请将正确选项的字母填写在括号中，多选、错选、少选、不选均不得分。每小题 2 分，共计 20 分）

1. 习近平总书记在庆祝改革开放 40 周年大会上的讲话中指出，“40 年来，我们解放思想、实事求是，大胆地试，勇敢地改，干出了一片新天地。”下列选项中，属于改革开放以来取消的税种包括（　　）。

A. 农业税　　B. 牧业税　　C. 特产税　　D. 土地增值税

2. 中共中央印发的《法治中国建设规划（2020—2025 年）》提出，全面依法治国需要全社会共同参与，必须大力弘扬社会主义法治精神，建设社会主义法治文化，引导全体人民做社会主义法治的（　　）。

A. 忠实崇尚者　　B. 自觉遵守者　　C. 坚定捍卫者　　D. 坚决执行者

3. 中国特色社会主义理论体系包括（　　）

A. 习近平新时代中国特色社会主义思想

B. 邓小平理论

C. “三个代表”重要思想

D. 科学发展观

4. 2022 年 2 月 24 日，全国税务系统全面从严治党工作会议在北京召开，会议提出持续构建完善税务系统“六位一体”全面从严治党新格局，这个新格局包括（　　）等。

A. 纪律建设一体深化　　B. 两个责任一体发力

C. 综合监督一体集成　　D. 党建业务一体融合

E. 约束激励一体抓实

5.《关于进一步深化税收征管改革的意见》提出，到2023年，基本建成税费服务新体系，实现从无差别服务向精细化、智能化、个性化服务转变。税费服务新体系的内容包括（　　）。

A. 线下服务无死角　　B. 线上服务不打烊

C. 线上线下无差别　　D. 定制服务广覆盖

E. 个性服务可申请

6. 微观规制的类型主要有（　　）。

A. 反托拉斯法　　B. 公共事业规制　　C. 社会经济规制　　D. 私人生活规制

7. 世界经济的三大支柱性组织是（　　）。

A. 世界银行　　B. 国际货币基金组织

C. 世界贸易组织　　D. 粮农组织

8.《关于进一步深化税收征管改革的意见》提出，需要在2022年基本实现的工作任务有（　　）。

A. 法人税费信息“一户式”智能归集

B. 自然人税费信息“一人式”智能归集

C. 税务机关信息“一局式”智能归集

D. 税务人员信息“一员式”智能归集

E. 税务决策信息和任务“一局式”智能归集

9. 封建制法律是封建地主阶级对广大农民阶级实行统治的工具，以维护封建地主阶级的共同利益为根本使命。封建制法律的基本特征有（　　）。

A. 肯定人身依附关系　　B. 肯定封建等级制度

C. 维护专制皇权　　D. 刑罚严酷、野蛮擅断

10. 2022年税务部门优化执法方式推进简易处罚事项网上办理要实现的目标包括（　　）。

A. 违法信息自动提醒　　B. 处罚流程全程网上办

C. 处罚个人信息网上公开　　D. 处罚结果实时传递

E. 处罚结果网上公示

三、判断题（判断下列各题正误，正确的打“√”，错误的打“×”。每小题1分，共计20分）

1. 党的十九届六中全会系统总结了一百年来，党领导人民进行伟大奋斗，在进取中突

破，于挫折中奋起，从总结中提高，积累的历史经验，一共有十条。（ ）

2.《关于进一步深化税收征管改革的意见》指出，健全违法查处体系，精准有效打击“假企业、假出口、假合同”。（ ）

3. 根据《财政部 税务总局关于中小微企业设备器具所得税税前扣除有关政策的公告》，中小微企业可根据自身生产经营核算需要自行选择享受相关政策，当年度未选择享受的，以后年度不得再变更享受。（ ）

4. 党组会议一般每月召开 1 次，遇有重要情况可以随时召开。应当有 2/3 以上党组成员到会方可召开。（ ）

5. 党员违法犯罪后受到刑法追究，可不再受党纪追究。（ ）

6. 根据《中华人民共和国公务员法》规定，公务员因工作需要在机关外兼职，应当经有关机关批准，可以领取兼职报酬。（ ）

7.《中华人民共和国个人信息保护法》，充分保护了个人隐私权益和商业秘密，标志着我国个人信息保护立法体系更加完善，税务机关也应重视对个人信息的保护。（ ）

8. 中央银行参与外汇交易的主要目的也是盈利。（ ）

9. 行为罚包括责令停产停业，暂扣或吊销许可证、执照，罚款等形式。（ ）

10. 行政复议只能采取书面的方式进行审查。（ ）

11. 在税收工作中，各地方人民政府和税务机关可根据本地区的实际情况决定减税、免税或征税。（ ）

12. 党支部书记一般应当具有 3 年以上党龄。（ ）

13. 治安职能是政府为维护广大人民群众的利益，对危害社会秩序和现代化建设的各种犯罪活动，通过法律手段进行制裁，以维护安定团结的政治局面。（ ）

14. 历史和现实一再证明，一个执政党不进行自我革命就必然被历史淘汰。（ ）

15. 根据《党政机关公文处理工作条例》规定，同级党政机关、党政机关与其他同级机关不得联合行文。（ ）

16. 制度的生命力在于执行，健全权威高效的制度执行机制，加强对制度执行的监督，应坚决杜绝做选择、搞变通、打折扣的现象。（ ）

17. 中国开放的大门永远不会关上，欢迎各国搭乘中国发展的“顺风车”。（ ）

18.《中华人民共和国行政诉讼法》属于程序性法律文件。（ ）

19. 利益是领导工作关系协调的杠杆。（ ）

20. 涉密文件，应当根据涉密程度将密级和保密期限标注在文件版头部分的发文字号右侧。（ ）

四、情景判断题（每题5小题，每小题2分，共10分）

作为省税务局某处副处长的张力，最近遇到件很让他头疼的事。该处处长在布置工作时，没有征求过张力的意见建议，常常一竿子插到底，直接将工作安排到处室工作人员。针对这样的问题，张力副处长采取了以下措施。请你对各项措施的有效程度逐项作出评价（请对每个措施的有效程度用①—⑦做出评价，其中“①”表示有效性程度最低，“⑦”表示有效性程度最高，选择你认为适当的等级数字，在相应的数字上打“√”。在作答时，对每个措施或办法的有效性程度单独作出评价，无须排序。若你认为有些措施或办法的有效性程度相同，也可以选择相同的等级数字）。

（1）“事不关己、高高挂起”，只负责完成自己的工作。

① ② ③ ④ ⑤ ⑥ ⑦

（2）自我反省，积极主动地与处长沟通思想、交换意见，当好副手配合处长工作。

① ② ③ ④ ⑤ ⑥ ⑦

（3）直接指出处长工作方法不对，要求他改正。

① ② ③ ④ ⑤ ⑥ ⑦

（4）由于处长“不信任”自己，灰心丧气，消极懈怠。

① ② ③ ④ ⑤ ⑥ ⑦

（5）直接向分管局领导反映。

① ② ③ ④ ⑤ ⑥ ⑦

五、案例分析题（共2大题，每题5小题，每小题3分，共30分）

1. 2018年李某因盗窃罪被判处有期徒刑3年，2021年刑满释放。2022年，李某承包了一项工程，应纳税款20万元，税务机关多次通知李某申报纳税，均遭李某拒绝，并长达1年不缴税。

（1）李某的行为构成了（　　）。(单选题)

A. 漏税罪　　B. 逃税罪　　C. 抗税罪　　D. 逃避追缴欠税罪

（2）如果司法机关采取强制措施，逮捕犯罪嫌疑人李某的执行机关是（　　）。(单选题)

A. 公安机关　　B. 人民检察院　　C. 法院　　D. 司法机关

（3）李某立案后再补缴应纳税款、缴纳滞纳金，或接受行政处罚的，不影响刑事责任追究。（　　）

A. 正确　　B. 错误

（4）如果李某被采取了强制措施以后，又如实供述了司法机关还未掌握的本人其他罪行，则处罚原则应是（　　）。(单选题)

A. 按一般自首处理，可以从轻或减轻处罚

B. 按特别自首处理，可以从轻或减轻处罚

C. 不按自首处理，但可以酌情从轻处罚或减轻处罚

D. 不按自首处理，但可以酌情减轻或者免除处罚

（5）根据本案，对李某的量刑情节还有（　　）。（单选题）

A. 累犯可以加重处罚　　B. 累犯可以从重处罚

C. 累犯应当加重处罚　　D. 累犯应当从重处罚

2. 2022 年 8 月 15 日上午，某小规模纳税人办税人员小王到某市区税务局办税服务厅申请代开专用发票。正值纳税申报期最后一天，办税厅排号量达到 200 多号，25 个窗口只有 15 个窗口有工作人员，其他窗口都只开了电脑没有工作人员，很多纳税人在窗口等待或三五成群讲话，大厅显得嘈杂拥堵严重。小王转了一圈也没找到代开发票窗口，也没找到咨询人员。一个小时后，办税大厅突然停电，大厅计算机网络全部中断，窗口人员随即通知停办各项业务。等待多时的小王非常生气，找到大厅值班主任发生争吵，值班主任随即让保安把小王带离办税服务厅，很快其他纳税人都围拢上来，还有的用手机拍照上传网络，并配文称纳税人在办税服务厅被税务局工作人员推搡甚至殴打，短时间内引起众多网民和媒体的极大关注。此事件使得某市区税务部门陷入了较为被动的舆论形势。

（1）本案例在《办税服务厅突发事件应急管理办法（试行）》中，适用于分类中的（　　）。（单选题）

A. 系统故障类　　B. 涉税舆情类　　D. 其他类　　C. 办税秩序类

（2）针对此次办税服务厅事件，领导让你草拟一份公文上报市局，请问正确的是（　　）。（单选题）

A. 关于办税服务厅舆情事件情况汇报

B. 关于办税服务厅舆情事件有关情况的汇报

C. 某市区税务局关于办税服务厅舆情事件情况报告

D. 某市区税务局关于办税服务厅舆情事件有关情况的报告

（3）该办税服务厅在日常管理中存在（　　）不足。（多选题）

A. 办税公开不到位，没有设立明显的窗口标识或是指引牌

B. 办税服务厅拥堵没有进行有效的指引和疏导，也没有采取增加窗口人员等应急方案

C. 突发事件应急预案启动不及时，办税服务厅负责人处置失当，未及时采取措施分流纳税人或是通知区局相关部门启用备用发电设备

D. 未及时向值班领导报告

（4）该区税务局办税服务厅发生的突发事件，应坚持的应急处置原则包括（　　）。（多选题）

A. 以人为本　　B. 预防为主　　C. 防治结合　　D. 果断处置

（5）针对上述负面舆情，领导让你尽快采取措施予以化解，你该怎么办。（　　）（多选题）

A. 完善工作机制　　B. 抓好重点环节　　C. 正确引导舆论　　D. 做好联合应对

模拟试卷（六）答案及解析

一、单项选择题

1.【参考答案】A

【解析】本题属于党史知识。

2.【参考答案】D

【解析】习近平总书记在2022年春季学期中央党校（国家行政学院）中青年干部培训班开班仪式上指出，树立和践行正确政绩观，起决定性作用的是党性。

3.【参考答案】B

【解析】2013年，习近平总书记提出“一带一路”伟大构想宗旨。

4.【参考答案】C

【解析】2022年政府工作报告提出，就业优先政策要提质加力。强化就业优先政策。大力拓宽就业渠道，注重通过稳市场主体来稳就业，增强创业带动就业作用。

5.【参考答案】A

【解析】1987年10月，党的十三大把邓小平“三步走”的发展战略构想确定下来，明确提出：第一步，从1981年到1990年实现国民生产总值比1980年翻一番，解决人民的温饱问题；第二步，从1991年到20世纪末，使国民生产总值再翻一番，达到小康水平；第三步，到21世纪中叶，国民生产总值再翻两番，达到中等发达国家水平，基本实现现代化。然后在这个基础上继续前进。故选项A为正确答案。选项B是周恩来在三届全国人大一次会议上提出的第一步内容；选项C是建党一百年的奋斗目标；选项D是江泽民对“三步走”战略的新发展，是指到2010年国民生产总值比2000年翻一番。

6.【参考答案】A

【解析】党的十九大报告指出，加快完善社会主义市场经济体制。经济体制改革必须以完善产权制度和要素市场化配置为重点，实现产权有效激励、要素自由流动、价格反应灵活、竞争公平有序、企业优胜劣汰。

7.【参考答案】A

【解析】党的十九大报告的第八部分“提高保障和改善民生水平，加强和创新社会治理”指出：全党必须牢记，为什么人的问题，是检验一个政党、一个政权性质的试金石。带领人民创造美好生活，是我们党始终不渝的奋斗目标。

8.【参考答案】C

【解析】依职权的行政行为是指行政主体依照法律授予的职权，无须相对人申请就可以主动作出的行政行为。税务行政处罚、征税行为、税务行政强制属于税务机关依职权作出的行政行为。这里只有税务行政许可是依申请的行政行为。正确答案是 C。

9.【参考答案】D

【解析】《中华人民共和国公务员法》第六十四条规定，受处分的期间为：警告，六个月；记过，十二个月；记大过，十八个月；降级、撤职，二十四个月。

10.【参考答案】B

【解析】本题属于党史知识。

11.【参考答案】A

【解析】货币形式与一般价值形式相比并没有发生本质的变化，唯一的区别只是一般等价物固定在金或银上。金或银之所以能够固定充当一般等价物，是由于它的自然属性，使它最适合充当货币的材料。

12.【参考答案】B

【解析】国有企业是我国国民经济的支柱，是我国社会主义制度的重要经济基础。国有企业改革是我国经济体制改革的中心环节。

13.【参考答案】B

【解析】意见，适用于对重要问题提出见解和处理办法。意见一般分为参考建议性意见、表明意向性意见、工作指导性意见。意见可以用于上行文、下行文和平行文。

14.【参考答案】A

【解析】除培训外，视频会议期限一般不得超过 2 个小时。

15.【参考答案】C

【解析】政府职能，亦称行政职能，是国家行政机关依法对国家和社会公共事务进行管理时应承担的职责和所具有的功能。①公共性：政府职能涉及国家大量日常公共事务的处理，根本目的是为所有社会群体和阶层提供普遍的、公平的、高质量的公共服务。②法定性：政府职能的法定性是指政府的一切活动都要在宪法和法律的范围内进行，宪法和法律规定了一国政府职能的边界，使公共行政有法可循。③强制性：政府职能的强制性是指其以国家强制力为后盾；行政相对人不得阻碍政府职能的正常行使。④扩张性：政府职能的扩张性是指随着现代社会中公共事务、公共问题日益增多且日益复杂，公众需求的日益个性化、多样化，政府承担了越来越多的职能，并逐渐扩展至社会各层面。故选 C。

16.【参考答案】B

【解析】国务院印发的《信访工作条例》第三十四条，对该条例第三十一条第六项规定的信访事项应当自受理之日起60日内办结；情况复杂的，经本机关、单位负责人批准，可以适当延长办理期限，但延长期限不得超过30日，并告知信访人延期理由。

17.【参考答案】B

【解析】市场定价策略主要包括撇脂定价和渗透定价。撇脂定价一般是产品初推出时，将价格定得较高，迅速收回利润；而渗透定价主要是为了提高市场占有率，在产品初推出时制定较低的价格。

18.【参考答案】D

【解析】各市级税务局在获悉所属地区发生突发事件后，原则上重特大突发事件信息应在15分钟内向省税务局电话报告，45分钟内书面报告，并按规定同步报送给相关业务管理部门。

19.【参考答案】D

【解析】由题目可知，王局长不放心下放权力是因为他不相信下级会为组织尽最大的努力。领导者要信任、支持下级。

20.【参考答案】D

【解析】电子公文是指在计算机网络系统中形成的具有规范格式的公文的电子数据。税务机关制发的电子公文在税务系统内部具有行政效力，可以作为本系统、本机关内部处理公务的依据。

21.【参考答案】A

【解析】以英国经济学家亚当·斯密为代表的古典经济学派，提出以税收中性为特征的“平等、确定、便利、最少征收费”的“税收四原则”。

22.【参考答案】A

【解析】2022年4月1日，国家税务总局将以“税收优惠促发展、惠企利民向未来”为主题，启动第31个全国税收宣传月，重点宣传解读好新的组合式税费支持政策，帮助广大纳税人缴费人应知尽知、应享尽享政策红利。“深化税收改革，助力企业发展”是第26个税收宣传月活动主题；“优化税收营商环境，助力经济高质量发展”是第27个税收宣传月活动主题。“落实减税降费，促进经济高质量发展”是在在2019年4月1日至5月20日期间集中开展的第28个全国税收宣传月活动的主题。

23.【参考答案】C

【解析】依据《中华人民共和国信访条例》。

24.【参考答案】A

【解析】课题经费的预算执行分三个部分：第一部分额度为课题总经费的60%，在发出立项通知书后执行；第二部分额度为总经费的25%，在提出课题评审申请时执行；第三部分额度为总经费的15%，作为预留资金，在课题评审合格后执行，用于结题之后成果推广应用以及对优秀研究成果的奖励。

25.【参考答案】A

【解析】法律的运行是一个从创制、实施到实现的过程。这个过程主要包括法律制定（立法）、法律遵守（守法）、法律执行（执法）、法律适用（司法）等环节。法律制定是法律运行的起始、关键性环节。

26.【参考答案】D

【解析】税务总局科研课题鼓励和扶持青年研究工作者和地域特色税收科学研究（2019 年 4 月 24 日，《国家税务总局办公厅关于印发〈国家税务总局税收科研课题管理办法〉的通知》税总办发〔2014〕226 号）。

27.【参考答案】B

【解析】根据《党政领导干部选拔任用工作条例》第四十一条。

28.【参考答案】A

【解析】根据《党政机关公文格式》的相关规定，如有附件，在正文下空一行左空二字编排“附件”二字，后标全角冒号和附件名称。如有多个附件，使用阿拉伯数字标注附件顺序号（如“附件：1. ×××××”）；附件名称后不加标点符号。附件名称较长需回行时，应当与上一行附件名称的首字对齐。故本题选 A。

29.【参考答案】B

【解析】2022 年 9 月 22 日，习近平总书记在教育卫生体育领域专家代表座谈并发表重要讲话中强调“十四五”时期，要把文化建设放在全局工作的突出位置，切实抓紧抓好。

30.【参考答案】C

【解析】每季度不少于 1 次，根据《税务系统党委理论学习中心组学习制度》第九条。

31.【参考答案】B

【解析】《中华人民共和国政府信息公开条例》第五章第四十九条：“县级以上人民政府应当在每年 1 月 31 日前向本级政府信息公开主管部门提交本行政机关上一年度政府信息公开工作年度报告并向社会公布”。

32.【参考答案】C

【解析】领导与管理的职能不同：管理表现出一套看得见的工具和技术，领导通常定义为一个目标的实现过程，即领导者通过率领和引导等方式带领一部分人来实现一个或若干个既定的组织目标的过程。

33.【参考答案】A

【解析】依据《税务系统涉密会议保密管理暂行办法》。

34.【参考答案】B

【解析】会签文件应以最后会签单位负责人签发日期为成文日期。

35.【参考答案】C

【解析】世界贸易组织（WTO）成立于1995年1月1日，是独立于联合国的永久性国际组织，它是全球唯一的国际性贸易组织，负责处理国家之间贸易往来和协定。该组织的任务是：通过实施市场开发、非歧视和公平贸易组织，达到推动实现世界贸易自由化的目标。

36.【参考答案】D

【解析】通过中央银行与指定交易商进行有价证券和外汇交易，实现货币政策调控目标的活动，是中央银行吞吐基础货币，调节市场流动性的主要货币政策工具。中国公开市场操作包括人民币操作和外汇操作两部分。公开市场业务被认为是实施货币政策、稳定经济的重要工具，是最具灵活性的货币政策工具。

37.【参考答案】B

【解析】系统督查流程一般包括：督查立项、实施准备、实地督查、反馈意见、总结汇报、督促整改等环节。

38.【参考答案】C

【解析】依据《中华人民共和国公务员法》。

39.【参考答案】D

【解析】《信访工作条例》第十六条，各级机关、单位应当建立健全年轻干部和新录用干部到信访工作岗位锻炼制度。

40.【参考答案】B

【解析】依据《中国共产党支部工作条例（试行）》第四章第十一条第四款。

二、多项选择题

1.【参考答案】ABC

【解析】改革开放40年来，我国取消的税种有农业税、牧业税和特产税等。

2.【参考答案】ABC

【解析】中共中央印发的《法治中国建设规划（2020—2025年）》提出，“全面依法治国需要全社会共同参与，必须大力弘扬社会主义法治精神，建设社会主义法治文化，引导全体人民做社会主义法治的忠实崇尚者、自觉遵守者、坚定捍卫者。”

3.【参考答案】ABCD

【解析】依据《中国共产党章程》。

4.【参考答案】BCDE

【解析】2022年2月24日，全国税务系统全面从严治党工作会议在北京召开。会议认真学习贯彻习近平总书记在十九届中央纪委六次全会上的重要讲话精神，以及赵乐际同志的工作报告精神，研究从党的百年奋斗历史经验特别是新时代党的自我革命的伟大实践中汲取智慧和力量，持续构建完善“政治建设一体深化、两个责任一体发力、综合监督一体集成、党建业务一体融合、约束激励一体抓实、组织体系一体贯通”的“六位一体”税务系统全面从严治党新格局，引领保障在新的征程上奋力推进税收现代化，以优异成绩迎接党的二十大胜利召开。A 选项应为政治建设一体深化。

5.【参考答案】ABD

【解析】《关于进一步深化税收征管改革的意见》第一部分提出了改革的总体要求，其中针对税费服务新体系，指出基本建成“线下服务无死角、线上服务不打烊、定制服务广覆盖”的税费服务新体系，实现从无差别服务向精细化、智能化、个性化服务转变。选项 CE 不正确。

6.【参考答案】ABC

【解析】微观规制是国家垄断资本主义的主要形式之一。微观规制主要是国家运用法律手段规范市场秩序，限制垄断，保护竞争，维护社会公众的合法权益。微观规制主要有社会经济规制、公共事业规制、反托拉斯法三种类型。

7.【参考答案】ABC

【解析】世贸组织与世界银行、国际货币基金组织一起，并称为当今世界经济体制的“三大支柱”。

8.【参考答案】AB

【解析】《关于进一步深化税收征管改革的意见》提出，加快推进智慧税务建设。2022 年基本实现法人税费信息“一户式”、自然人税费信息“一人式”智能归集，2023 年基本实现税务机关信息“一局式”、税务人员信息“一员式”智能归集，深入推进对纳税人缴费人行为的自动分析管理、对税务人员履责的全过程自控考核考评、对税务决策信息和任务的自主分类推送。2025 年实现税务执法、服务、监管与大数据智能化应用深度融合、高效联动、全面升级。

9.【参考答案】ABCD

【解析】封建制法律是封建地主阶级意志的体现，是统治农民阶级的工具，维护封建地主阶级的共同利益。封建制法律的基本特征有：一是确立农民阶级对封建地主的人身依附关系；二是实行封建等级制度；三是维护专制皇权；四是刑罚严酷、野蛮擅断。选项 ABCD 都正确。

10.【参考答案】ABD

【解析】根据《国家税务总局关于开展 2022 年“我为纳税人缴费人办实事暨便民办税春风行动”的意见》（税总纳服发〔2022〕5 号）第二条第（四）项第 14 目的规定，推进简易处罚事项网上办理，实现违法信息自动提醒、处罚流程全程网上办、处罚结果实时传递。

三、判断题

1.【参考答案】√

【解析】依据《中共中央关于党的百年奋斗重大成就和历史经验的决议》第六部分“中国共产党百年奋斗的历史经验”。

2.【参考答案】×

【解析】《关于进一步深化税收征管改革的意见》提出，要健全违法查处体系，充分依托国家“互联网+监管”系统多元数据汇聚功能，精准有效打击“假企业”虚开发票、“假出口”骗取退税、“假申报”骗取税费优惠等行为，保障国家税收安全。

3.【参考答案】√

【解析】根据《财政部 税务总局关于中小微企业设备器具所得税税前扣除有关政策的公告》（财政部 税务总局公告 2022 年第 12 号）第五条，中小微企业可根据自身生产经营核算需要自行选择享受上述政策，当年度未选择享受的，以后年度不得再变更享受。

4.【参考答案】×

【解析】根据《中国共产党党组工作条例（试行）》第二十六条的规定，党组会议应当有半数以上党组成员到会方可召开，讨论决定干部任免事项必须有 2/3 以上党组成员到会。

5.【参考答案】×

【解析】根据《党章》的有关规定，党员在受到法律追究之后，仍应接受党内关于党员纪律的处分。故本题说法错误。

6.【参考答案】×

【解析】根据《中华人民共和国公务员法》第四十四条规定，“公务员因工作需要在机关外兼职，应当经有关机关批准，并不得领取兼职报酬。”

7.【参考答案】×

【解析】《中华人民共和国个人信息保护法》，充分保护了个人信息权益，标志着我国个人信息保护立法体系更加完善。

8.【参考答案】×

【解析】各国政府或中央银行是外汇市场的特殊参与者，它进行外汇买卖不是为了谋取利润，而是在执行国家金融政策，目的是监督和管理外汇市场，引导汇率向对其经济有利的方向变动，使之有利于本国宏观经济政策的贯彻或符合国际协定的要求。故题干说法错误。

9.【参考答案】×

【解析】行为罚亦称能力罚，是行政主体对违反行政法律规范的行政相对方所采取的限制或剥夺其特定行为能力或资格的一种处罚措施，包括责令停产停业，暂扣或吊销许可证、执照两种形式。

10.【参考答案】×

【解析】《中华人民共和国行政复议法》第二十二条规定：行政复议原则上采取书面审查的办法，但是申请人提出要求或者行政复议机关负责法制工作的机构认为有必要时，可以向有关组织和人员调查情况，听取申请人、被申请人和第三人的意见。

11.【参考答案】×

【解析】减免税的管理权限是由税收管理体制决定的，各级政府和财税部门都必须严格执行税法，不得乱开减免税口子，越权减免国家税收。

12.【参考答案】×

【解析】根据《中国共产党支部工作条例（试行）》第二十三条的规定，党支部书记应当具备良好政治素质，热爱党的工作，具有一定的政策理论水平、组织协调能力和群众工作本领，敢于担当、乐于奉献，带头发挥先锋模范作用，在党员、群众中有较高威信，一般应当具有 1 年以上党龄。

13.【参考答案】√

【解析】治安职能是政府为维护广大人民群众的利益，对危害社会秩序和现代化建设的各种犯罪活动，通过法律手段进行制裁，以维护安定团结的政治局面。

14.【参考答案】√

【解析】根据《习近平新时代中国特色社会主义思想学习纲要》。

15.【参考答案】×

【解析】根据《党政机关公文处理工作条例》第十七条规定，“同级党政机关、党政机关与其他同级机关必要时可以联合行文。”

16.【参考答案】√

【解析】《中共中央关于坚持和完善中国特色社会主义制度、推进国家治理体系和治理能力现代化若干重大问题的决定》指出：制度的生命力在于执行。各级党委和政府以及各级领导干部要切实强化制度意识，带头维护制度权威，做制度执行的表率，带动全党全社会自觉尊崇制度、严格执行制度、坚决维护制度。健全权威高效的制度执行机制，加强对制度执行的监督，坚决杜绝做选择、搞变通、打折扣的现象。

17.【参考答案】√

【解析】根据《习近平新时代中国特色社会主义思想学习纲要》。

18.【参考答案】√

【解析】程序法规定保证法律关系主体权利义务得以实现或职权和职责得以履行所需程序或手续，比如诉讼法、复议法、处罚法等。

19.【参考答案】×

【解析】沟通是领导者了解情况和传递信息的基本手段，更是领导工作关系协调的杠杆。

20.【参考答案】×

【解析】根据《党政机关公文格式》规定，公文如需标注密级和保密期限，一般用3号黑体字，顶格编排在版心左上角第二行。故本题说法错误。

四、情景判断题

【参考答案】（1）② （2）⑥ （3）② （4）① （5）②

五、案例分析题

1.（1）【参考答案】B

【解析】李某逃避缴纳税款，欠缴税20万元，经税务机关依法下达追缴通知后，不缴应纳税款，构成了逃税罪。

（2）【参考答案】A

【解析】由公安机关执行。

（3）【参考答案】A

【解析】根据《中华人民共和国刑法》规定。李某在公安机关立案后再补缴应纳税款、缴纳滞纳金，或接受行政处罚的，不影响刑事责任追究。

（4）【参考答案】B

【解析】特别自首是指被采取强制措施的犯罪嫌疑人、被告人和正在服刑的罪犯，如实供述司法机关还未掌握的本人其他罪行的行为，可以从轻或减轻处罚。

（5）【参考答案】D

【解析】因李某2015年还曾犯过盗窃罪，因此根据《中华人民共和国刑法》规定，累犯应当从重处罚。

2.（1）【参考答案】A

【解析】由于计算机软件、硬件及网络系统等升级或其他突发故障，影响工作正常运行的突发事件，属于系统故障类。

（2）【参考答案】D

【解析】报告属于上行文，适用于向上级机关汇报工作、反映情况，回复上级机关询问。公文标题由发文机关、发文事由和文种组成。

（3）【参考答案】ABCD

【解析】根据办税服务厅有关规范，以上答案均正确。

（4）【参考答案】ABD

【解析】根据《办税服务厅突发事件应急管理办法（试行）》规定，突发事件应急处置原则包括：以人为本、预防为主、果断处置。

（5）【参考答案】ABCD

【解析】涉税舆情处置措施包括：完善工作机制、抓好重点环节、正确引导舆论、做好联合应对、落实舆情管理责任、形成舆情倒逼机制。

模拟试卷（七）

一、单项选择题（下列各题的备选答案中，只有1个正确选项，请将正确选项填入括号中。多选、不选、错选均不得分，每小题0.5分，共40小题，共计20分）

1. 马克思主义权利观与其他权利观的根本区别是（　　）。

   A. 强调公民的权利和义务是平等的

   B. 强调公民的权利和义务是统一的

   C. 强调社会的物质生活条件对权利的制约和决定作用

   D. 强调社会的精神生活条件对权利的制约和决定作用

2. 2022年政府工作报告中提出要确保全年工业经济运行在合理区间，为此采取的财政税费政策有（　　）

   A. 加大中小微企业设备器具税前扣除力度

   B. 延长阶段性税费缓缴政策

   C. 扩大地方“六税两费”减免政策适用主体范围

   D. 以上全是

3.《关于进一步深化税收征管改革的意见》中提出的四精是指（　　）。

   A. 精确执法　　B. 精细服务　　C. 精准监管　　D. 精诚共治

   E. 以上全是

4. 全面深化改革，既要注重改革的系统性、整体性、协同性，又要使整体推进和重点突破相促进。全面深化改革的重点是（　　）。

   A. 经济体制改革　　B. 政治体制改革

   C. 文化体制改革　　D. 科技体制改革

5. 不属于中国共产党历史上的三个“历史决议”的是（　　）。

   A.《中共中央关于党的百年奋斗重大成就和历史经验的决议》

   B.《关于若干历史问题的决议》

   C.《关于建国以来党的若干历史问题的决议》

   D.《关于建党以来党的若干历史问题的决议》

   E.《关于争取革命在一省与数省首先胜利的决议》

6. 2022年政府工作报告提出，加大研发费用加计扣除政策实施力度，将科技型中小企业加计扣除比例从75%提高到的比例是（　　）。

A. 90% B. 95% C. 100% D. 150%

7. 根据《民事诉讼法》规定，有关单位拒绝或者妨碍人民法院调查取证的，人民法院除责令其履行协助义务外，可以予以罚款；对单位的罚款金额为人民币（ ）。

A. 5 万元以上 100 万元以下 B. 10 万元以上 100 万元以下

C. 30 万元以上 100 万元以下 D. 50 万元以上 100 万元以下

8. “绿水青山就是金山银山”是以中共中央总书记、国家主席习近平同志为核心的党中央决策部署中的（ ）工作的工作理念。

A. 坚持人与自然和谐发展，着力治理环境污染

B. 坚持实施区域协调发展和新型城镇化战略，着力推动平衡发展

C. 坚持以供给侧结构性改革为主线，着力培育壮大新动能

D. 坚持稳中求进工作总基调，着力创新和完善宏观调控

9. 为加强党内监督，完善巡视制度，规范巡视工作，党中央根据（ ），制定了《中国共产党巡视工作条例》。

A. 《中华人民共和国宪法》 B. 《中国共产党章程》

C. 《中国共产党纪律处分条例》 D. 《中国共产党党内监督条例》

10. 为深入贯彻党的十九届六中全会和中央经济工作会议精神，全面推进中共中央办公厅、国务院办公厅印发的《关于进一步深化税收征管改革的意见》落实，巩固拓展党史学习教育成果，税务总局决定连续第 9 年开展“我为纳税人缴费人办实事暨便民办税春风行动”。2022 年春风行动的主题是（ ）。

A. 我为纳税人缴费人办实事 B. 优化执法服务·办好惠民实事

C. 智慧税务助发展·惠企利民稳增长 D. 减税降费优服务，助复产促发展

11. 要实现我国经济发展的战略目标，必须加快经济增长方式的转变，其核心是正确处理好（ ）。

A. 积累与消费的关系 B. 投入与产出的关系

C. 速度与效益的关系 D. 数量与质量的关系

12. 我国在对市场经济认识上的重大突破是（ ）。

A. 市场经济是法治经济

B. 市场机制对资源配置起基础性调节作用

C. 市场经济不属于社会基本制度的范畴

D. 市场经济是有国家干预的经济

13. 《税收征管法》规定：个人及其所扶养家属维持生活必需的住房和用品，不在税收保全措施和强制执行的范围之内。该规定体现了对（ ）的保护。

A. 人格尊严 B. 人身自由 C. 生存权利 D. 财产权利

14. 消费者从某商品中得到的享受，会随着该商品消费的增加而（ ）。

A. 增加　　B. 下降　　C. 不变　　D. 无关

15. 下列小微企业纳税人中，有可能适用增值税期末留抵退税政策的是（　　）。

A. A 企业纳税信用等级为 M 级

B. B 企业申请退税前 12 个月曾发生骗取出口退税的情形

C. C 企业申请退税前 36 个月因偷税曾被税务机关处罚过一次

D. D 企业 2019 年 4 月 1 日至今已享受即征即退政策且不退回税款

16. “有信路路畅通，无信寸步难行”主要体现的哲学原理是（　　）。

A. 世界是普遍联系的，事物的联系具有多样性

B. 意识具有反作用，正确的意识能促进客观事物的发展

C. 事物发展是前进性与曲折性的统一

D. 实践是检验认识是否具有真理性的唯一标准

17. 党支部是党的基础组织，是党组织开展工作的基本单元，是党在社会基层组织中的战斗堡垒，是党的全部工作和战斗力的基础，下列属于党支部职责的是（　　）。

A. 直接教育党员、管理党员、监督党员

B. 坚持践行党的宗旨和群众路线

C. 确保党的路线方针政策和决策部署贯彻落实

D. 不忘初心、牢记使命，始终保持先进性和纯洁性。

18. 我们立党立国、兴党强国的根本指导思想是（　　）。

A. 毛泽东思想　　B. 邓小平理论

C. 马克思主义　　D. 中国特色社会主义

19. 发文办理是指以本机关名义制发公文的过程，下列发文办理流程正确的是（　　）。

A. 登记、校对、复核、印制、用印、核发

B. 登记、复核、校对、核发、印制、用印

C. 复核、校对、登记、核发、印制、用印

D. 复核、登记、校对、印制、用印、核发

20. 下列关于政务值班的做法错误的是（　　）。

A. 工余时间每日安排 1 人值班

B. 双休日、法定节假日白班、晚班分别安排 1 人值班

C. 安排的值班场所能够满足夜间值班需要

D. 值班期间要全时坚守岗位，特殊情况下经分管值班领导审批后可短时间离岗，但离岗时间不得超过 1 小时

21. 从个人的角度看，税收是人们支付给国家的费用，原因是人们享受了国家提供的（　　）。

A. 个性化服务　　B. 公共产品　　C. 人身安全　　D. 财产安全

22. 关于电子公文的说法，错误的是（　　）。

A. 电子公文在税务系统内部具有行政效力

B. 需要作为法律依据的文件，应同时制成纸质文件

C. 既有电子公文，又有纸质公文的，以纸质公文为准

D. 具有保存价值的电子公文，应当同时将电子公文的最终版本制成纸质文件归档

23. 根据《中华人民共和国监察法》规定，对被调查人采取留置措施后，应当在（　　）以内，通知被留置人员所在单位和家属，但有可能毁灭、伪造证据，干扰证人作证或者串供等有碍调查情形的除外。有碍调查的情形消失后，应当立即通知被留置人员所在单位和家属。

A. 十二小时　　B. 二十四小时　　C. 四十八小时　　D. 两个工作日

24. 税务机关专项督查以实地督查为主。其工作流程一般包括（　　）。

A. 确定计划、实施准备、现场检查、交换意见、总结汇报、整改反馈

B. 实施准备、确定计划、现场检查、交换意见、总结汇报、整改反馈

C. 确定计划、实施准备、现场检查、交换意见、整改反馈、总结汇报

D. 实施准备、确定计划、现场检查、交换意见、整改反馈、总结汇报

25. 根据《中华人民共和国民法典》规定，自然人下落不明满（　　）的，利害关系人可以向人民法院申请宣告该自然人为失踪人。

A. 六个月　　B. 一年　　C. 二年　　D. 四年

26. 综合管理类公务员四级调研员职级对应的级别是（　　）。

A. 二十一级至十五级　　B. 十九级至十三级

C. 二十级至十四级　　D. 二十二级至十六级

27. （　　）是不具有正式决定效用的文本。

A. 正本　　B. 征求意见稿　　C. 试行本　　D. 暂行本

28. 选拔任用党政领导干部，必须放在首位的标准是（　　）。

A. 能力标准　　B. 道德标准　　C. 政治标准　　D. 学识标准

29. 中共中央办公厅、国务院办公厅印发的《党政主要负责人履行推进法治建设第一责任人职责规定》适用于（　　）地方党委和政府主要负责人。

A. 乡镇以上　　B. 县级以上　　C. 设区的市以上　　D. 省级

30. 公务员晋升职级所要求任职年限，其间每有 1 个年度考核结果为优秀等次的，任职年限缩短（　　）。

A. 2 年　　B. 1 年　　C. 半年　　D. 不缩短

31. 党员每年集中学习培训时间一般不少于（　　）学时。

A. 24　　B. 32　　C. 36　　D. 48

32. 我们党一路走来，始终坚持（　　）。

A. 组织路线服务政治路线　　B. 政治路线服务组织路线

C. 政治路线与组织路线并重　　D. 政治路线支持组织路线

33. 在政务公开领域的创新，保障了公众的知情权，增强了民众对行政组织的信任和支持。这体现了行政创新的基本指向，（　　）。

A. 为公众提供良好公共服务　　B. 行政创新的结果要具有实效性

C. 遵循行政伦理规范　　D. 政府与社会的合作

34. 给经销商一个市场报销的额度用于调动经销商在各个环节的能动性，这种激励中间商的方式是（　　）。

A. 开拓市场　　B. 设立奖项　　C. 库存保护　　D. 提供市场基金

35. 多人采用走访形式提出共同的信访事项的，应当推选代表，代表人数不得超过（　　）。

A. 5 人　　B. 2 人　　C. 4 人　　D. 3 人

36. 根据《财政部 税务总局关于进一步加大增值税期末留抵退税政策实施力度的公告》，2022 年最新增值税期末留抵退税政策所称“制造业等行业”包括（　　）。

A. 水生产和供应业　　B. 技术服务业

C. 信息技术服务业　　D. 以上都是

37. 从经济学角度看，政府对受灾农民的补偿资金属于（　　）。

A. 扩大再生产资金　　B. 非生产性基本建设资金

C. 社会物资储备资金　　D. 公共消费资金

38. 中华文明探源工程提出文明定义和认定进入文明社会的中国方案，为世界文明起源研究作出了（　　）贡献。

A. 决定性　　B. 关键性　　C. 基础性　　D. 原创性

39. 孔子说，“三军可夺帅也，匹夫不可夺志也”；墨子说，“志不强者智不达”；诸葛亮说，“志当存高远”。这里的“志”指的是（　　）。

A. 对未来目标的向往，以及对实现目标所具有的顽强意志

B. 匹夫之勇，不惧怕一切挫折

C. 理性和智慧

D. 不屈不挠的精神

40. 原则上重特大突发事件应在（　　）分钟内向税务总局值班室电话报告，（　　）小时内书面报告，并按规定同步报送给相关业务管理部门。

A. 60；2　　B. 30；1　　C. 50；1　　D. 10；1

二、多项选择题（下列各题的备选答案中，至少有两个正确选项，请将正确选项的字母填写在括号中，多选、错选、少选、不选均不得分。每小题 2 分，共计 20 分）

1. 关于坚持全心全意为人民服务的根本宗旨，下列说法正确的有（　　）。

A. 站稳人民立场　　B. 贯彻党的群众路线

C. 尊重人民首创精神　　D. 践行以人民为中心的发展思想

E. 发展全过程人民民主

2. 根据《中华人民共和国国家安全法》规定，公民发现危害国家安全的行为，应当直接或者通过所在组织及时向（　　）报告。

A. 国家安全机关　　B. 公安机关

C. 街道办事处或者乡镇人民政府　　D. 居民委员会或者村民委员会

3. 下列关于共同富裕的说法，正确的有（　　）。

A. 共同富裕是社会主义的本质要求

B. 社会主义最大的优越性就是共同富裕

C. 共同富裕是人民群众物质生活和精神生活都富裕

D. 共同富裕应该是整齐划一的平均主义

E. 共同富裕是全体人民的富裕

4. 对确需设置的行政审批事项，要建立权力清单制度，一律向社会公开。对此，下列说法正确的有（　　）。

A. 这有利于让权力在阳光下运行　　B. 这有利于把权力关进制度笼子

C. 这有利于规范非行政审批事项　　D. 这有利于增加投资前置性审批

5. 党员干部特别是领导干部要加强政治能力训练和政治实践历练，切实提高政治本领。这里的“政治本领”包括（　　）。

A. 把握方向、把握大势、把握全局的能力

B. 科学决策、依法执政的能力

C. 干事创业、敢于担当的能力

D. 辨别政治是非、保持政治定力的能力

E. 驾驭政治局面、防范政治风险的能力

6. 消费者的下列经济行为中，属于货币执行支付手段职能的有（　　）。

A. 购买商品房，合同约定房价 30 万元

B. 按购房合同约定，第二年付房款 10 万元

C. 缴纳房屋契税 9 000 元

D. 在装饰材料市场现购材料 5 万元

7. 根据《关于进一步深化税收征管改革的意见》，2023 年将基本建成的税费服务新体系的主要内容包括（　　）。

A. 线下服务无死角　　B. 线上服务不打烊

C. 网上服务全覆盖　　D. 定制服务广覆盖

E. 个性服务广覆盖

8. 经济稳定是指经济的平稳增长，具体包括（　　）。

A. 充分就业　　B. 经济增长　　C. 通货紧缩　　D. 物价稳定

9. 为了带动廉洁纪律、群众纪律、工作纪律、生活纪律严起来，需要重点强化（　　）。

A. 政治纪律　　B. 组织纪律　　C. 组织监督　　D. 党内监督

E. 舆论监督

10. 草拟公文必须符合国家的有关法律法规。除综合型内容的公文文件以外，一般公文主题的书写要求为（　　）。

A. 一文一事，主题突出　　B. 文种正确，格式规范

C. 不同意见，表述清楚　　D. 态度鲜明，表述准确

三、判断题（判断下列各题正误，正确的打"√"，错误的打"×"。每小题 1 分，共计 20 分）

1.《关于进一步深化税收征管改革的意见》提出，到 2023 年，基本建成"无风险不打扰、有违法要追究、全过程强智控"的税务执法新体系。（　　）

2. 公务员在处分期间不得晋升职务和级别，其中受记过、记大过、降级、撤职处分的，不得晋升工资档次。（　　）

3. 独立自主、自力更生是邓小平理论的精髓。（　　）

4. 中央今年全年预计退税减税是 2.5 万亿元，其中留抵退税 1.5 万亿元，全部由中央财政转移支付负担。（　　）

5. 留党察看最长不超过两年，党员在留党察看期间仍有表决权、选举权和被选举权。（　　）

6. 对小型微利企业所得税优惠政策规定，年应纳税所得额超过 100 万元但不超过 500 万元的部分，减按 25% 计入应纳税所得额，按 20% 的税率缴纳企业所得税。（　　）

7. 所谓规模经济，就是说工厂或公司的规模越大，单位成本就越低，收益就越大。（　　）

8. 稳步实施发票电子化改革，到 2025 年基本实现发票全领域、全环节、全要素电子化，着力降低制度性交易成本。（　　）

9. 网络舆论是网民利用互联网对新闻、言论或某个话题发表自己的意见，并经过充分互动所形成的具有一定影响力和某种倾向性的共同意见或集体情绪。（　　）

10.《关于新形势下党内政治生活的若干准则》规定，营造党内民主监督环境，畅通党内民主监督渠道。（　）

11. 地方各级人民政府、各级人民政府主管部门、单位和个人违反法律、行政法规规定，擅自做出减税、免税的决定，税务机关对此应当撤销其做出的决定。（　）

12. 最新修订的《税务规范性文件管理办法》建立并完善了税务规范性文件权益性审核机制，这将使纳税人缴费人权益保护工作贯穿政策措施制定、执行、监督全过程，更好维护纳税人缴费人的合法权益。（　）

13. 根据《国家税务总局关于小规模纳税人免征增值税等征收管理事项的公告》，增值税小规模纳税人适用3%征收率应税销售收入免征增值税的，应按规定开具免税普通发票。（　）

14. 风险的不确定性主要表现在时间、空间和损失程度上。（　）

15. 纳税人应在纳税申报期内，完成当期增值税纳税申报后才能申请留抵退税。（　）

16. 新闻通常有金字塔、倒金字塔两种结构形式。（　）

17. 巡视组进驻被巡视地区（单位）后，不必向被巡视党组织通报巡视任务，按照规定的工作方式和权限，开展巡视了解工作。（　）

18. 可靠的、充分的情报材料是确定优异目标的关键。（　）

19. 纳税人自行申报享受“六税两费”减免优惠，不需额外提交资料。（　）

20. 全面从严治党，要把纪律建设摆在更加突出位置，坚持纪严于法、纪在法前。（　）

四、情景判断题（每题5小题，每小题2分，共10分）

一天，某省税务局刘处长正在办公，听到隔壁房间同处室的小王和小李因工作发生激烈的矛盾和争执。其中小王与刘处长关系较好。刘处长在了解具体情况后，及时采取了以下措施。请你对各项措施的有效程度逐项作出评价（请对每个措施的有效程度用①—⑦做出评价，其中“①”表示有效性程度最低，“⑦”表示有效性程度最高，选择你认为适当的等级数字，在相应的数字上打“√”。在作答时，对每个措施或办法的有效性程度单独作出评价，无须排序。若你认为有些措施或办法的有效性程度相同，也可以选择相同的等级数字）。

（1）查明原因，秉公办理，不感情用事。

①　②　③　④　⑤　⑥　⑦

（2）维护与自己关系较好的同事。

①　②　③　④　⑤　⑥　⑦

（3）对两人都进行批评教育。

① ② ③ ④ ⑤ ⑥ ⑦

（4）分别与两人进行沟通、劝解，努力维护处室的团结。

① ② ③ ④ ⑤ ⑥ ⑦

（5）置之不理。

① ② ③ ④ ⑤ ⑥ ⑦

五、案例分析题（共 2 大题，每题 5 小题，每小题 3 分，共 30 分）

1. 2022 年 1 月 8 日，某市辖区的市税务局召开全市税务工作会议。会议全面总结上一年度税务工作，部署开展本年度重点任务。市税务局领导班子成员、机关全体干部及各县级税务局主要负责同志参会。

（1）按照会议分类，市税务局召开的此次会议属于（　　）类会议。（单选题）

A. 一　　B. 二　　C. 三　　D. 四

（2）根据会议管理有关规定，会议费开支实行综合定额控制，其中一类会议费上限为（　　）。（单选题）

A. 780　　B. 760　　C. 680　　D. 650

（3）根据《中央和国家机关会议费管理办法》，税务总局应按规定程序和要求，于每年（　　）月底前，将下一年度的会议计划送财政部审核会签。（单选题）

A. 9　　B. 10　　C. 11　　D. 12

（4）三类会议参会人员不得超过（　　）人，其中，工作人员控制在会议代表人数的（　　）以内。（多选题）

A. 150　　B. 300　　C. 10%　　D. 15%

（5）本次全市税务工作会议主要是总结上一年度税务工作，部署开展今年重点任务，该类会议应优先采取（　　）方式召开，并注意控制规模，节约费用支出。（多选题）

A. 现场会议　　B. 电视会议　　C. 电话会议　　D. 网络视频

2. 赵某于2018 年进入税务系统，现在是某市税务局稽查局科员，2019 年，赵某被所在的稽查局党支部确定为入党积极分子，经过一年半的培养教育和考察基本具备了党员条件。2020 年，稽查局支部委员会讨论同意并报上级党委备案后，将赵某列为党员发展对象。

（1）在培养的过程中，稽查局党支部应（　　）对作为入党积极分子的赵某进行一次考察。

A. 每个月　　B. 每个季度　　C. 每半年　　D. 每年

（2）赵某作为发展对象应当有（　　）正式党员作为其入党介绍人。（单选题）

A. 2 名　　B. 3 名　　C. 4 名　　D. 1 名

（3）市、县党委或者基层党委应（　　）组织党员集中轮训。（单选题）

A. 每月　　B. 每季度　　C. 每一年　　D. 每两年

（4）党员每年集中学习培训时间一般不少于（　　）学时。（单选题）

A. 12　　B. 24　　C. 32　　D. 48

（5）对外出（　　）以上并且没有转移组织关系的流动党员，应当保持经常联系，跟进做好教育培训、管理服务等工作。（单选题）

A. 3 个月　　B. 6 个月　　C. 一年　　D. 两年

模拟试卷（七）答案及解析

一、单项选择题

1.【参考答案】C

【解析】马克思主义权利观认为，权利的产生、发展和实现，都必须以一定的社会经济条件为基础，即“权利决不能超出社会的经济结构以及由经济结构制约的社会的文化发展”。强调社会的物质生活条件对权利的制约和决定作用，是马克思主义权利观与其他权利观的根本区别。因此，正确答案是 C 项。

2.【参考答案】D

【解析】《国家发展改革委等 12 部门关于印发促进工业经济平稳增长的若干政策的通知》（发改产业〔2022〕273 号）第一条“关于财政税费政策”列明：1. 加大中小微企业设备器具税前扣除力度；2. 延长阶段性税费缓缴政策，将 2021 年四季度实施的制造业中小微企业延缓缴纳部分税费政策，延续实施 6 个月；继续实施新能源汽车购置补贴、充电设施奖补、车船税减免优惠政策；3. 扩大地方“六税两费”减免政策适用主体范围，加大小型微利企业所得税减免力度；4. 降低企业社保负担，2022 年延续实施阶段性降低失业保险、工伤保险费率政策。

3.【参考答案】E

【解析】《关于进一步深化税收征管改革的意见》中提出，深入推进精确执法、精细服务、精准监管、精诚共治，大幅提高税法遵从度和社会满意度，明显降低征纳成本，充分发挥税收在国家治理中的基础性、支柱性、保障性作用，为推动高质量发展提供有力支撑。

4.【参考答案】A

【解析】全面深化改革，必须立足于我国长期处于社会主义初级阶段这个最大实际，坚持发展仍是解决我国所有问题的关键这个重大战略判断，以经济建设为中心，发挥经济体制改革牵引作用，推动生产关系同生产力、上层建筑同经济基础相适应，推动经济社会持续健康发展。经济体制改革依旧是全面深化改革的重点。故选项 A 正确。选项 BCD 虽然也是全面深化改革的重要内容，但不是重点。

5.【参考答案】D

【解析】“三个历史决议”包括：十九届六中全会提出的《中共中央关于党的百年奋斗重大成就和历史经验的决议》；六届七中全会提出的《关于若干历史问题的决议》；

十一届六中全会提出的《关于建国以来党的若干历史问题的决议》。D 项无此表述。

6.【参考答案】C

【解析】2022 年政府工作报告提出，加大研发费用加计扣除政策实施力度，将科技型中小企业加计扣除比例从 75% 提高到 100%，对企业投入基础研究实行税收优惠，完善设备器具加速折旧、高新技术企业所得税优惠等政策。

7.【参考答案】A

【解析】根据《中华人民共和国民事诉讼法》第一百一十五条规定，“对个人的罚款金额，为人民币十万元以下。对单位的罚款金额，为人民币五万元以上一百万元以下。”

8.【参考答案】A

【解析】2018 年《政府工作报告》中指出，坚持人与自然和谐发展，着力治理环境污染，树立绿水青山就是金山银山理念，以前所未有的决心和力度加强生态环境保护。

9.【参考答案】B

【解析】依据《中国共产党巡视工作条例》第一条。

10.【参考答案】C

【解析】根据《国家税务总局关于开展 2022 年“我为纳税人缴费人办实事暨便民办税春风行动”的意见》，2022 年以“智慧税务助发展·惠企利民稳增长”为主题，连续第 9 年开展“我为纳税人缴费人办实事暨便民办税春风行动”。

11.【参考答案】C

【解析】长期以来，我国经济发展走的是一条粗放型的道路，经济效益相当低下，经济的高速增长是以大量的资源消耗、日益严重的环境问题为代价的。我们要转变经济增长方式，走集约发展的道路，就是要将经济增长转移到主要依靠科技进步和劳动者素质提高上来。在转变经济增长方式的过程中，我们既要追求较快的发展速度，更要追求较高的经济效益，核心是处理好速度与效益的关系。

12.【参考答案】C

【解析】解除把计划经济和市场经济看作属于社会基本制度范畴的思想束缚，确定市场经济不属于社会制度的范畴，也就是说市场经济既可以在社会主义制度下存在，也可以在资本主义制度下存在，而不是专属于某个社会制度。是计划与市场关系问题上认识的重大突破，为社会主义市场经济体制的改革目标奠定了理论基础。

13.【参考答案】C

【解析】《税收征管法》规定：个人及其所扶养家属维持生活必需的住房和用品，不在税收保全措施和强制执行的范围之内。该规定体现的是对生存权利的保护。

14.【参考答案】B

【解析】边际效用递减规律就是基于这一事实：消费者从某商品中得到的享受，会随着该商品消费的增加而下降。

15.【参考答案】C

【解析】根据《财政部 税务总局关于进一步加大增值税期末留抵退税政策实施力度的公告》，适用该公告政策的纳税人需同时符合以下条件：（1）纳税信用等级为A级或者B级；（2）申请退税前36个月未发生骗取留抵退税、骗取出口退税或虚开增值税专用发票情形；（3）申请退税前36个月未因偷税被税务机关处罚两次及以上；（4）2019年4月1日起未享受即征即退、先征后返（退）政策。

16.【参考答案】B

【解析】："有信路路畅通，无信寸步难行"的意思是说，讲信用的人会路路畅通，缺乏信用的人将会寸步难行。正确的意识能促进客观事物的发展，错误的意识将阻碍客观事物的发展，这体现了意识能动的反作用。信用作为一种正确的意识，能够使讲信用的人路路畅通。我们要重视意识的作用，重视精神的力量，自觉树立正确的思想意识，克服错误的思想意识。

17.【参考答案】A

【解析】《中国共产党支部工作条例（试行）》第二条规定，党支部是党的基础组织，是党组织开展工作的基本单元，是党在社会基层组织中的战斗堡垒，是党的全部工作和战斗力的基础，担负直接教育党员、管理党员、监督党员和组织群众、宣传群众、凝聚群众、服务群众的职责。

18.【参考答案】C

【解析】党的十九届六中全会《决议》指出，马克思主义是我们立党立国、兴党强国的根本指导思想。党之所以能够领导人民在一次次求索、一次次挫折、一次次开拓中完成中国其他各种政治力量不可能完成的艰巨任务，根本在于坚持解放思想、实事求是、与时俱进、求真务实，坚持把马克思主义基本原理同中国具体实际相结合、同中华优秀传统文化相结合，坚持实践是检验真理的唯一标准，坚持一切从实际出发，及时回答时代之问、人民之问，不断推进马克思主义中国化时代化。

19.【参考答案】D

【解析】发文办理是指以本机关名义制发公文的过程，包括复核、登记、校对、印制、用印、核发等程序

20.【参考答案】D

【解析】按要求安排带班领导、值班人员，配备必要的值班设备；值班场所要能够满足夜间值班需要。原则上，工余时间每日安排1人值班，双休日、法定节假日白班、晚班分别安排1人值班，值班期间要全时坚守岗位，严禁通过值班电话呼叫转移等方式擅离值班岗位。

21.【参考答案】B

【解析】公共产品具有供给上的非竞争性和消费上的非排他性，税收具有个人支付公共产品“价格”的性质。

22.【参考答案】D

【解析】属于永久和30年保管期限的电子公文，应当同时将电子公文的最终版本制成纸质文件归档。

23.【参考答案】B

【解析】根据《中华人民共和国监察法》第四十四条规定，“对被调查人采取留置措施后，应当在二十四小时以内，通知被留置人员所在单位和家属，但有可能毁灭、伪造证据，干扰证人作证或者串供等有碍调查情形的除外。有碍调查的情形消失后，应当立即通知被留置人员所在单位和家属。”

24.【参考答案】A

【解析】税务机关专项督查以实地督查为主。其工作流程一般包括：确定计划、实施准备、现场检查、交换意见、总结汇报、整改反馈。

25.【参考答案】C

【解析】根据《中华人民共和国民法典》第四十条规定，“自然人下落不明满二年的，利害关系人可以向人民法院申请宣告该自然人为失踪人。”

26.【参考答案】C

【解析】综合管理类公务员四级调研员职级对应的级别是二十级至十四级。

27.【参考答案】A

【解析】征求意见稿不算作正规的法律文件。

28.【参考答案】C

【解析】《党政领导干部选拔任用工作条例》第三条规定：“选拔任用党政领导干部，必须把政治标准放在首位。”

29.【参考答案】B

【解析】根据中共中央办公厅、国务院办公厅印发的《党政主要负责人履行推进法治建设第一责任人职责规定》第二条规定，“本规定适用于县级以上地方党委和政府主要负责人。”

30.【参考答案】C

【解析】公务员晋升职级所要求任职年限，其间每有1个年度考核结果为优秀等次的，任职年限缩短半年。

31.【参考答案】B

【解析】根据《中国共产党党员教育管理工作条例》第二十条的规定，市、县党委或者基层党委每年应当组织党员集中轮训，主要依托县级党校（行政学校）、基层党校等进行。根据事业发展和党的建设重点任务，结合本地区本部门本单位中心工作和党员实际，确定培训内容和方式。党员每年集中学习培训时间一般不少于 32 学时。

32.【参考答案】A

【解析】习近平总书记指出，我们党一路走来，始终坚持组织路线服务政治路线。

33.【参考答案】B

【解析】行政创新的结果要具有实效性。首先，行政组织的管理对象受益。被管理者从创新活动中得到了切实的利益。其次，行政辖区内的企业获益。例如，地方政府在行政审批领域的创新活动为企业节约了时间和成本，提高了效益。最后，行政组织本身得益。例如，在政务公开领域的创新，保障了公众的知情权，增强了民众对行政组织的信任和支持。

34.【参考答案】D

【解析】提供市场基金属于营业推广的一种，针对中间商的营业推广还有：（1）销售折扣；（2）资助奖励；（3）节日公关；（4）业务会议；（5）代销。

35.【参考答案】A

【解析】多人采用走访形式提出共同的信访事项的，应当推选代表，代表人数不得超过 5 人。

36.【参考答案】D

【解析】根据《财政部 税务总局关于进一步加大增值税期末留抵退税政策实施力度的公告》，加大“制造业”“科学研究和技术服务业”“电力、热力、燃气及水生产和供应业”“软件和信息技术服务业”“生态保护和环境治理业”和“交通运输、仓储和邮政业”（以下称制造业等行业）增值税期末留抵退税政策力度，将先进制造业按月全额退还增值税增量留抵税额政策范围扩大至符合条件的制造业等行业企业（含个体工商户，下同），并一次性退还制造业等行业企业存量留抵税额。

37.【参考答案】C

【解析】判断补偿资金属于物资储备还是公共消费，即属于国民收入分配中用于积累的社会物资储备的部分，还是属于用于消费的公共消费的社会保障部分，其关键是弄清这笔资金的用途。许多自然灾害，是人们难以预测或难以防范、难以抗拒的，所以国家要在国民收入分配中安排必要的社会物资储备（包括必要的物资储备资金和对应的储备物资），以备不时之需。公共消费的社会保障部分，属于国民收入分配中用于消费的部分，即在正常情况下（不是自然灾害的非常情况），为了实现社会公平，维护社会稳定和谐，国家适当安排用于社会保险、社会救济、社会福利和社会优抚方面的社会保障资金。

38.【参考答案】D

【解析】中华文明探源工程提出文明定义和认定进入文明社会的中国方案，为世界文明起源研究作出了原创性贡献（依据习近平总书记在中共中央政治局第三十九次集体学习上的讲话）。

39.【参考答案】A

【解析】中国传统文化有许多励志警句，都是有关立志高远与始于足下对青年人成才的重要意义。题干中的“志”具有双重含义：一是对未来目标的向往；二是对实现奋斗目标的顽强意志。志向，就是理想信念；立志，就是确立理想信念。因此，选项 A 正确。

40.【参考答案】B

【解析】按照国家税务总局突发事件管理规定，原则上重特大突发事件应在 30 分钟内向税务总局值班室电话报告，1 小时内书面报告，并按规定同步报送给相关业务管理部门。

二、多项选择题

1.【参考答案】ABCDE

【解析】习近平总书记在建党 100 周年庆祝大会重要讲话中指出，新的征程上，我们必须紧紧依靠人民创造历史，坚持全心全意为人民服务的根本宗旨，站稳人民立场，贯彻党的群众路线，尊重人民首创精神，践行以人民为中心的发展思想，发展全过程人民民主，维护社会公平正义，着力解决发展不平衡不充分问题和人民群众急难愁盼问题，推动人的全面发展、全体人民共同富裕取得更为明显的实质性进展！

2.【参考答案】AB

【解析】根据《中华人民共和国国家安全法》第十七条规定，“公民发现危害国家安全的行为，应当直接或者通过所在组织及时向国家安全机关或者公安机关报告。”

3.【参考答案】ABCE

【解析】2021 年 8 月 17 日，习近平总书记主持召开中央财经委员会第十次会议，在研究扎实促进共同富裕时指出，共同富裕是社会主义的本质要求，是中国式现代化的重要特征，要坚持以人民为中心的发展思想，在高质量发展中促进共同富裕。共同富裕不是少数人的富裕，也不是整齐划一的平均主义，要分阶段促进共同富裕。D 项错误，其余正确。

4.【参考答案】AB

【解析】题干所述有利于规范行政审批事项，而不是非行政审批制度；对审批事项进行公开有利于使前置性审批更加明确，而不是增加审批事项。故选 AB。

5.【参考答案】ADE

【解析】党员干部特别是领导干部要加强政治能力训练和政治实践历练，切实提高把握方向、把握大势、把握全局的能力和辨别政治是非、保持政治定力、驾驭政治局面、防范政治风险的能力。

6.【参考答案】BC

【解析】货币执行支付手段职能是指货币在清偿债务或延期支付时执行的职能。因此，BC 选项为正确答案。A 项是履行价值尺度职能；D 项是执行流通手段职能。

7.【参考答案】ABD

【解析】根据《关于进一步深化税收征管改革的意见》，到 2023 年，基本建成“线下服务无死角、线上服务不打烊、定制服务广覆盖”的税费服务新体系，实现从无差别服务向精细化、智能化、个性化服务转变。

8.【参考答案】ABD

【解析】经济稳定是指社会总供给和社会总需求之间是均衡的。一般包括充分就业、经济增长、物价稳定、国际收支平衡 4 个方面。

9.【参考答案】AB

【解析】党的十九大报告指出，“重点强化政治纪律和组织纪律，带动廉洁纪律、群众纪律、工作纪律、生活纪律严起来。”

10.【参考答案】BD

【解析】国务院发布的《国家行政机关公文处理办法》第二十五条规定提到，草拟公文应当做到“符合国家的法律、法规及其他有关规定”“情况确实，观点明确，表述准确，结构严谨，条理清楚，直述不曲，字词规范，标点正确，篇幅力求简短”。同时，《党政机关公文处理工作条例》第十九条规定也提到，公文起草应当做到“符合党的理论路线方针政策和国家法律法规”“内容简洁，主题突出，观点鲜明，结构严谨，表述准确，文字精练”“文种正确，格式规范”。由此可见，选项 BD 描述正确。选项 A 中提到“一文一事”描述不准确，并不是所有的公文都须“一文一事”。公文要求“观点鲜明，表述准确”，所以选项 C 表述也不准确。故本题应选 BD。

三、判断题

1.【参考答案】√

【解析】依据《关于进一步深化税收征管改革的意见》第一部分“总体要求”第三条。

2.【参考答案】√

【解析】依据《公务员管理法》。

3.【参考答案】×

【解析】解放思想、实事求是是邓小平理论的精髓。故本题说法错误。

4.【参考答案】×

【解析】国务院新闻办公室于 2022 年 3 月 23 日（星期三）下午 3 时举行国务院政策例行吹风会，财政部副部长许宏才答记者问时表示：中央今年全年预计退税减税是 2.5 万亿元，其中留抵退税 1.5 万亿元，地方要按五五分成来承担，约承担 7 500 亿元。

5.【参考答案】×

【解析】留党察看最长不超过两年，党员在留党察看期间没有表决权、选举权和被选举权。故本题说法错误。

6.【参考答案】×

【解析】《财政部 税务总局关于进一步实施小微企业所得税优惠政策的公告》（财政部 税务总局公告2022年第13号）指出，对小型微利企业年应纳税所得额超过100万元但不超过300万元的部分，减按25%计入应纳税所得额，按20%的税率缴纳企业所得税。

7.【参考答案】×

【解析】规模经济是指扩大生产规模引起经济效益增加的现象，但这并不仅仅意味着生产规模越大越好，因为规模经济追求的是能获取最佳经济效益的生产规模。当达到最适规模后，继续增大规模只会使单位成本增加，收益率降低。

8.【参考答案】√

【解析】《关于进一步深化税收征管改革的意见》提出，稳步实施发票电子化改革。2021年建成全国统一的电子发票服务平台，2025年基本实现发票全领域、全环节、全要素电子化，着力降低制度性交易成本。

9.【参考答案】√

【解析】网络舆论是网民利用互联网对新闻、言论或某个话题发表自己的意见，并经过充分互动所形成的具有一定影响力和某种倾向性的共同意见或集体情绪。

10.【参考答案】√

【解析】依据《关于新形势下党内政治生活的若干准则》。

11.【参考答案】×

【解析】地方各级人民政府、各级人民政府主管部门、单位和个人违反法律、行政法规规定，擅自做出减税、免税的决定，税务机关不得执行，并向上级税务机关报告。

12.【参考答案】√

【解析】最新修订的《税务规范性文件管理办法》建立并完善了税务规范性文件权益性审核机制，这是税务部门践行以人民为中心的发展思想，全心全意服务纳税人缴费人的必然要求。建立税务规范性文件权益性审核机制，将使纳税人缴费人权益保护工作贯穿政策措施制定、执行、监督全过程，更好维护纳税人缴费人的合法权益。

13.【参考答案】√

【解析】根据《国家税务总局关于小规模纳税人免征增值税等征收管理事项的公告》第一条规定，增值税小规模纳税人适用3%征收率应税销售收入免征增值税的，应按规定开具免税普通发票。

14.【参考答案】√

【解析】由于人所处的环境不同和对客观事物认识的局限性，使得人们主观上对风险的认识与风险发生的实际情况之间存在差异，从而产生了风险的不确定性。这种不确定性主要表现在时间、空间和损失程度上。

15.【参考答案】√

【解析】根据《财政部 税务总局关于进一步加大增值税期末留抵退税政策实施力度的公告》（财政部 税务总局公告 2022 年第 14 号）第十一条的规定，纳税人应在纳税申报期内，完成当期增值税纳税申报后申请留抵退税。

16.【参考答案】×

【解析】新闻通常有金字塔、倒金字塔和倒正混合结构三种结构形式。

17.【参考答案】×

【解析】《中国共产党巡视工作条例》规定：巡视组进驻被巡视地区（单位）后，应当向被巡视党组织通报巡视任务，按照规定的工作方式和权限，开展巡视了解工作。

18.【参考答案】√

【解析】发现问题和确定目标，必须以丰富的信息情报为依据。可靠的、充分的情报材料是确定优异目标的关键。

19.【参考答案】√

【解析】根据《国家税务总局关于进一步实施小微企业“六税两费”减免政策有关征管问题的公告》（国家税务总局公告 2022 年第 3 号）第四条的规定，纳税人自行申报享受“六税两费”减免优惠，不需额外提交资料。

20.【参考答案】√

【解析】根据习近平总书记在十八届中央纪委六次全会上发表重要讲话中的权威表述。

四、情景判断题

【参考答案】（1）①　（2）①　（3）②　（4）⑤　（5）⑥

五、案例分析题

1.（1）【参考答案】D

【解析】四类会议。

（2）【参考答案】B

【解析】略。

（3）【参考答案】C

【解析】根据《中央和国家机关会议费管理办法》，税务总局应按规定程序和要求，于每年 11 月底前，将下一年度的会议计划送财政部审核会签，经中共中央办公厅、国务院办公厅审核批准后召开。

（4）【参考答案】AC

【解析】三类会议参会人员不得超过150人，其中，工作人员控制在会议代表人数的10%以内。

（5）【参考答案】BCD

【解析】传达、布置类会议优先采取电视电话、网络视频方式召开，并注意控制规模，节约费用支出。

2.（1）【参考答案】C

【解析】党支部每半年对入党积极分子进行一次考察。

（2）【参考答案】A

【解析】发展对象应当有两名正式党员作入党介绍人。

（3）【参考答案】C

【解析】依据《中国共产党党员教育管理工作条例》第二十条。

（4）【参考答案】C

【解析】依据《中国共产党党员教育管理工作条例》第二十条。

（5）【参考答案】B

【解析】依据《中国共产党党员教育管理工作条例》第三十二条。

模拟试卷（八）

一、单项选择题（下列各题的备选答案中，只有 1 个正确选项，请将正确选项填入括号中。多选、不选、错选均不得分，每小题 0.5 分，共 40 小题，共计 20 分）

1. 列宁说："马克思的哲学是完备的哲学唯物主义，它把伟大的认识工具给了人类，特别是给了工人阶级。" 对这段话理解不正确的是（　　）。

   A. 马克思主义是无产阶级的科学世界观和方法论

   B. 辩证唯物主义和历史唯物主义是完备深刻而无片面性的学说

   C. 马克思主义哲学穷尽了人类所有的认识

   D. 马克思主义哲学从根本上揭示了自然界、社会和思维发展的普遍规律

2. 习近平总书记在规范数字经济发展中对税务部门提出的要求是（　　）。

   A. 规范税收管理和纳税服务

   B. 加强税收监管和税务稽查

   C. 加快金税四期建设，推进税收管理信息化

   D. 加强税收共治和信息共享

3. 习近平总书记指出，一个国家、一个民族发展中更基本、更深沉、更持久的力量是（　　）。

   A. 道路自信　　B. 理论自信　　C. 制度自信　　D. 文化自信

4. "两个一百年" 奋斗目标的第二个百年奋斗目标是（　　）。

   A. 全面建设小康社会　　B. 全面建设社会主义现代化国家

   C. 全面建成小康社会　　D. 全面实现共同富裕

5. 检验一个政党、一个政权性质的试金石是（　　）。

   A. 为什么人、靠什么人的问题　　B. 实不实行民主

   C. 搞不搞法治　　D. 讲不讲人权

6. 中共中央总书记、国家主席习近平指出，"不忘本来才能开辟未来，善于继承才能更好创新"。同时阐述了我们民族的 "根" 和 "魂" 是（　　）。

   A. 传统价值观念　　B. 中华民族历史　　C. 中华传统文化　　D. 创新精神

7. 遵守党的政治纪律，最核心的是（　　）。

   A. 树立大局观念　　B. 树立全局意识　　C. 坚持党的领导　　D. 坚持党章意识

8. 在新时代党的建设中发挥统领作用的是（　　）。

A. 组织建设　　B. 政治建设　　C. 思想建设　　D. 纪律建设

9. 党最根本、最重要的纪律是（　　）。

A. 政治纪律　　B. 组织纪律　　C. 群众纪律　　D. 廉洁纪律

10. 商品经济与市场经济的相互关系是（　　）。

A. 商品经济就是市场经济

B. 市场经济是商品经济的历史起点

C. 市场经济决定商品经济

D. 市场经济是商品经济发展到一定阶段的产物

11. 党的根本组织原则是（　　）。

A. 人民代表大会制度　　B. 民主协商制

C. 少数服从多数　　D. 民主集中制

12. 扫黑除恶专项斗争“两个一律”：对涉黑涉恶犯罪案件，一律深挖其背后腐败问题。对黑恶势力“关系网”“保护伞”，一律（　　）、绝不姑息。

A. 追溯根源　　B. 一查到底　　C. 追查到底　　D. 严查重处

13. 根据 2022 年政府工作报告，下列关于 2021 年各项经济指标的说法，不正确的是（　　）。

A. 国内生产总值达到 114 万亿元，增长 8.1%

B. 全国财政收入突破 20 万亿元，增长 10.7%

C. 城镇新增就业 1 269 万人，城镇调查失业率平均为 5.1%

D. 居民消费价格上涨 1.9%

14. 垄断竞争市场与完全竞争市场的根本区别是（　　）。

A. 产品差别　　B. 价格差别　　C. 成本差别　　D. 厂商差别

15. 2022 年“我为纳税人缴费人办实事暨便民办税春风行动”的主题是（　　）。

A. 我为纳税人缴费人办实事

B. 优化执法服务·办好惠民实事

C. 智慧税务助发展·惠企利民稳增长

D. 减税降费优服务，助复产促发展

16. 正确处理改革发展稳定关系的结合点是（　　）。

A. 全面深化改革开放　　B. 保持社会和谐稳定

C. 改善人民生活　　D. 大力发展社会事业

17. 近代中国社会的性质是（　　）。

A. 殖民地社会　　B. 封建社会

C. 资本主义社会　　D. 半殖民地半封建社会

18. 被督查的省税务局应按照整改通知要求，制定整改方案，以正式公文（　　）

报（　　）。

A. ××税函；税务总局　　B. ××税函；税务总局办公厅

C. ××税发；税务总局　　D. ××税发；税务总局办公厅

19. 在协调与上级领导者的关系时要（　　）。

A. 顾全大局，支持领导的工作　　B. 努力地讨好领导，才能方便工作

C. 绝对服从，听话执行　　D. 先尊重领导个人，再顾全局

20. 国家税务总局党委印发《关于解决税务系统形式主义突出问题为基层减负若干措施的通知》提出，要严格控制篇幅，反映全面工作的综合报告一般不超过（　　）字，反映单项工作的专项报告一般不超过（　　）字，制发的政策性文件原则上不超过（　　）页。

A. 8 000；5 000；15　　B. 5 000；3 000；15

C. 5 000；3 000；10　　D. 8 000；5 000；10

21. 下列对机关督查督办工作程序的排序正确的是（　　）。

A. 立项、交办、督促、承办、反馈、审核、归档

B. 立项、承办、交办、督促、反馈、审核、归档

C. 立项、交办、承办、督促、反馈、审核、归档

D. 立项、交办、承办、督促、审核、反馈、归档

22. 法律的教育作用的实现形式不包括（　　）。

A. 法律作出规定，通过人们对法律的了解和学习，发挥教育作用

B. 法律通过对各种违法犯罪行为的制裁，使违法犯罪者和一般社会成员受到教育

C. 法律通过对各种先进人物、模范行为的奖励，为人们树立良好的法律上的行为楷模

D. 法律通过其规定，使人们可以预先估计到自己行为的后果

23. 省税务局召开年度税务工作会议、全面从严治党工作会议后，应在（　　）内向税务总局报送会议主报告。

A. 5 日　　B. 10 日　　C. 15 日　　D. 30 日

24. 我国宪法法律规定了公民广泛的权利与义务。公民应依法行使法律权利和履行法律义务。在权利从纸面上的法定权利向行动中的现实权利转化的过程中，权利救济是重要桥梁。没有救济就没有权利。我国刑法中规定的正当防卫与紧急避险属于（　　）。

A. 司法救济　　B. 行政救济　　C. 政治救济　　D. 自力救济

25. 各级税务机关要强化大局意识、责任意识和阵地意识，认真落实管理责任，切实加强税收宣传（　　）管理。

A. 归口　　B. 垂直　　C. 责任　　D. 对口

26. 党员受到（　　），其党内职务自然撤销。

A. 严重警告　B. 撤销党内职务　C. 留党察看　D. 开除党籍

27. 在新冠肺炎疫情得到稳控之后，市税务局办公室主任让负责文秘工作的小李在综合办公系统内起草一份用于回复下属单位A县、B县和C县税务局请示何时恢复正常上班的公文，以下选项中最适合他的回复的公文标题是（　　）。

A. ××市税务局关于A县、B县和C县税务局恢复正常上班的批复

B. ××市税务局关于A县、B县和C县税务局恢复正常上班的通知

C. ××市税务局关于全市税务系统恢复正常上班的通知

D. ××市税务局关于全市税务系统恢复正常上班的批复

28. 关于公文的传阅方式，下列各项中不正确的是（　　）。

A. 设阅文室供有关人员阅文　B. 领导人之间自行横向传阅

C. 以秘书人员为轴心进行直传　D. 将文件送到有关部门组织传达

29. 内容重要并特别紧急，已临近规定的办结时限，需特别优先传递处理的公文，紧急程度应为（　　）。

A. 特提　B. 紧急　C. 加急　D. 特急

30. 每个纳税人因纳税而牺牲的总效用相等，指的是（　　）。

A. 均等牺牲　B. 比例牺牲　C. 最小牺牲　D. 边际牺牲

31.《中华人民共和国公职人员政务处分法》适用于（　　）对违法的公职人员给予政务处分的活动。

A. 国家机关　B. 行政机关　C. 监察机关　D. 检察机关

32. 成文日期是署会议通过或者发文机关负责人签发日期。下面成文日期格式正确的是（　　）。

A. 二零二二年七月一日　B. 二〇二二年七月一日

C. 2022年7月1日　D. 2022年07月01日

33. 中国共产党人的初心和使命，就是为中国人民（　　），为中华民族（　　）。这个初心和使命是激励中国共产党人不断前进的根本动力。

A. 谋幸福，谋未来　B. 谋生活，谋复兴

C. 谋幸福，谋复兴　D. 谋生活，谋未来

34. 市场细分在本质上是按照（　　）。

A. 购买力差别　B. 需求差别　C. 个性差别　D. 偏好差别

35. 城市群发展到成熟阶段的最高空间组织形式是（　　）。

A. 国际性区域经济一体化　B. 大都市经济带

C. 欧盟　D. WTO

36. 2022年国家政府工作报告中提到，实践表明，（　　）是助企纾困直接有效的办

法，实际上也是“放水养鱼”、涵养税源，2013 年以来新增的涉税市场主体去年纳税达到 4.76 万亿元。

A. 深化改革　　B. 扩大开放　　C. 减税降费　　D. 创新引领

37. 党的十九届六中全会决定，中国共产党第二十次全国代表大会于（　　）在北京召开。

A. 2022 年上半年　　B. 2022 年下半年

C. 2023 年上半年　　D. 2023 年下半年

38. 习近平总书记指出，树立和践行正确政绩观，起决定性作用的是（　　）。

A. 初心　　B. 宗旨　　C. 情怀　　D. 党性

39. 我国公务员制度不搞“政治中立”主要是因为（　　）。

A. 这是西方文官制度的原则　　B. 历史上未曾采用这个原则

C. 实行共产党领导的多党合作制　　D. 处在公务员制度的初始阶段

40. “月上柳梢头，人约黄昏后”描写的是哪个传统节日？（　　）

A. 中秋节　　B. 元宵节　　C. 端午节　　D. 七夕节

二、多项选择题（下列各题的备选答案中，至少有两个正确选项，请将正确选项的字母填写在括号中，多选、错选、少选、不选均不得分。每小题 2 分，共计 20 分）

1.《关于进一步优化税务执法方式的意见》指出，强调优化税务执法方式要推动税务执法、服务、监管的理念方式手段变革，深入推进“四精”。下列属于“四精”内容的有（　　）。

A. 精确执法　　B. 精准监管　　C. 精细服务　　D. 精心带队

E. 精诚共治

2. 党的纪律内容涉及党内生活的各个方面，主要包括（　　）。

A. 政治纪律　　B. 组织纪律　　C. 作风纪律　　D. 保密纪律

3. 下列属于习近平新时代中国特色社会主义思想回答的重大时代课题有（　　）。

A. 新时代如何应对中国经济新常态

B. 新时代坚持和发展什么样的中国特色社会主义

C. 新时代如何加强和完善中国共产党的领导

D. 新时代怎样坚持和发展中国特色社会主义

E. 新时代如何全面建设社会主义现代化强国

4. 下列属于我国政府职能转变方式的有（　　）。

A. 由微观管理为主转变为宏观管理为主

B. 由间接管理为主转变为直接管理为主

C. 由重视计划、排斥市场转变为计划和市场相结合

D. 由运用行政手段为主转变为运用经济手段为主

5. 加强党的政治建设，坚定政治信仰的主要任务包括（　　）。

A. 坚持用党的科学理论武装头脑　　B. 坚定推进政治体制改革

C. 坚定执行党的政治路线　　D. 坚决惩处一切腐败

E. 坚决站稳政治立场

6. 依据《中国共产党章程》，中国共产党的性质包括（　　）。

A. 中国工人阶级的先锋队　　B. 中国人民和中华民族的先锋队

C. 中国特色社会主义事业的领导核心　　D. 全心全意为人民服务

E. 代表全体共产党员的利益

7. 巡视工作人员应当严格遵守巡视工作纪律。巡视工作人员有下列（　　）情形的，视情节轻重，给予批评教育、组织处理或者纪律处分；涉嫌犯罪的，移送司法机关依法处理。

A. 对应当发现的重要问题没有发现的

B. 不如实报告巡视情况，隐瞒、歪曲、捏造事实的

C. 泄露巡视工作秘密的

D. 利用巡视工作的便利谋取私利或者为他人谋取不正当利益的

8. 市政府加强对税收的监控和征管力度（　　）。

A. 可以使财政收入得到切实保障　　B. 是行使宏观调控职能的具体体现

C. 有助于了解和掌握经济运行态势　　D. 有助于实现同步富裕

9. 对党组织的问责方式包括（　　）。

A. 检查　　B. 通报　　C. 解散　　D. 改组

E. 撤销

10. “泛称主送”是下行普发文件经常使用的主送形式，其排列原则包括（　　）。

A. 由大及小　　B. 先外后内　　C. 党政军群顺序　　D. 依发文者爱好

三、判断题（判断下列各题正误，正确的打“√”，错误的打“×”。每小题 1 分，共计 20 分）

1. 依法治国首先要坚持依宪治国，依法执政首先要坚持依宪执政。（　　）

2. 中国共产党领导是中国特色社会主义最本质的特征，是中国特色社会主义制度的最大优势，党是最高政治领导力量。（　　）

3. 以党的十一届三中全会为起点，中国进入了改革开放和社会主义现代化建设的历史新时期。（　　）

4. 网络经济是一国经济的立身之本，是财富创造的根本源泉，是国家强盛的重要支柱。（　　）

5. 坚持解放思想、改革创新，坚持党要管党、从严治党，这是马克思主义政党先进性和纯洁性的重要方针。（ ）
6. 建立社会保障制度是建立社会主义市场经济的客观要求。（ ）
7. 改革开放是中国共产党的自我革命，目标是保持党同人民群众的血肉联系，始终保持党的先进性和纯洁性。（ ）
8. 我党的根本领导方法和工作方法是一切为了群众，一切依靠群众。（ ）
9.《关于进一步加大增值税期末留抵退税政策实施力度的公告》所称增值税销售额，包括纳税申报销售额、稽查查补销售额，但不包括纳税评估调整销售额。（ ）
10. 犯罪行为在客观方面有各种各样的表现形式，但根据刑法规定，有故意犯罪行为和过失犯罪行为两种基本形式。（ ）
11. 税收法律责任中行政责任的表现形式包括补缴税款、吊销营业执照、罚款等。（ ）
12. 在近代，中国资本主义发展的最主要障碍是封建主义。（ ）
13. 海关、纪检等部门实行垂直管理。（ ）
14. 当政府部门或某一组织失去公信力时，无论说真话还是假话，做好事还是坏事，都会被认为是说假话、做坏事。上述观点称为修昔底德陷阱。（ ）
15. 习近平总书记在党史学习教育动员大会上指出，要在全社会广泛开展党史、新中国史、改革开放史、传统文化发展史宣传教育。（ ）
16. 在党内搞团团伙伙、结党营私、拉帮结派，属于违反党的组织纪律。（ ）
17. 我国政府进行宏观调控的手段中，法律手段的内容包括经济司法和经济立法两个方面。（ ）
18. “三湾改编”，从政治上组织上保证了党对军队的绝对领导，是我党建设新型人民军队最早的一次成功探索和实践。（ ）
19. 中国第一个有明确政治纲领和组织机构的资产阶级革命政党是中国同盟会。（ ）
20. 发文字号的发文顺序号以年为单位编流水号。（ ）

四、情景判断题（每题 5 小题，每小题 2 分，共 10 分）

李某刚调任某市局任局长，到任后了解到，近年该局实际经费支出与上级预算拨付存在较大缺口，长期以来需要市政府财政支持。2022 年 6 月，临近半年关口，市政府分管领导请李局长过去谈谈组织收入问题，要求该局在完成任务的同时，预征相关企业税款，弥补任务缺口。但李局长向该领导讲明组织收入原则时，该领导表示很生气：平时需要资金支持时，我都没说二话，现在政府遇到困难找你，就给我讲一大堆政策，这不行那不行！面对这种局面，李局长考虑了以下几种解决措施，请你对各种解决措施的有效性程度逐项作出评价（请对每个措施的有效程度用①—⑦做出评价，其中“①”表示有效性程度最低，“⑦”表示有效性程度最高，选择你认为适当的等级数字，在相应的数字上打“√”。在作答时，对每个措施或办法的有效性程度单独作出评价，无须排序。若你认为有些措施或办法的有效性程度相同，也可以选择相同的等级数字）。

（1）回单位迅速召开会议，将市政府领导精神传递局班子，听取大家意见，采取非常规措施，保证完成市政府的新要求。

① ② ③ ④ ⑤ ⑥ ⑦

（2）及时向市委、人大、政府主要领导汇报，实事求是摆出困难，讲明组织收入原则，争取市委政府的理解。同时向省局汇报，请求支持。

① ② ③ ④ ⑤ ⑥ ⑦

（3）向市政府表明态度，在不违反税收组织收入原则的前提下，尽最大努力挖潜增收。

① ② ③ ④ ⑤ ⑥ ⑦

（4）向市政府提出及时追加部分经费的请求，同时开展堵塞漏洞专项检查，并加快稽查、评估等工作进度，保证及时结案尽快入库。

① ② ③ ④ ⑤ ⑥ ⑦

（5）对市政府领导的要求，按照组织收入原则坚决拒绝。同时要求全体干部职工克服经费紧张的困难，全身心投入工作。

① ② ③ ④ ⑤ ⑥ ⑦

五、案例分析题（共 2 大题，每题 5 小题，每小题 3 分，共 30 分）

1. 某区税务局党支部召开会议，讨论接收预备党员 A。该党支部实有正式党员 29 人，预备党员 3 人。当天参加大会正式党员 24 人，预备党员 3 人，采取无记名投票的方式进行表决，其中，B 受撤销党内职务处分，C 仍处于留党察看处分期间，D 因患病住院无法参会，E 被支部大会决定开除党籍（已收到上级党委的审批结果）。现场回收有效选票 24 票，12 票赞成。其中 D 虽因故无法在现场投票表决，但已向支部正式表达了赞成接收 A 为预备党员的书面意见。

（1）某区税务局党支部讨论接收预备党员 A，应该召开（　　）。（单选题）

A. 支部委员会　　B. 支部大会　　C. 党小组会　　D. 党组会议

（2）B、C、D、E 四人中有表决权的有（　　）。（单选题）

A. C　　B. B、D　　C. E　　D. C、D

（3）D 因患病住院无法参会，能否委托别人投票？（　　）

A. 能　　B. 不能

（4）如果会议通过 A 为预备党员，A 党员的党龄，从（　　）算起。（单选题）

A. 会议通过之日　　B. 预备期满转为正式党员之日

C. 支部委员会通过之日　　D. 党组（党委）批准之日

（5）根据投票表决结果，本次支部大会（　　）接收 A 为预备党员。

A. 不能　　B. 能

2. 李某，系某市税务局党委书记、局长。2019 年 10 月，李某的侄子李某某部队转业回到地方，被安置在该市某县税务局。2022 年 1 月，李某在党委会议上提出将李某某调动至市局。部分班子成员提出不同意见，李某以少数服从多数为由，将此事确定下来。会后李某要求人事科长将李某某安排在办公室任办公室副主任。2022 年 3 月，省局开展选人用人专项检查，发现李某某的调动存在问题，向市局反映要求整改。2022 年 7 月，李某某被调动至市局稽查局，市局向省局反馈整改情况。

（1）李某某的调动是否符合干部调动规定？（　　）

A. 符合　　B. 不符合

（2）李某在党委会上提出将李某某调动到市局存在哪些问题？（　　）（多选题）

A. 班子成员没有一致通过　　B. 李某没有最后进行表态

C. 李某没有回避　　D. 李某某没有参会

（3）李某某任市局办公室副主任是否符合相关法律法规？（　　）

A. 符合　　B. 不符合

（4）市税务局向省税务局报告整改情况，应在（　　）个月内。（单选题）

A. 2　　B. 3　　C. 4　　D. 5

（5）市局向省局反馈整改情况，以下符合公文管理要求的是（　　）。（单选题）

A. ×市税务局关于选人用人专项检查整改情况的报告

B. ×市税务局办公室关于选人用人专项检查整改情况的报告

C. 中共×市税务局委员会关于选人用人专项检查整改情况的报告

D. 中共×市税务局委员会关于选人用人专项检查整改情况的函

模拟试卷（八）答案及解析

一、单项选择题

1.【参考答案】C

【解析】“给了工人阶级”，说明马克思主义是无产阶级的思想武器，故 A 选项正确。马克思主义哲学即辩证唯物主义和历史唯物主义——这是俄国哲学家普列汉诺夫对马克思主义哲学的称谓，我们沿用这种称谓——是“完备的哲学唯物主义”，说明马克思主义是深刻的、科学的，故 B 选项正确。从研究对象和主要内容上讲，马克思主义是关于自然、社会和思维发展一般规律的科学，因此 D 选项正确。世界上不存在穷尽人类所有认识的理论，马克思主义也不例外，故选项 C 表述错误。

2.【参考答案】B

【解析】2021 年 10 月 18 日，习近平总书记在中共中央政治局第三十四次集体学习时的讲话。习近平总书记提出，要规范数字经济发展，坚持促进发展和监管规范两手抓、两手都要硬，在发展中规范、在规范中发展。要加强税收监管和税务稽查。

3.【参考答案】D

【解析】党的十九大指出，文化自信是一个国家、一个民族发展中更基本、更深沉、更持久的力量。

4.【参考答案】B

【解析】全面建成小康社会，是“两个一百年”奋斗目标的第一个百年奋斗目标，全面建成小康社会不是终点，而是新起点，必须乘势而上开启全面建设社会主义现代化国家新征程，向第二个百年奋斗目标进军。

5.【参考答案】A

【解析】习近平总书记在纪念红军长征胜利八十周年大会上的讲话指出：在新的长征路上，全党必须牢记，为什么人、靠什么人的问题，是检验一个政党、一个政权性质的试金石。

6.【参考答案】C

【解析】要以科学态度对待传统文化。中共中央总书记、国家主席习近平指出，不忘本来才能开辟未来，善于继承才能更好创新。中华传统文化是我们民族的“根”和“魂”，如果抛弃传统、丢掉根本，就等于割断了自己的精神命脉。故选 C。

7.【参考答案】C

【解析】遵守党的政治纪律，最核心的就是坚持党的领导，坚持党的基本理论、基本路线、基本纲领、基本经验、基本要求，同党中央保持高度一致。故选 C。

8.【参考答案】B

【解析】新时代党的建设中以党的政治建设为统领。

9.【参考答案】A

【解析】《关于新形势下党内政治生活的若干准则》规定：政治纪律是党最根本、最重要的纪律，遵守党的政治纪律是遵守党的全部纪律的基础。

10.【参考答案】D

【解析】商品经济与市场经济之间存在一定的联系，主要表现在：第一，商品经济是市场经济存在和发展的前提，市场经济是商品经济的发达阶段。第二，商品经济和市场经济的运行都要遵循等价交换、竞争和价值规律的要求。

11.【参考答案】D

【解析】民主集中制是党的根本组织原则。

12.【参考答案】B

【解析】2018 年 5 月 23 日，中共中央政治局委员、中央政法委书记、全国扫黑除恶专项斗争领导小组组长郭声琨主持召开全国扫黑除恶专项斗争领导小组会议，指出对涉黑涉恶案件一律深挖其背后腐败问题，对黑恶势力“保护伞”一律一查到底、绝不姑息。

13.【参考答案】D

【解析】2022 年政府工作报告指出，2021 年，我国经济保持恢复发展。国内生产总值达到 114 万亿元，增长 8.1%。全国财政收入突破 20 万亿元，增长 10.7%。城镇新增就业 1 269 万人，城镇调查失业率平均为 5.1%。居民消费价格上涨 0.9%。国际收支基本平衡。故本题答案为 D。

14.【参考答案】A

【解析】产品差别是垄断竞争市场与完全竞争市场的根本区别。

15.【参考答案】C

【解析】根据《国家税务总局关于开展 2022 年“我为纳税人缴费人办实事暨便民办税春风行动”的意见》，2022 年以“智慧税务助发展 · 惠企利民稳增长”为主题，连续第 9 年开展“我为纳税人缴费人办实事暨便民办税春风行动”。

16.【参考答案】C

【解析】继续深化改革开放，要坚持把改善人民生活作为正确处理改革发展稳定关系的结合点，使改革始终得到人民拥护和支持。

17.【参考答案】D

【解析】近代中国的社会性质是半殖民地半封建社会。1840 年鸦片战争爆发，签订了《南京条约》，《南京条约》的签订标志着中国由封建社会进入半殖民地半封建社会。

18.【参考答案】B

【解析】依据《国家税务总局关于印发〈系统督查管理办法〉的通知》。

19.【参考答案】A

【解析】作为下属应该懂得，尊重领导者不仅是对领导者个人的尊重，而且是顾全大局、支持工作的表现。

20.【参考答案】C

【解析】依据国家税务总局党委印发《关于解决税务系统形式主义突出问题为基层减负若干措施的通知》。

21.【参考答案】C

【解析】机关督办工作按照立项、交办、承办、督促、反馈、审核、归档等程序进行。

22.【参考答案】D

【解析】法律的教育作用主要有三种实现方式，一是通过法治宣传教育，发挥教育作用；二是通过对各种违法犯罪行为的制裁，使违法犯罪者和一般社会成员受到警示；三是通过对先进人物、模范行为的嘉奖与鼓励，为人们树立行为楷模。D 选项属于法律的预测作用，故排除。

23.【参考答案】C

【解析】依据《中共国家税务总局委员会关于印发〈省税务局执行请示报告制度有关规定（试行）〉的通知》。

24.【参考答案】D

【解析】有权利就有救济，或者说没有救济就没有权利。我国公民的权利救济方式主要包括以下四种：①司法救济。公民可以通过行使诉权，依据刑事诉讼法、民事诉讼法和行政诉讼法，实现权利救济。②行政救济。公民可以通过行使听证、复议等权利，要求国家行政机关以行政裁决的形式实现对权利的救济。③政治救济与社会救济。政治救济主要是公民依法以游行、示威、结社、请愿等方式要求或实现合法权益的权利救济模式。社会救济主要是公民通过人民调解、行业调解、民商事仲裁、劳动人事仲裁等渠道对受到损害的权利施以救济。④自力救济。自力救济是指权利人依靠自己的力量实施的救济行为。如我国刑法中规定的正当防卫与紧急避险，民事法律规定侵权人和被侵权人就侵权行为达成的赔偿或和解协议等。因此，D 项为正确选项。

25.【参考答案】A

【解析】《国家税务总局办公厅关于严肃新闻宣传纪律加强税收宣传管理的通知》。

26.【参考答案】C

【解析】根据《中国共产党纪律处分条例》第十二条，党员受到留党察看处分，其党内职务自然撤销。对于担任党外职务的，应当建议党外组织撤销其党外职务。受到留党察看处分的党员，恢复党员权利后二年内，不得在党内担任和向党外组织推荐担任与其原任职务相当或者高于其原任职务的职务。

27.【参考答案】C

【解析】批复一般分为政策性批复、问题性批复和事务性批复。批复属下行文。上级机关批复下级机关的请示时，必须明确表态，若予否定，应写明理由。批复一般只送请示单位，若批复的事项需其他有关单位执行或者周知，可抄送有关单位。若请示的问题具有普遍性，可使用“通知”或其他文种行文，不再单独批复请示单位。

28.【参考答案】B

【解析】传阅，通俗来说就是将公文送达对方手中，让对方查看或者批示，应当随时掌握公文的去向，不能漏传、误传、延误。因此在传阅时，应避免“横传”。而领导人之间自行横向传阅很容易造成文件的延误和丢失，所以应当以秘书人员为轴心进行直传。故选项 B 错误。

29.【参考答案】D

【解析】紧急公文中的“特急”是指：内容重要并特别紧急，已临近规定的办结时限，需特别优先传递处理的公文。

30.【参考答案】A

【解析】均等牺牲意味着每个人的总效用中因征税而造成的损失应该相等。

31.【参考答案】C

【解析】根据《中华人民共和国公职人员政务处分法》第二条规定，“本法适用于监察机关对违法的公职人员给予政务处分的活动。”

32.【参考答案】C

【解析】成文日期一般右空四字编排于发文机关署名之下，用阿拉伯数字将年、月、日标全，年份应标全称，月、日不编虚位（1 不编为 01）。

33.【参考答案】C

【解析】习近平总书记在党的十九大报告中指出：“中国共产党人的初心和使命，就是为中国人民谋幸福，为中华民族谋复兴。这个初心和使命是激励中国共产党人不断前进的根本动力。全党同志一定要永远与人民同呼吸、共命运、心连心，永远把人民对美好生活的向往作为奋斗目标，以永不懈怠的精神状态和一往无前的奋斗姿态，继续朝着实现中华民族伟大复兴的宏伟目标奋勇前进。”

34.【参考答案】B

【解析】市场细分的基础是消费者需求的差异。

35.【参考答案】B

【解析】国际大都市经济圈又叫大都市连绵带，简称都市圈或城市带，是指以若干个大城市或超大城市为核心，与周边大中小城市和地域共同组成的紧密的、具有一定特色的城市群体，同时也是人口和产业的密集区或一体化区域。都市圈是城市群发展到成熟阶段的最高空间组织形式，其最根本的优势就是可以实现资源优化和城市群强大的集聚功能。

36.【参考答案】C

【解析】依据2022年政府工作报告。

37.【参考答案】B

【解析】中国共产党第十九届中央委员会第六次全体会议，于2021年11月8日至11日在北京举行。全会决定，中国共产党第二十次全国代表大会于2022年下半年在北京召开。

38.【参考答案】D

【解析】习近平总书记在2022年春季学期中央党校（国家行政学院）中青年干部培训班开班仪式上指出树立和践行正确政绩观，起决定性作用的是党性。

39.【参考答案】C

【解析】中国公务员制度不实行西方的“政治中立”。我国的公务员制度是在党的组织路线和干部政策的指导下确立的，是党的干部人事制度的组成部分。

40.【参考答案】B

【解析】“月上柳梢头，人约黄昏后”是指元宵节。这句话出自宋代文学家欧阳修的《生查子·元夕》。元宵节，又称上元节、小正月、元夕或灯节，时间为每年农历正月十五。

二、多项选择题

1.【参考答案】ABCE

【解析】优化税务执法方式，要推动税务执法、服务、监管的理念方式手段变革，深入推进精确执法、精细服务、精准监管、精诚共治，大幅提高税法遵从度和社会满意度，明显降低征纳成本，发挥税收在国家治理中的基础性、支柱性、保障性作用。

2.【参考答案】ABC

【解析】党的十九大报告。

3.【参考答案】BD

【解析】根据党的十九大报告，党的十八大以来，国内外形势变化和我国各项事业发展都给我们提出了一个重大时代课题，这就是必须从理论和实践结合上系统回答新时代坚持和发展什么样的中国特色社会主义、怎样坚持和发展中国特色社会主义。

4.【参考答案】ACD

【解析】B项由间接管理为主转向直接管理为主的说法是错误的。政府职能转变后，政府更多地运用经济手段进行宏观调控，不会过多地直接参与具体事务的管理。故选 ACD。

5.【参考答案】ACE

【解析】《中共中央关于加强党的政治建设的意见》明确，加强党的政治建设主要任务有坚定政治信仰，包括坚持用党的科学理论武装头脑、坚定执行党的政治路线、坚决站稳政治立场。

6.【参考答案】ABC

【解析】根据《中国共产党章程》总纲：中国共产党是中国工人阶级的先锋队、中国人民和中华民族的先锋队、中国特色社会主义事业的领导核心、代表中国先进生产力的发展要求、代表中国先进文化的前进方向、代表中国最广大人民的根本利益。

7.【参考答案】ABC

【解析】依据《中国共产党巡视工作条例》。

8.【参考答案】ABC

【解析】D 项中，“同步富裕”表述错误。市政府加强对税收的监控和征管力度，必然会增加税收，保证财政收入的稳定增长；加强税收的征管力度，可以促进生产发展、技术进步和社会稳定，实现国民经济的快速健康发展；由于国民经济各地区、各部门、各环节的状况都在 ABC 上有直接的反映，加强税收监管，就可以了解和掌握经济的运行态势，找出问题并采取相应的对策。故选 ABC。

9.【参考答案】ABD

【解析】对党组织的问责方式包括：（一）检查。对履行职责不力、情节较轻的，应当责令其作出书面检查并切实整改。（二）通报。对履行职责不力、情节较重的，应当责令整改，并在一定范围内通报。（三）改组。对失职失责，严重违反党的纪律、本身又不能纠正的，应当予以改组。

10.【参考答案】BC

【解析】“泛称主送”是下行普发文件经常使用的主送形式。它时常涉及同一级不同类的若干机关，必须注意排列顺序。一般来说，它有如下排列原则：首先是“先外后内”，即把同是下一级的各地方政府放在前，本机关的职能部门放在后。其次是依党政军群之先后顺序。这个原则在党的文件中体现最明显。故本题选 BC。

三、判断题

1.【参考答案】√

【解析】《中共中央关于坚持和完善中国特色社会主义制度 推进国家治理体系和治理能力现代化若干重大问题的决定》指出，依法治国首先要坚持依宪治国，依法执政首先要坚持依宪执政。

2.【参考答案】√

【解析】《中共中央关于坚持和完善中国特色社会主义制度 推进国家治理体系和治理能力现代化若干重大问题的决定》指出，中国共产党领导是中国特色社会主义最本质的特征，是中国特色社会主义制度的最大优势，党是最高政治领导力量。

3.【参考答案】√

【解析】党的十一届三中全会标志着中国从此进入了改革开放和社会主义现代化建设的历史新时期，中国共产党从此开始了建设中国特色社会主义的新探索。

4.【参考答案】×

【解析】2018 年 1 月 30 日，习近平总书记在中央政治局第三次集体学习中指出：要大力发展实体经济，筑牢现代化经济体系的坚实基础。实体经济是一国经济的立身之本，是财富创造的根本源泉，是国家强盛的重要支柱。

5.【参考答案】√

【解析】党的十八大提出，全党要增强紧迫感和责任感，牢牢把握加强党的执政能力建设、先进性和纯洁性建设这条主线，坚持解放思想、改革创新，坚持党要管党、从严治党，全面加强党的思想建设、组织建设、作风建设、反腐倡廉建设、制度建设，增强自我净化、自我完善、自我革新、自我提高能力，建设学习型、服务型、创新型的马克思主义执政党，确保党始终成为中国特色社会主义事业的坚强领导核心。故本题说法正确。

6.【参考答案】√

【解析】建立健全社会保障制度，是完善社会主义市场经济体制的要求，是保持社会稳定、促进社会和谐的要求，同时还是贯彻以人为本的科学发展观的客观要求；建立健全社会保障制度，是深化经济体制改革，促进经济发展的客观要求，是由社会主义市场经济性质和社会主义生产目的决定的，是应对经济全球化挑战的需要。故本题说法正确。

7.【参考答案】×

【解析】根据《习近平新时代中国特色社会主义思想学习纲要》，全面从严治党是中国共产党的自我革命，目标是保持党同人民群众的血肉联系，始终保持党的先进性和纯洁性。

8.【参考答案】×

【解析】唯物史观关于人民群众是历史创造者的原理，是无产阶级政党的群众观点和群众路线的理论基础。群众观点是无产阶级政党的根本观点。群众路线是无产阶级政党的根本路线，也是党的根本领导方法和工作方法。群众路线基本内容为“一切为了群众，一切依靠群众，从群众中来，到群众中去”，其中，“一切为了群众，一切依靠群众”是群众路线的核心内容，一切为了群众是目的，是党的根本宗旨，是党一切工作的根本出发点。一切依靠群众，是要解决手段问题；从群众中来，到群众中去，是党最基本的领导方法和工作方法；“独立自主、自力更生”是我国革命、建设和改革开放的基本经验和重要原则；“解放思想、实事求是”是邓小平理论的精髓。

9.【参考答案】×

【解析】《关于进一步加大增值税期末留抵退税政策实施力度的公告》所称增值税销售额，包括纳税申报销售额、稽查查补销售额、纳税评估调整销售额。

10.【参考答案】×

【解析】依刑法规定，犯罪行为基本形式是作为与不作为。故意与过失是对犯罪主观方面的分类。

11.【参考答案】×

【解析】补缴税款属于税收法律经济责任的表现形式。

12.【参考答案】×

【解析】1914 至 1919 年的历史事实说明，中国民族资本主义发展的最严重障碍是资本主义列强的侵略，一战期间，欧洲列强暂时放松对中国的经济侵略，民族工业出现短暂春天；1919 年一战结束，帝国主义卷土重来，民族工业很快萧条。

13.【参考答案】√

【解析】海关、纪检等部门实行垂直管理，下级职能部门必须接受上级对口部门的领导并向其报告工作，其他一般职能部门接受上级的业务指导。

14.【参考答案】×

【解析】当政府部门或某一组织失去公信力时，无论说真话还是假话，做好事还是坏事，都会被认为是说假话、做坏事。上述观点称为“塔西佗陷阱”。

15.【参考答案】×

【解析】党史、新中国史、改革开放史、社会主义发展史。

16.【参考答案】×

【解析】在党的十八届中央纪委五次全会上，习近平总书记强调，“党内绝不允许搞团团伙伙、结党营私、拉帮结派，搞了就是违反政治纪律”。

17.【参考答案】√

【解析】我国宏观调控的手段有经济手段、法律手段和必要的行政手段，法律手段的内容包括经济司法和经济立法两个方面。故本题说法正确。

18.【参考答案】√

【解析】“三湾改编”，是我党建设新型人民军队最早的一次成功探索和实践。

19.【参考答案】√

【解析】中国同盟会是中国第一个有明确政治纲领和组织机构的资产阶级革命政党。

20.【参考答案】√

【解析】发文字号由发文机关代字、年份、发文顺序号组成。其中，发文顺序号是以年为单位编流水号。故本题说法正确。

四、情景判断题

【参考答案】（1）④　（2）②　（3）⑤　（4）⑥　（5）②

五、案例分析题

1.（1）【参考答案】B

【解析】依据《中国共产党章程》规定。

（2）【参考答案】B

【解析】《中国共产党章程》规定，党员在留党察看期间没有表决权、选举权和被选举权。

（3）【参考答案】B

【解析】《中国共产党基层组织选举工作暂行条例》规定：因故未出席会议的党员或党员代表不能委托他人代为投票。

（4）【参考答案】B

【解析】依据《中国共产党章程》第七条。

（5）【参考答案】A

【解析】赞成人数超过应到会有表决权的正式党员的半数，才能通过接收预备党员的决议。因故不能到会的有表决权的正式党员，在支部大会召开前正式向党支部提出书面意见的应当统计在票数内。

2.（1）【参考答案】B

【解析】违反《干部选拔任用工作监督检查和责任追究办法》第十三条。

（2）【参考答案】ABC

【解析】违反《干部选拔任用工作监督检查和责任追究办法》第十三条。

（3）【参考答案】B

【解析】《干部选拔任用工作监督检查和责任追究办法》第十七条。

（4）【参考答案】A

【解析】《干部选拔任用工作监督检查和责任追究办法》第二十六条。

（5）【参考答案】C

【解析】依据《党政机关公文处理工作条例》。

模拟试卷（九）

一、单项选择题（下列各题的备选答案中，只有1个正确选项，请将正确选项填入括号中。多选、不选、错选均不得分，每小题0.5分，共40小题，共计20分）

1. 学习马克思主义基本原理的根本方法是（　　）。

   A. 理论联系实际　　B. 必须坚持马克思主义的指导地位

   C. 用科学态度对待马克思主义　　D. 坚持解放思想

2. 解决台湾问题，实现祖国完全统一，是全体中华儿女共同愿望，是中华民族根本利益所在，党的十八大以来，在以习近平同志为核心的党中央坚强领导下，在两岸同胞共同努力下，两岸关系取得重要积极成果。两岸关系和平发展的政治基础是（　　）。

   A. 深化两岸利益融合，共创两岸互利共赢，增进两岸同胞福祉

   B. 相互尊重，求同存异

   C. 增强两岸同胞的民族认同、文化认同、国家认同

   D. 坚持“九二共识”，反对“台独”

3.《关于进一步深化税收征管改革的意见》提出，以（　　）为突破口、以税收大数据为驱动力，建成具有高集成功能、高安全性能、高应用效能的智慧税务，全面推进税收征管数字化升级和智能化改造。

   A. 个人所得税改革　　B. 社保费征收职责划转

   C. 发票电子化改革　　D. “非接触式”办税

4. 中国特色社会主义理论体系经历了一个逐步形成和发展的过程。中国特色社会主义理论体系的开创之作是（　　）。

   A. 毛泽东思想　　B. 邓小平理论

   C. “三个代表”重要思想　　D. 科学发展观

5. 2021年7月，税务部门在税务执法领域研究推广（　　）制度。

   A. 首违不罚　　B. 一站式服务　　C. 电子申报　　D. 容错免责

6. 为贯彻落实党的十九大关于深化机构改革的决策部署，中央作出深化党和国家机构改革的决定。通过该决定的会议是（　　）。

   A. 十九届一中全会　　B. 十九届二中全会

   C. 十九届三中全会　　D. 十九届四中全会

7. 根据党的十九大报告中，发展的根本目的是（　　）。

A. 经济快速发展　　B. 增进民生福祉

C. 实现“中国梦”　　D. 壮大综合国力

8. 中国特色社会主义的本质要求和重要保障是（　　）。

A. 全面依法治国　　B. 全面从严治党

C. 全面发展经济　　D. 全面可持续发展

9. 根据《民法典》规定，有独立经费的机关和承担行政职能的（　　）从成立之日起，具有机关法人资格，可以从事为履行职能所需要的民事活动。

A. 法定机构　　B. 内设机构　　C. 直属机构　　D. 派出机构

10. 中国共产党的根本政治立场是（　　）。

A. 阶级立场　　B. 人民立场　　C. 农民立场　　D. 工人立场

11. 公司制是现代企业制度的一种有效组织形式，公司制的核心是（　　）。

A. 产权清晰　　B. 权责明确

C. 政企分开　　D. 企业法人治理结构

12. 现行财税体制对实现政府财力增强和经济快速发展的双赢目标发挥了重要作用，其形成的基础是（　　）。

A. 1983 年第一步利改税　　B. 1984 年第二步利改税

C. 1994 年分税制改革　　D. 2004 年实施增值税转型

13. 中国特色社会主义制度是一个严密完整的科学制度体系，起四梁八柱作用的是根本制度、基本制度、重要制度，其中具有统领地位的是（　　）。

A. 人民代表大会制度

B. 中国共产党领导的多党合作和政治协商制度

C. 党的领导制度

D. 民族区域自治制度

14. 气候等因素对商品价格的影响，是通过改变该商品的（　　）来实现。

A. 供应量　　B. 价值量　　C. 供求关系　　D. 买卖关系

15. 1840 年鸦片战争后，中国受到西方列强坚船利炮的欺凌不断加深，中华民族面临生死存亡的危机也日益严峻。促使中国人民的民族意识开始普遍觉醒的重大事件是（　　）。

A. 八国联军侵华战争　　B. 中法战争

C. 中日甲午战争　　D. 日本全面侵华战争

16. 关系党的事业兴衰成败第一位的问题是（　　）。

A. 法治问题　　B. 道路问题　　C. 制度问题　　D. 理论问题

17. 党委作出重大决策，一般应当经过调查研究、征求意见、充分酝酿等程序，按照规则由集体讨论和决定。有权确定党委会议议题的人选是（　　）。

A. 党委书记　　B. 党委委员

C. 本单位党员干部　　D. 上级党委

18. 人员配备工作原理中，体现“知人善任”思想的是（　　）。

A. 公开竞争原理　　B. 责权利一致原理

C. 不断培养原理　　D. 用人所长原理

19. 1923 年 6 月，中国共产党在广州召开了第三次代表大会，大会的中心议题是（　　）。

A. 党的最高纲领和最低纲领　　B. 中国共产党加入国民党的问题

C. 组织城市工人阶级武装起义　　D. 发动农村革命运动

20. 近年来，随着计算机应用的普及，网络犯罪现象从无到有，逐年递增，人民法院对于网络犯罪科以刑罚。这说明（　　）。

A. 法律促进了科技的进步

B. 科技进步改善了法律的调整机制

C. 科技优先发展的战略地位需要法律确认

D. 对科技成果的非道德使用造成的社会危害，法律会加以制裁

21. 税收区别于其他财政收入形式的基本标志是（　　）。

A. 税收征收依据　　B. 税收本质内涵　　C. 税收特征　　D. 税收法律规定

22. 2022 年 4 月 1 日起，大规模留抵退税政策开始实施，约（　　）元留抵退税将全部直达企业。

A. 1.5 万亿　　B. 1.4 万亿　　C. 1.2 万亿　　D. 1 万亿

23. 考察党政领导职务拟任人选，必须依据干部选拔任用条件和不同领导职务的职责要求，全面考察其德、能、勤、绩、廉，注重考察（　　）。

A. 思想品德　　B. 素质能力　　C. 工作实绩　　D. 廉洁从政

24. 国家秘密的保密期限，除另有规定外，绝密级不超过（　　）年，机密级不超过（　　）年，秘密级不超过（　　）年。

A. 30；20；10　　B. 20；15；10

C. 20；10；15　　D. 30；20；15

25. 根据《中华人民共和国刑法》及其司法解释的规定，下列说法正确的是（　　）。

A. 行为人构成抗税罪不仅要求对税务机关和税务人员实施了暴力、威胁的抗拒行为，而且不缴纳税款要达到一定的数额

B. 不负有纳税义务、扣缴义务的单位和个人不能独立构成逃税罪的主体

C. 逃避追缴欠税罪的主观方面是故意或者过失

D. 骗取出口退税罪的法定最高刑是死刑

26. 机关、单位发现国家秘密已经泄露或者可能泄露的，应当立即采取补救措施，并在（　　）内向同级保密行政管理部门和上级主管部门报告。

A. 12 小时　　B. 24 小时　　C. 36 小时　　D. 48 小时

27. 公文拟制的一个重要环节是公文的审核，公文审核要把好的“三关”是（　　）。

A. 签发关、校对关、文种关　　B. 行文关、校对关、文种关

C. 行文关、政策关、文种关　　D. 签发关、时效关、文种关

28. 按照公文内容的性质、特点和作用划分，通报属于（　　）。

A. 指挥性公文　　B. 规范性公文　　C. 报请性公文　　D. 知照性公文

29. 在中国共产党直接关怀和领导下，（　　），中国共产主义青年团宣告成立。这在中国革命史和青年运动史上具有里程碑意义！

A. 1921 年 5 月 5 日　　B. 1922 年 5 月 4 日

C. 1921 年 5 月 4 日　　D. 1922 年 5 月 5 日

30. 根据《最高人民法院 最高人民检察院关于检察公益诉讼案件适用法律若干问题的解释》规定，行政机关应当在收到检察建议书之日起（　　）内依法履行职责，并书面回复人民检察院。出现国家利益或者社会公共利益损害继续扩大等紧急情形的，行政机关应当在（　　）内书面回复。

A. 两个月；十五日　　B. 六个月；一个月

C. 六个月；十五日　　D. 一个月；十五日

31. 实践表明，减税降费是助企纾困直接有效的办法，实际上也是“放水养鱼”、涵养税源，2013 年以来，新增的涉税市场主体在 2021 年纳税达到（　　）万亿元。

A. 4.76　　B. 3.89　　C. 4.85　　D. 5.25

32. 下列说法中属于经验决策的是（　　）。

A. 眉头一皱，计上心来　　B. “谋”“断”分工，“外脑”辅助

C. 信息优先，科学预测　　D. 程序科学，方案优选

33. 含有重要的国家秘密，泄密会使国家的安全与利益遭受严重损害的文件，属于（　　）。

A. 秘密文件　　B. 绝密文件　　C. 机密文件　　D. 内部文件

34. 公共行政职能的实现是衡量（　　）的重要标准。

A. 政府角色地位　　B. 公共行政组织设置

C. 公共行政内容和方式　　D. 公共行政的效率和效能

35. 税收信息管理流程包括税收信息的收集、整理等，以下选项中，也是税收信息管理流程的是（　　）。

A. 挑选　　B. 筛选　　C. 选择　　D. 选用

36. 扩张性货币政策主要指（　　）。

A. 降低贴现率　　B. 提高法定存款准备金率

C. 提高贴现率　　D. 政府发行国库券

37. 国家通过调节利率高低可以影响经济活动。一般认为，利息增加后带来的经济影响是（　　）。

A. 刺激需求，生产扩大，经济活动水平上升

B. 货币供给增加，将引起适度的通货膨胀

C. 货币供给减少，对生产的影响不能确定

D. 抑制需求，缓解通货膨胀

38. 我国的政府预算由（　　）组成。

A. 中央和地方两级预算　　B. 中央、省、市三级预算

C. 中央、省、市、县四级预算　　D. 中央、省、市、县、乡五级预算

39. 根据《中国共产党组织工作条例》，党的组织工作的主线是（　　）。

A. 培养忠诚干净担当的高素质干部组织体系建设

B. 加强党的长期执政能力建设、先进性和纯洁性建设

C. 组织体系建设

D. 发挥基层党组织战斗堡垒作用和党员先锋模范作用

40.《中共中央关于加强对“一把手”和领导班子监督的意见》强调，对各级“一把手”来说，最有效的监督是（　　）。

A. 自上而下的监督　　B. 自下而上的监督

C. 同级监督　　D. 群众监督

二、多项选择题（下列各题的备选答案中，至少有两个正确选项，请将正确选项的字母填写在括号中，多选、错选、少选、不选均不得分。每小题 2 分，共计 20 分）

1. 推进党的建设新的伟大工程要增强的“四个能力”是（　　）。

A. 政治领导力　　B. 思想引领力　　C. 群众组织力　　D. 社会号召力

E. 人民凝聚力

2. 百年征程，塑造了共青团（　　）。

A. 坚持党的领导的立身之本　　B. 坚守理想信念的政治之魂

C. 投身民族复兴的奋进之力　　D. 励志伟大事业的青年之魄

E. 扎根广大青年的活力之源

3. 当代中国，坚持发展是硬道理的本质要求就是坚持科学发展，坚持科学发展的基本要求是（　　）。

A. 发展必须坚持以人为本　　B. 发展必须坚持全面协调可持续

C. 发展必须统筹兼顾　　D. 发展必须速度优先，兼顾效益

4. 中国始终是（　　），愿同国际社会一道，为促进世界和平稳定与发展繁荣作出新的更大贡献！

A. 世界和平的建设者　　B. 全球发展的贡献者

C. 国际秩序的维护者　　D. 文明进步的创造者

E. 国际秩序的缔造者

5. 下列关于政府信息公开的叙述，正确的是（　　）。

A. 行政机关在公开政府信息前，应当依法对拟公开的政府信息进行审查

B. 行政机关对符合法律规定的公开基本要求的政府信息应当主动公开

C. 申请公开的政府信息中含有不应当公开的内容，不予公开，同时告知申请人并说明理由

D. 行政机关依申请提供政府信息，不得收取任何费用

6. 中央经济工作会议指出，2022 年我国经济发展面临“三重压力”，这“三重压力”是（　　）。

A. 需求收缩　　B. 资本扩张　　C. 预期转弱　　D. 金融风险

E. 供给冲击

7.“后起者优势”作用的发挥在现实生活中受到的种种限制包括（　　）。

A. 支付高昂费用引进的先进技术是否适合国情值得商榷

B. 从国外引进的先进技术都比较适合我国国情

C. 大部分发展中国家无力承受引进先进技术需要支付的高昂费用

D. 通过支付高昂费用引进的先进技术实际上已经被发达国家所淘汰

8. 在推进中国特色社会主义事业中起把方向、谋大局、定政策、促改革作用，在党的组织体系中被称作“大脑”和“中枢”的是（　　）。

A. 中央委员会　　B. 中央书记处

C. 中央政治局常务委员会　　D. 中央政治局委员会

9. 大陆法系与英美法系的主要区别是（　　）。

A. 法律渊源不同　　B. 法律结构不同

C. 法官权限不同　　D. 诉讼程序不同

10. 请示标题的事由中不能使用的词语有（　　）。

A. 申请　　B. 要求　　C. 请求　　D. 增设

三、判断题（判断下列各题正误，正确的打“√”，错误的打“×”。每小题 1 分，共计 20 分）

1. 只有社会主义才能救中国，只有中国特色社会主义才能发展中国，而不能搞民主社会主义和资本主义。（　　）

2. 1945 年 4 月 23 日至 6 月 11 日，在延安召开的中国共产党第七次全国代表大会，将邓小平理论确立为党的指导思想并写入《党章》。（ ）
3. 新文化运动是 20 世纪中国的第一次思想解放运动。以《湘江评论》的出版为标志兴起的新文化运动，使 20 世纪初的中国，开始经历一场深刻的思想革命。（ ）
4. 建设社会主义核心价值体系，要求把全面提高公民道德素质作为社会主义道德建设的根本任务。（ ）
5. 2022 年，预计全年退税减税约 2.5 万亿元，其中留抵退税约 1 万亿元，退税资金全部直达企业。（ ）
6. 我国文化体制改革的目标是以马克思主义为指导，培育有理想、有道德、有文化、有纪律的公民。发展面向现代化、面向世界、面向未来的，民族的、科学的、大众的社会主义文化。（ ）
7. 对自主就业退役士兵从事个体经营的，在 2 年（24 个月）内按每户每年 14 400 元为限额依次扣减其当年实际应缴纳的增值税、城市维护建设税、教育费附加、地方教育附加和个人所得税。（ ）
8. 韩愈的《师说》有“六艺经传，皆通习之”一句，其中的“六艺”是指礼、乐、射、御、书、术这六种基本技能。（ ）
9. 纪检监察机关要转职能、转方式、转作风，明确职责定位，把不该管的工作交还主责部门，做到不越位、不缺位、不错位。（ ）
10. 税务系统工作会议实行年度计划管理，按规定进行审批。全国性会议报党中央、国务院批准；专题会议、小型专题会议按程序报税务机关主要负责同志批准召开。（ ）
11. 税收制度设计应该努力把税收超额负担降为零。（ ）
12. 每个政府机构都有自己所承担的职能范围，只对自己所管辖的事务负责。（ ）
13. 决策过程中遇到首次出现的问题，无先例可循，此类决策属于风险型决策。（ ）
14. 公文被撤销的，视为自始无效；公文被废止的，视为自废止次日起失效。（ ）
15. 公文复核结束是公文开始生效的标志。（ ）
16. 绝密级载体应当存放在密码文件柜中，由专人管理。（ ）
17. 通货膨胀是宏观经济现象，通货紧缩是微观经济现象。（ ）
18. 在销毁档案时，应当与机关保卫部门取得联系，指定专人监销，并由监销人员在销毁清册上签字。（ ）
19. 领导决策发挥领导积极性就要统领全局和顶层设计，进行民主决策。发挥群众积极性就要基层探索，进行科学决策。（ ）
20. 批复与复函的正文写作，应当先写引据，再写回复意见。（ ）

四、情景判断题（每题 5 小题，每小题 2 分，共 10 分）

2022 年 3 月，张副局长交流到某市税务局工作，对该税务局的人员还处于熟悉阶段，与班子成员也处于磨合阶段。通过张副局长近阶段观察，加上分管部门有关人员报告，他发现新单位另一副职王副局长多次出入某私人会所。对王副局长的问题，张副局长采取了一些措施进行应对。请你对各项措施的有效程度逐项作出评价（请对每个措施的有效程度用①—⑦做出评价，其中“①”表示有效性程度最低，“⑦”表示有效性程度最高，选择你认为适当的等级数字，在相应的数字上打“√”。在作答时，对每个措施或办法的有效性程度单独作出评价，无须排序。若你认为有些措施或办法的有效性程度相同，也可以选择相同的等级数字）。

（1）自己不是党委书记，也不是纪检组长，假装不知道，不管不问。

① ② ③ ④ ⑤ ⑥ ⑦

（2）同他关系密切的下属讲他的情况。

① ② ③ ④ ⑤ ⑥ ⑦

（3）把他的情况口头汇报给上级领导。

① ② ③ ④ ⑤ ⑥ ⑦

（4）写检举材料告发他。

① ② ③ ④ ⑤ ⑥ ⑦

（5）在领导班子会议上严肃批评此事，并提出班子带头，杜绝此类现象。

① ② ③ ④ ⑤ ⑥ ⑦

五、案例分析题（共 2 大题，每题 5 小题，每小题 3 分，共 30 分）

1. 某市税务局纪检组收到一封实名举报下辖某县税务局党委书记、局长张某接受纳税人宴请的举报信，该市税务局纪检组决定采取函询方式处置问题线索，经查实，张某问题轻微，不需要追究纪律责任，纪检组将相关函询材料销毁。请问：

（1）该市局纪检组起草函询报批请示，拟订相关工作预案，按程序报（　　）批准。(单选题)

A. 市局纪检组长　　B. 市局党委书记

C. 县局党委书记　　D. 省局纪检组副组长

（2）被函询人张某应当在收到函件后（　　）个工作日内写出说明材料发函回复市局纪检组。(单选题)

A. 10　　B. 5　　C. 20　　D. 15

（3）市局纪检组收到函询回复后（　　）个月内写出情况报告和处置意见，按程序报批。(单选题)

A. 3　　B. 2　　C. 1　　D. 6

（4）经查实，张某问题轻微，该市局纪检组可以采取（　　）等方式处理。（多选题）

A. 谈话提醒　　B. 批评教育　　C. 责令检查　　D. 诫勉谈话

E. 撤销党内职务

（5）张某相关函询材料应当存入（　　）。（单选题）

A. 税收征管档案　　B. 廉政档案　　C. 党建档案　　D. 人事档案

2. 某县税务局“四个着力”贯彻落实《中国共产党支部工作条例（试行）》，把全面从严治党的要求落到党支部，全面提升党支部组织力，强化党支部政治功能。

一是着力抓好执行落实。引导党员干部特别是领导干部抓好对《条例》的学习。党支部书记坚持集中学习和个人自学相结合，带头深入学习，做到先学一步、学深一层、学以致用，自觉用《条例》指导实践、推动工作。教育党员干部进一步坚定理想信念，增强政治定力、纪律定力、道德定力、防腐定力，提升思想境界，践行入党初心，切实发挥党支部的战斗堡垒作用。

二是着力带头担当作为。党员领导干部带头履职尽责，以自身表率行为带动引导支部党员牢记党的宗旨，履行党员义务，忠于职守、担当奉献，自觉接受党员群众监督；带头加强政治理论学习，提高政治理论素养，带头践行“四讲四有”，争做合格党员，严守政治纪律和规矩，做政治上的“明白人”。支部书记加强思想政治工作，了解支部党员的思想、工作、生活情况，做党员和群众的带头人、知心人、领路人。

三是着力推进党支部规范化达标创建。认真按照《条例》明确的工作机制、组织生活等具体规定，严格落实“三会一课”、组织生活会、谈心谈话、民主评议党员等组织生活制度。多种形式开展主题党日活动，增强党组织的凝聚力和向心力。组织党员集中学习、过组织生活等，按照“五个基本”实现党支部达标创建的顺利完成。

四是着力履行管理监督职责。认真开展党组织书记述职评议考核及民主评议党员工作，对表现好的党员表扬鼓励，对后进党员批评帮助，关怀帮助困难党员；对党员参加组织生活、执行组织决议、履职尽责、遵纪守法、廉洁自律等情况加强日常监督；梳理廉政风险，规范工作流程，加强风险防控；实践运用“四种形态”，强化监督工作，对存在的苗头性倾向性问题党员及时提醒、督促改进，对违反纪律的党员及时教育或按规定处理，切实将《条例》各项规定落到实处。

结合材料，依据《中国共产党支部工作条例（试行）》，请回答下列问题。

（1）工程、工作项目等达到一定期限，符合条件的，应当成立党支部。这里的“一定期限”指的是（　　）。（单选题）

A. 为期 3 个月以上的　　B. 为期 4 个月以上的

C. 为期 5 个月以上的　　D. 为期 6 个月以上的

（2）党支部日常工作的领导机构是（　　）。（单选题）

A. 党支部委员会　　B. 党小组会　　C. 党员大会　　D. 党员代表大会

（3）关于党支部党员大会的召开时间，下列说法正确的是（　　）。（单选题）

A. 一般每周召开 1 次　　B. 一般每月召开 1 次

C. 一般每季度召开 1 次　　D. 一般每年召开 1 次

（4）关于党支部党员大会的职权，下列表述正确的有（　　）。（多选题）

A. 听取和审查党支部委员会的工作报告

B. 讨论和表决接收预备党员

C. 讨论决定对党员的表彰表扬

D. 按照规定开展党支部选举工作

E. 决定党费缴纳事宜

（5）党支部应当严格执行党的组织生活制度，增强党内政治生活的政治性等特性。这里的“特性”还有（　　）。（多选题）

A. 思想性　　B. 时代性　　C. 原则性　　D. 战斗性

E. 纪律性

模拟试卷（九）答案及解析

一、单项选择题

1.【参考答案】A

【解析】坚持和弘扬理论联系实际的学风，是学习马克思主义基本原理的根本方法。理论联系实际是我们党一贯倡导并长期坚持的优良学风。所谓理论联系实际，就是以马克思主义基本原理为指导，联系国际国内两个大局，结合社会实际，去观察和分析问题。BCD 选项也是学习马克思主义所必须坚持的立场和方法，但不是根本方法。

2.【参考答案】D

【解析】党的十八大以来，在以习近平同志为核心的党中央坚强领导下，在两岸同胞共同努力下，两岸关系取得重要积极成果，两岸关系和平发展的政治基础是坚持“九二共识”，反对“台独”。深化两岸利益融合，共创两岸互利双赢，增进两岸同胞福祉是推动两岸关系和平发展的宗旨。

3.【参考答案】C

【解析】2021 年 3 月中共中央办公厅、国务院办公厅印发的《关于进一步深化税收征管改革的意见》在主要目标中提出，以习近平新时代中国特色社会主义思想为指导，全面贯彻党的十九大和十九届二中、三中、四中、五中全会精神，围绕把握新发展阶段、贯彻新发展理念、构建新发展格局，深化税收征管制度改革，着力建设以服务纳税人缴费人为中心、以发票电子化改革为突破口、以税收大数据为驱动力的具有高集成功能、高安全性能、高应用效能的智慧税务。

4.【参考答案】B

【解析】中国特色社会主义理论体系包括邓小平理论、“三个代表”重要思想、科学发展观等战略思想在内的科学理论体系，其中，邓小平理论第一次比较系统地初步回答了在中国这样的经济文化比较落后的国家如何建设社会主义、怎样建设社会主义、如何巩固和发展社会主义的一系列基本问题，是中国特色社会主义理论体系的开创之作。因此，选项 B 正确。选项 A 明显错误，毛泽东思想不属于中国特色社会主义理论体系的范畴。选项 CD 尽管是中国特色社会主义理论体系的组成部分，但它们不是中国特色社会主义理论体系的开创之作，而是对其进一步的丰富和发展。

5.【参考答案】A

【解析】依据新华社北京 2021 年 7 月 5 日新闻。

6.【参考答案】C

【解析】依据党的十九届三中全会公报。

7.【参考答案】B

【解析】党的十九大报告强调，坚持在发展中保障和改善民生。增进民生福祉是发展的根本目的。必须多谋民生之利、多解民生之忧，在发展中补齐民生短板、促进社会公平正义，在幼有所育、学有所教、劳有所得、病有所医、老有所养、住有所居、弱有所扶上不断取得新进展，深入开展脱贫攻坚，保证全体人民在共建共享发展中有更多获得感，不断促进人的全面发展、全体人民共同富裕。

8.【参考答案】A

【解析】全面依法治国是中国特色社会主义的本质要求和重要保障。必须把党的领导贯彻落实到依法治国全过程和各方面，坚定不移走中国特色社会主义法治道路，完善以宪法为核心的中国特色社会主义法律体系，建设中国特色社会主义法治体系，建设社会主义法治国家，发展中国特色社会主义法治理论，坚持依法治国、依法执政、依法行政共同推进，坚持法治国家、法治政府、法治社会一体建设，坚持依法治国和以德治国相结合，依法治国和依规治党有机统一，深化司法体制改革，提高全民族法治素养和道德素质。

9.【参考答案】A

【解析】根据《中华人民共和国民法典》第九十七条规定，“有独立经费的机关和承担行政职能的法定机构从成立之日起，具有机关法人资格，可以从事为履行职能所需要的民事活动。”

10.【参考答案】B

【解析】习近平总书记在庆祝中国共产党成立九十五周年大会上的讲话中提到：人民立场是中国共产党的根本政治立场，是马克思主义政党区别于其他政党的显著标志。

11.【参考答案】D

【解析】公司制是一种适应市场经济要求，依法规范的企业制度，它是现代企业制度的典型形式。它把产权清晰、权责明确、政企分开、管理科学四个特征有机地结合在一起。公司制最核心的是其企业法人内部的治理结构，选项 ABC 只是其具体特点，故选 D。

12.【参考答案】C

【解析】习近平总书记在关于《中共中央关于全面深化改革若干重大问题的决定》的说明中指出，现行财税体制是在 1994 年分税制改革的基础上逐步完善形成的，对实现政府财力增强和经济快速发展的双赢目标发挥了重要作用。

13.【参考答案】C

【解析】具有统领地位的是党的领导制度。

14.【参考答案】C

【解析】引起价格变动和差异的因素有很多，如气候、时间、地域、生产等，甚至宗教信仰、习俗等文化因素也能对价格产生影响。各种因素对商品价格的影响，是通过改变该商品的供求关系来实现的。

15.【参考答案】C

【解析】帝国主义的侵略给中华民族带来了巨大的灾难。但是，列强发动的侵华战争以及中国反侵略战争的失败，从反面教育了中国人民，极大地促进了中国人的思考、探索。鸦片战争以后，先进的中国人开始睁眼看世界了；中日甲午战争以后，中国人民的民族意识开始普遍觉醒。因此，正确答案为中日甲午战争以后。

16.【参考答案】B

【解析】依据中共中央总书记、中共中央军委主席习近平于 2013 年 1 月 5 日在新进中央委员会的委员、候补委员学习贯彻党的十八大精神研讨班开班式上的发言。

17.【参考答案】A

【解析】党委书记有权确定党委会议议题。

18.【参考答案】D

【解析】知人善任，即善于认识人的品德和才能，以达到最合理地使用人所长的原理，故选 D。

19.【参考答案】B

【解析】会议的中心议题是讨论与国民党合作、建立革命统一战线的问题。陈独秀在报告中，着重说明了中国共产党决定和国民党建立革命统一战线的依据和过程。代表们就共产党员以个人身份加入国民党、建立革命统一战线的问题进行了热烈的讨论。

20.【参考答案】D

【解析】法制的发展保障科技进步，科技进步越来越需要法制来保障，而对于阻碍科技进步和利用科技危害社会和人类的非道德现象，需要利用法律来打击和惩处，本题中人民法院惩处网络犯罪正是体现了这一点。

21.【参考答案】C

【解析】税收特征是税收区别于其他财政收入形式的基本标志，它反映了不同社会形态下税收的共性。

22.【参考答案】A

【解析】根据 2022 年政府工作报告，2022 年，新的组合式税费支持政策如期而至，预计全年退税减税约 2.5 万亿元，其中增值税留抵退税约 1.5 万亿元，退税资金直达企业。

23.【参考答案】C

【解析】依据《党政领导干部选拔任用工作条例》。

24.【参考答案】A

【解析】《中华人民共和国保密法》第十五条规定，国家秘密的保密期限，除另有规定外，绝密级不超过三十年，机密级不超过二十年，秘密级不超过十年。

25.【参考答案】B

【解析】逃税罪的主体是特定主体，必须是纳税人或扣缴义务人。因此，不负有纳税义务、扣缴义务的单位和个人，不能独立构成逃税罪的主体，但可以构成本罪的共犯。抗税罪在客观方面表现为以暴力、威胁方法拒不缴纳税款的行为，没有数额和比例限制。逃避追缴欠税罪的主观方面必须是故意，且具有逃避缴纳应纳税款的目的，过失不构成本罪。骗取出口退税罪的法定最高刑是无期徒刑，而非死刑。本题中，只有选项 B 符合题意。

26.【参考答案】B

【解析】根据《中华人民共和国保守国家秘密法实施条例》，机关、单位发现国家秘密已经泄露或者可能泄露的，应当立即采取补救措施，并在 24 小时内向同级保密行政管理部门和上级主管部门报告。

27.【参考答案】C

【解析】根据《党政机关公文处理工作条例》第二十条的有关规定，公文审核要把好的“三关”是行文关、政策关和文种关，即行文理由是否充分，行文依据是否准确；内容是否符合党的理论、路线、方针、政策和国家法律法规；文种是否正确，格式是否规范。故本题选 C。

28.【参考答案】D

【解析】知照性公文指机关、团体、单位发布的需要有关方面了解或周知的，以及各机关、团体、单位之间联系与商洽工作、询问与答复问题、通报与交流情况所使用的公文。通报属于知照性公文。故选 D。

29.【参考答案】D

【解析】根据习近平总书记在庆祝中国共产主义青年团成立 100 周年大会上的讲话。1922 年 5 月 5 日，在中国共产党直接关怀和领导下，中国共产主义青年团宣告成立。这在中国革命史和青年运动史上具有里程碑意义！

30.【参考答案】A

【解析】根据《最高人民法院 最高人民检察院关于检察公益诉讼案件适用法律若干问题的解释》第二十一条规定，“行政机关应当在收到检察建议书之日起两个月内依法履行职责，并书面回复人民检察院。出现国家利益或者社会公共利益损害继续扩大等紧急情形的，行政机关应当在十五日内书面回复。”

31.【参考答案】A

【解析】2022 年政府工作报告指出，实践表明，减税降费是助企纾困直接有效的办法，实际上也是“放水养鱼”、涵养税源，2013 年以来，新增的涉税市场主体在 2021 年纳税达到 4.76 万亿元。

32.【参考答案】A

【解析】经验决策，是指决策者完全凭借决策者在长期工作中所积累的经验和解决问题的惯性思维方式所进行的决策；科学决策，是指决策者凭借科学思维，利用科学手段和科学技术所进行的决策。显然，A 项符合经验决策的定义。而 BCD 项均为科学决策的特点。故选 A。

33.【参考答案】C

【解析】机密文件含有重要的国家秘密，泄密会使国家的安全与利益遭受严重损害。

34.【参考答案】D

【解析】行政职能的实现是衡量行政管理效率和效能的重要标准。故选 D。

35.【参考答案】B

【解析】税收信息管理流程包括税收信息的收集、筛选、整理和刊发。

36.【参考答案】A

【解析】货币政策工具主要有法定存款准备金、贴现率和公开市场业务，降低这三者都属于扩张性的货币政策。故排除 BC。D 项属于扩张性的财政政策的内容。故选 A。

37.【参考答案】D

【解析】利率又称利息率，表示一定时期内利息量与本金的比率，通常用百分比表示，按年计算则称为年利率。在萧条时期，降低利息率，扩大货币供应，刺激经济发展。在膨胀时期，提高利息率，减少货币供应，抑制经济的恶性发展。

38.【参考答案】D

【解析】《中华人民共和国预算法》第二条规定：“国家实行一级政府一级预算，设立中央，省、自治区、直辖市，设区的市、自治州，县、自治县、不设区的市、市辖区，乡、民族乡、镇五级预算。不具备设立预算条件的乡、民族乡、镇，经省、自治区、直辖市政府确定，可以暂不设立预算。”

39.【参考答案】B

【解析】根据《中国共产党组织工作条例》第三条，党的组织工作以加强党的长期执政能力建设、先进性和纯洁性建设为主线，以党的政治建设为统领，以组织体系建设为重点。

40.【参考答案】A

【解析】《中共中央关于加强对“一把手”和领导班子监督的意见》强调，对各级“一把手”来说，自上而下的监督最有效。

二、多项选择题

1.【参考答案】ABCD

【解析】习近平总书记在党的十九大报告中指出，实现伟大梦想，必须建设伟大工程。建设伟大工程需要不断增强党的政治领导力、思想引领力、群众组织力、社会号召力，确保我们党永葆旺盛生命力和强大战斗力。

2.【参考答案】ABCE

【解析】习近平总书记在庆祝中国共产主义青年团成立100周年大会上的讲话。百年征程，塑造了共青团坚持党的领导的立身之本；塑造了共青团坚守理想信念的政治之魂；塑造了共青团投身民族复兴的奋进之力；塑造了共青团扎根广大青年的活力之源。

3.【参考答案】ABC

【解析】在当代中国，坚持发展是硬道理的本质要求就是坚持科学发展。坚持科学发展的基本要求：①发展必须坚持以人为本；②发展必须坚持全面协调可持续；③发展必须统筹兼顾。所以，ABC项符合题意。保持国民经济持续健康发展，要转变经济发展方式，调结构、稳增长、促发展、惠民生，D项说法不正确。

4.【参考答案】ABC

【解析】2022年政府工作报告指出，中国始终是世界和平的建设者、全球发展的贡献者、国际秩序的维护者，愿同国际社会一道，为促进世界和平稳定与发展繁荣作出新的更大贡献！

5.【参考答案】ABC

【解析】《中华人民共和国政府信息公开条例》第二十七条规定，行政机关依申请提供政府信息，除可以收取检索、复制、邮寄等成本费用外，不得收取其他费用。行政机关不得通过其他组织、个人以有偿服务方式提供政府信息。行政机关收取检索、复制、邮寄等成本费用的标准由国务院价格主管部门会同国务院财政部门制定，D项错误。故选ABC。

6.【参考答案】ACE

【解析】2022年3月5日，李克强总理所作的《政府工作报告》提出，今年我国经济发展面临需求收缩、供给冲击、预期转弱三重压力，党中央、国务院部署实施新的组合式税费支持政策。

7.【参考答案】ACD

【解析】“后起者优势”作用的发挥在现实生活中受到种种限制：支付高昂费用引进的先进技术是否适合国情值得商榷，大部分发展中国家无力承担引进先进技术需要支付的高昂费用，通过支付高昂费用引进的先进技术实际上已经被发达国家所淘汰，通过支付高昂费用引进的先进技术在国际市场上不再具有竞争力等。

8.【参考答案】ACD

【解析】根据《中国共产党组织工作条例》第十一条，党的中央委员会、中央政治局、中央政治局常务委员会是党的组织体系的大脑和中枢，在推进中国特色社会主义事业中把方向、谋大局、定政策、促改革。

9.【参考答案】ABCD

【解析】大陆法系和英美法系的主要区别表现在：一是法律渊源不同。大陆法系是成文法系，其法律以成文法即制定法的方式存在，它的法律渊源包括立法机关制定的各种规范性法律文件、行政机关颁布的各种行政法规以及本国参加的国际条约，但不包括司法判例。英美法系的法律渊源既包括各种制定法，也包括判例，判例所构成的判例法在整个法律体系中占有非常重要的地位。二是法律结构不同。大陆法系习惯于用法典的形式对某一法律部门所包含的规范作统一的系统规定，法典构成了法律体系结构的主干。英美法系很少制定法典，习惯用单行法的形式对某一类问题作专门的规定，其法律体系在结构上是以单行法和判例法为主干而发展起来的。三是法官权限不同。大陆法系强调法官只能援用成文法中的规定来审判案件，法官只能适用法律而不能创造法律。英美法系的法官既可以援用成文法，也可以援用已有的判例来审判案件，法官不仅适用法律，也在一定的范围内创造法律。四是诉讼程序不同。大陆法系的诉讼程序以法官为重心，突出法官的职能，具有纠问程序的特点。英美法系的诉讼程序以原告、被告及其辩护人和代理人为重心，法官只是双方争论的仲裁人。

10.【参考答案】AC

【解析】请示标题中的事由要明确，语言要简明。由于“请示”本身就含有请求、申请的意思，所以标题中应尽量不再出现“申请”“请求”一类表示祈请的词语。故选 AC。

三、判断题

1.【参考答案】√

【解析】习近平总书记指出，“一个国家实行什么样的主义，关键要看这个主义能否解决这个国家面临的历史性课题。历史和现实都告诉我们，只有社会主义才能救中国，只有中国特色社会主义才能发展中国，这是历史的结论、人民的选择。”

2.【参考答案】×

【解析】党的七大确立毛泽东思想为党的指导思想，是近代中国历史和人民革命斗争发展的必然选择。中国共产党成立后，以毛泽东为主要代表的中国共产党人，根据马克思列宁主义的基本原理，经过 20 多年的艰苦探索，把中国革命实践中的一系列独创性经验进行理论概括，创造性地发展了马克思列宁主义，形成了适合中国情况的科学指导思想。

3.【参考答案】×

【解析】以《新青年》的出版为标志兴起的新文化运动，使20世纪初的中国，开始经历一场深刻的思想革命。

4.【参考答案】√

【解析】建设社会主义核心价值体系，要求把全面提高公民道德素质作为社会主义道德建设的根本任务。

5.【参考答案】×

【解析】《2022年政府工作报告》提到，2022年，预计全年退税减税约2.5万亿元，其中留抵退税约1.5万亿元，退税资金全部直达企业。

6.【参考答案】×

【解析】我国文化体制改革的目标任务是：以发展为主题，以改革为动力，以体制机制创新为重点，形成科学有效的宏观文化管理体制，富有效率的文化生产和服务的微观运行机制，以公有制为主体、多种所有制共同发展的文化产业格局和统一、开放、竞争、有序的现代文化市场体系；要形成完善的文化创新体系，形成以民族文化为主体，吸收外来有益文化，推动中华文化走向世界的文化开放格局。故本题判断错误。

7.【参考答案】×

【解析】根据组合式税费支持政策，对自主就业退役士兵从事个体经营的，在3年（36个月）内按每户每年14 400元为限额依次扣减其当年实际应缴纳的增值税、城市维护建设税、教育费附加、地方教育附加和个人所得税。

8.【参考答案】×

【解析】韩愈《师说》的“六艺”是指《诗》《书》《礼》《艺》《乐》《春秋》这六部经书。

9.【参考答案】√

【解析】依据王岐山同志在党的十八届中央纪委第三次全会工作报告中的要求。

10.【参考答案】×

【解析】专题会议、小型专题会议按程序报分管局领导批准召开。

11.【参考答案】×

【解析】国民经济增长是税收超额负担扩大的基础，而税收必然会带来超额负担，税收超额负担可看成是税收征收过程中的一种效率付出。

12.【参考答案】√

【解析】政府职能是完整统一的体系。每个政府机构都有自己所承担的职能范围，只对自己所管辖的事务负责。同时，它们所承担的职能都是政府总体职能的一部分，是政府总体职能的分解和细化，它们共同形成一个完整的体系。

13.【参考答案】×

【解析】决策过程中遇到首次出现的问题，无先例可循，此类决策属于非程序性决策。

14.【参考答案】×

【解析】公文被撤销的，视为自始无效；公文被废止的，视为自废止之日起失效。

15.【参考答案】×

【解析】通常公文的成文日期是公文的生效时间。故本题说法错误。

16.【参考答案】×

【解析】绝密级载体应当存放在密码保险柜中，由专人管理。

17.【参考答案】×

【解析】从供给与需求的角度看，通货膨胀是社会总供给小于社会总需求引起的价格普遍上涨的经济现象，通货紧缩是指社会总供给超过社会总需求所引起的价格普遍下跌的经济现象。所以，通货膨胀和通缩紧缩都属于宏观经济现象。本题说法错误。

18.【参考答案】×

【解析】在销毁档案时，应当与机关保卫部门取得联系，指定两人以上监销，并由监销人员在销毁清册上签字。

19.【参考答案】×

【解析】领导决策发挥领导积极性就要统领全局和顶层设计，进行科学决策。发挥群众积极性就要基层探索，进行民主决策。

20.【参考答案】√

【解析】批复的正文结构是批复引据（通常按先后顺序引述下级机关请示标题和发文字号，后缀“收悉”等表明收到并已阅知的词语）、批复内容（即意见）和结束语。复函即答复函，答复函应先写明来函（名称及文号）已收悉，然后写明答复的依据，再写事项（即具体意见），最后写结束语。故本题说法正确。

四、情景判断题

【参考答案】（1）⑥　（2）①　（3）③　（4）②　（5）①

五、案例分析题

1.（1）【参考答案】A

【解析】应当报纪检机构主要负责人批准，必要时向同级党委主要负责人报告。

（2）【参考答案】D

【解析】应当在15个工作日内，就函询问题按照“函询情况说明书”格式实事求是地逐一作出书面说明，经所在单位党委主要负责人签署意见后，回复发函纪检机构。

（3）【参考答案】C

【解析】承办部门应当在谈话结束或者收到函询回复后1个月内写出情况报告和处置意见，按程序报纪检机构主要负责人审批。

（4）【参考答案】ABCD

【解析】略。

（5）【参考答案】B

【解析】谈话函询材料应当存入廉政档案。

2.（1）【参考答案】D

【解析】结合实际创新党支部设置形式，使党的组织和党的工作全覆盖。为期6个月以上的工程、工作项目等，符合条件的，应当成立党支部。

（2）【参考答案】A

【解析】党支部委员会是党支部日常工作的领导机构。

（3）【参考答案】C

【解析】党支部党员大会是党支部的议事决策机构，由全体党员参加，一般每季度召开1次。

（4）【参考答案】ABCD

【解析】党支部党员大会的职权是：听取和审查党支部委员会的工作报告；按照规定开展党支部选举工作，推荐出席上级党代表大会的代表候选人，选举出席上级党代表大会的代表；讨论和表决接收预备党员和预备党员转正、延长预备期或者取消预备党员资格；讨论决定对党员的表彰表扬、组织处置和纪律处分；决定其他重要事项。

（5）【参考答案】BCD

【解析】党支部应当严格执行党的组织生活制度，经常、认真、严肃地开展批评和自我批评，增强党内政治生活的政治性、时代性、原则性、战斗性。

模拟试卷（十）

一、单项选择题（下列各题的备选答案中，只有 1 个正确选项，请将正确选项填入括号中。多选、不选、错选均不得分，每小题 0.5 分，共 40 小题，共计 20 分）

1. 2022 年 5 月 10 日，习近平总书记在庆祝中国共产主义青年团成立 100 周年大会上的讲话指出，（　　）是共青团的初心使命。

A. 坚定不移跟党走，为党和人民奋斗　　B. 用先进思想启迪人民觉醒

C. 为中国革命胜利贡献青春　　D. 为中华民族振兴贡献力量

2. 2022 年 5 月 5 日，中共中央政治局常委会召开会议，分析当前新冠肺炎疫情防控形势。会议指出，要毫不动摇坚持“（　　）”总方针，坚决同一切歪曲、怀疑、否定我国防疫方针政策的言行作斗争。

A. 完全清零　　B. 动态清零

C. 人民至上　　D. 外防输入，内防反弹

3. 督查立项的事项，应有明确的时限要求，没有明确时限要求的，承办单位一般在（　　）日内办结并上报。

A. 7　　B. 15　　C. 30　　D. 60

4. 中国共产党人的初心和使命是（　　）。

A. 为中国人民谋幸福，为中华民族谋未来

B. 为中国人民谋生活，为中华民族谋复兴

C. 为中国人民谋幸福，为中华民族谋复兴

D. 为中国人民谋生活，为中华民族谋未来

5. 由涉税舆情事件引发的突发事件类别应当是（　　）。

A. 自然灾害　　B. 事故灾害　　C. 社会安全事件　　D. 公共卫生事件

6. 中共中央总书记、国家主席习近平在中国共产党第十八届中央纪律检查委员会第五次全体会议上发表重要讲话时指出，（　　）是对党员、干部党性的重要考验，是对党员、干部对党忠诚度的重要检验。

A. 反腐败　　B. 守纪律　　C. 明党纪　　D. 讲规矩

7. 伟大斗争，伟大工程，伟大事业，伟大梦想，紧密联系、相互贯通、相互作用，其中起决定性作用的是（　　）。

A. 中国特色社会主义伟大事业　　B. 党的建设新的伟大工程

C. 具有许多新的历史特点的伟大斗争　　D. 中华民族伟大复兴的伟大梦想

8. 根据《国家税务总局关于开展2022年“我为纳税人缴费人办实事暨便民办税春风行动”的意见》，税务总局于2022年1月首批推出5大类20项（　　）条便民办税缴费措施后，进一步结合纳税人缴费人新需求，在原有类别和事项框架下，新推出（　　）条具体措施，让纳税人缴费人享受更快捷、更规范、更有感的服务。

A. 105　25　　B. 80　25　　C. 105　20　　D. 80　20

9. 以下选项中属于宪法修正案中新增条款的是（　　）。

A.“国家保障各少数民族的合法的权利和利益，维护和发展各民族的平等、团结、互助、和谐关系”

B.“国家倡导社会主义核心价值观，提倡爱祖国、爱人民、爱劳动、爱科学、爱社会主义的公德”

C.“平等、团结、互助、和谐的社会主义民族关系已经确立，并将继续加强”

D.“国家工作人员就职时应当依照法律规定公开进行宪法宣誓”

10. 根据《行政复议法》规定，行政机关中初次从事行政复议的人员，应当通过国家统一法律职业资格考试取得（　　）。

A. 行政复议资格　　B. 律师执业证

C. 律师工作证　　D. 法律职业资格

11. 中共中央组织部最新党内统计数据显示，截至2021年底，中国共产党党员总数为（　　）名，党的基层组织（　　）个。

A. 9 514.8万；493.6万　　B. 9 671.2万；493.6万

C. 9 514.8万；486.4万　　D. 9 671.2万；486.4万

12. 下列有关需求的表述，不正确的是（　　）。

A. 对消费者需求量影响最大的是消费者的偏好

B. 奢侈品的需求较富有弹性，而低档商品的需求较缺乏弹性

C. 替代商品的价格越高，数量越少，消费者对本商品的需求量就越大

D. 互补商品的价格越高，数量越少，消费者购买本商品的数量就越少

13. 档案具有历史再现性、知识性、信息性、政治性、文化性、教育性等属性，其中（　　）为其本质属性。

A. 历史再现性　　B. 知识性　　C. 信息性　　D. 政治性

14. 秘书事务工作的“三办”是指（　　）。

A. 办文、办事、办信　　B. 办文、办事、办信息

C. 办文、办事、办协调　　D. 办文、办事、办会

15. 现代成本管理认为，成本管理的对象是（　　）。

A. 成本费用观念　　B. 成本意见　　C. 成本责任　　D. 成本管理效率

16. 下列哪条不属于中央文件执行要求。(　　)

A. 专人管理　　B. 专本登记　　C. 专柜存放　　D. 专人登记

17. 以促进可持续发展为目标，为实现经济利益、消费者需要和环境利益的协调统一而开展的市场营销活动被称为（　　）。

A. 关系营销　　B. 绿色营销　　C. 交叉营销　　D. 客户关系管理

18. 下列关于会议的安排，说法错误的是（　　）。

A. 不安排用餐　　B. 不制作背景板

C. 不摆花草　　D. 不提供水果

19. 团队的构成要素中不包括（　　）。

A. 管理　　B. 目标　　C. 人员　　D. 团队的定位

20. 下列属于现行增值税税率的是（　　）。

A. 17%　　B. 16%　　C. 10%　　D. 9%

21. 税收是人类社会发展到一定阶段的产物，伴随税收出现的是（　　）。

A. 人类的产生　　B. 国家的产生

C. 法律的产生　　D. 剩余产品的出现

22. 下列不属于突发事件信息报告制度的有（　　）。

A. 终报制度　　B. 首报制度　　C. 日报告制度　　D. 续报制度

23. 下列行政机关履行的职能，不属于经济职能的是（　　）。

A. 税务部门对房产交易依法进行征税　　B. 工商部门为工商企业办理登记注册

C. 交管部门对违章司机进行罚款处理　　D. 质监部门到生产企业检查产品质量

24. 为确保督查发现的问题整改落实到位，对部分单位组织开展“二次督查”。下列选项不属于“二次督查”主要内容的是（　　）。

A. 整改通知中指出问题的整改落实情况

B. 整改落实长效机制建设情况

C. 尚未整改落实的问题及原因

D. 督促被督查单位落实和整改的事项

25. 民事行为的有效条件包括（　　）。

A. 行为人具有民事行为能力　　B. 行为人有真实意思表示

C. 行为内容不违法　　D. 行为形式为书面形式

26. 党委委员应当认真落实基层联系点工作制度，注重调查研究，广泛听取意见，掌握实际情况，研究和解决实际问题，切实减轻基层负担。每年深入基层的时间不少于（　　）。

A. 一星期　　B. 一个月　　C. 两个月　　D. 三个月

27. 公文写作要注意用词规范，下面表述不规范的是（　　）。

A. 国家公务员，国家劳模，国家一级演员

B. 高级讲师，高级记者，一级教授

C. 研究员，记者，讲师

D. 工程师，建筑师，园艺师

28. 我国社会主义改造基本完成后，国内主要矛盾是人民对于经济文化迅速发展的需要同当时经济文化不能满足人民需要的状况之间的矛盾，全国人民的主要任务是集中力量（　　），实现国家工业化，逐步满足人民日益增长的物质和文化需要。

A. 发展社会生产力　　B. 发展科技生产力

C. 发展军事强国　　D. 发展教育强国

29. 要进一步完善我国现行个人所得制，解决收入分配公平问题，应该（　　）。

A. 实行分类税制模式　　B. 实行分类与综合相结合的税制模式

C. 减少税率级距　　D. 增加税率档次

30. 以一两个实力最为雄厚的大企业或大银行为核心，通过跨部门、跨行业的联合而形成的垄断集团是（　　）。

A. 辛迪加　　B. 康采恩　　C. 托拉斯　　D. 卡特尔

31. 下列各句中有两个错别字的是（　　）。

A. 只要中国航天人一如继往地发扬艰苦卓绝的优良作风，我们就有理由相信，“神六”的再次辉煌是计日程功之事

B. 九寨民俗，纯朴深厚；九寨历史，渊远流长；九寨机场，则给这个世外桃源插上了腾飞的翅膀

C. 除夕之夜，是大多数中国家庭举家团圆的良霄，而独出新裁、群英汇萃、令人欢欣愉悦的春节晚会，则是除夕之夜的一顿大餐

D. “一些别有用心的人污蔑我厂出口的产品。”李厂长义愤填膺地对大家说，“对于这种无耻滥言，我们要同仇敌概，粉碎他们的阴谋”

32. 系统督查流程一般包括：督查立项、（　　）、实地督查、反馈意见、总结汇报、督促整改等环节。

A. 实施准备　　B. 案头督查　　C. 跟踪催办　　D. 拟定方案

33. 随着网络时代的兴起，电商直播成了新的财富密码，创造了很多直播神话，比如2021年，某电商直播间在“双11”第一天累计销售额高达115.39亿元，一天的销售额就超过了4 000家A股上市公司的全年营收。但是，“双11”的网购热潮才刚刚过去没多久，某电商直播就被曝出偷逃税，被追缴并处罚款共计13.41亿元。该材料主要表明（　　）。

①诚信是社会主义市场经济的基础

②依法纳税是每个公民应尽的义务

③税收是收入分配公平的重要手段

④偷逃税款是税收流失的主要原因

A. ①② B. ①③ C. ②③ D. ③④

34. 税务机关私分、挪用、截留、非法占有税款、滞纳金、罚款或者查封、扣押的财物以及纳税担保财物的，对有关责任人员，给予（ ）处分。

A. 记大过 B. 降级 C. 撤职 D. 开除

35. 下列关于外汇储备的说法不正确的是（ ）。

A. 外汇储备是国家国际清偿力的重要组成部分，同时对平衡国际的收支、稳定汇率有重要影响

B. 外汇储备的主要用途是支付清偿国际收支逆差

C. 某国的外汇储备包含其持有的外国国库券

D. 经济实力越强的国家，其持有的外汇储备就越多

36. 下列关于欧洲联盟的表述中，不正确的是（ ）。

A. 由欧洲共同体发展而来 B. 它是一个经济合作组织

C. 最初由六个国家组成 D. 它是一个政治军事组织

37. 扩张性财政对经济的影响是（ ）。

A. 缓和了经济萧条但增加政府债务 B. 缓和了经济萧条也减少了政府债务

C. 加剧了通货膨胀但减少了政府债务 D. 缓和了通货膨胀但增加了政府债务

38. 下列对 CPI（居民消费价格指数）认识正确的是（ ）。

A. CPI 反映一定时期内居民所购生活消费品的价格程度的绝对数

B. CPI 用来分析消费品非零售价对居民生活费用支出的影响程度

C. CPI 反映居民所购生活消费品的价值和服务项目价格变动趋势

D. CPI 是采用指数商品加权平均的方法算出来的

39. 关于公文行文规则，下列说法错误的是（ ）。

A. 下级机关的请示事项，如需以本机关名义向上级机关请示，应当原文转报上级机关

B. 各级税务机关可以以函的形式向下一级政府行文，商洽工作、询问和答复问题、审批事项

C. 各级税务机关的办公室根据授权可以代表本级机关行文

D. 便函不得以“国家税务总局×××市税务局”为行文对象

40. 下列关于党委理论学习中心组学习说法错误的是（ ）。

A. 党委书记是党委理论学习中心组学习的主管责任人

B. 学习各级税务局党委理论学习中心组集体学习研讨每季度不少于 1 次

C. 每次集体学习中心组成员出席人数不少于三分之二，因特殊情况不能参加学习的，应当严格履行请假手续，并及时补学

D. 党委书记不能参加党委理论学习中心组学习时，由主持党委工作的负责人代行职责

二、多项选择题（下列各题的备选答案中，至少有两个正确选项，请将正确选项的字母填写在括号中，多选、错选、少选、不选均不得分。每小题 2 分，共计 20 分）

1. 坚持正确舆论导向，高度重视传播手段建设和创新，提高新闻舆论（　　）。

A. 公信力　　B. 影响力　　C. 引导力　　D. 传播力

E. 感染力

2. 司局便函适用于商洽工作、通报情况、询问和答复一般事务性问题、安排其他一般性、事务性、临时性内部工作。下列关于司局便函使用正确的有（　　）。

A.《国家税务总局××省税务局办公室关于开展文件清理集中办公的通知》

B.《国家税务总局××省税务局人事处关于推荐税务干部到地方任职情况的通报》

C.《国家税务总局××省税务局政策法规处关于印发 2019 年度工作要点的通知》

D.《国家税务总局××省税务局货物劳务税处关于民政福利企业退税问题的通知》

E.《国家税务总局××省税务局征管科技处关于明确解除非正常户条件的通知》

3. 下列各项中，属于法律绝对保留事项的有（　　）。

A. 对公民的政治权利的剥夺、限制人身自由的强制措施和处罚

B. 司法制度

C. 犯罪和刑罚

D. 税种的设立、税率的确定以及税收征收管理等税收基本制度

4. 下列信访工作做法不妥的有（　　）。

A. 某省税务局 11 名干部国庆节期间到京上访，并可能发生滞留，该省税务局分管领导第一时间带队到京劝返

B. 某企业到市税务局反映主管税务机关存在执法偏差问题，办公室与督察内审部门共同接访

C. ××市税务局设立信访应急工作组，在办公室设立信访应急办，市局办公室主任担任主任，成员单位信访工作联络员为成员

D. ××市税务局对依法应当通过诉讼途径解决的信访事项，不予登记

E. ××市税务局受理的一件信访情况复杂，经领导批准，延长 60 日办结，并告知信访人延期理由

5. 要深刻认识党面临的执政考验、（　　）的长期性和复杂性。

A. 改革开放考验　　B. 市场经济考验　　C. 生态保护考验　　D. 外部环境考验

6. 下列关于督查督办的表述，正确的有（　　）。

A. 督查督办工作以实地督查督办为主

B. 与被督查单位交换意见，不应提供反映问题的人员姓名或单位名称

C. 超过 1 个月不足 3 个月的，每月反馈一次工作进展情况

D. 下级税务机关请示件，承办单位应在 20 日内予以答复

E. 对税务机关的暗访，可以通过拍照、录音、录像等留存记录，填写督查工作底稿

7. 进口配额制是一国政府在一定时期内，对某些商品的（　　）加以直接限制。

A. 产品的容量　B. 产品的金额　C. 产品的重量　D. 产品的数量

8. 构建税收治理体系的基本内容具体包括（　　）。

A. 税收治理主体多元化　B. 税收治理责任模糊化

C. 税收治理权威集中化　D. 税收治理路径网络化

9.《关于进一步深化税收征管改革的意见》指出，稳步实施发票电子化改革，2025 年基本实现发票（　　）电子化，着力降低制度性交易成本。

A. 全领域　B. 全票种　C. 全要素　D. 全税户

E. 全环节

10. 当前我国一些民营企业在经营发展中遇到不少困难和问题，原因有（　　）。

A. 国际经济环境变化的结果

B. 我国经济由高速增长阶段转向高质量发展阶段的结果

C. 政策落实不到位的结果

D. 企业自身的原因

三、判断题（判断下列各题正误，正确的打“√”，错误的打“×”。每小题 1 分，共计 20 分）

1. 到 2023 年，在税务执法规范性、税费服务便捷性、税务监管精准性上取得重要进展。（　　）

2. 到 2025 年基本实现发票全领域、全过程、全要素电子化，着力降低制度性交易成本。（　　）

3. 当前我国经济发展面临需求收缩、供给冲击、预期转弱三重压力。（　　）

4. 自 2021 年 1 月 1 日至 2022 年 12 月 31 日，对月销售额 15 万元以下（含本数）的增值税小规模纳税人，免征增值税。（　　）

5. 公务员在处分期间不得晋升职务和级别，其中受记过、记大过、降级、撤职处分的，不得晋升工资档次。（　　）

6. 古代的“河”专指黄河，“江”专指“长江”，所以《鸿门宴》里“将军战河南”

的“河南”是指“黄河以南的地区”，不是今天所说的“河南省”。（　）

7. 随着金融全球化，更注意安全与效率。（　）

8. 党支部的成立，一般由基层单位提出申请，所在乡镇（街道）或者单位基层党委召开会议研究决定并批复，批复时间一般不超过 1 个月。（　）

9. 对党组织的问责方式包括检查、通报、改组。对党的领导干部的问责方式包括：通报、诫勉、组织处理、纪律处分。（　）

10. 某省税务局党委书记、局长王某根据工作需要，可指定办公室主任李某为机密级、秘密级国家秘密定密责任人。（　）

11. 在其他条件相同的情况下，均一商品税比差别商品税的超额负担小。（　）

12. 非常设机构，是指为便于某些工作的开展，在某些常设机构之上或之间设立的松散性的协调或协商机构。（　）

13. 依据决策的条件不同，决策可分为高层决策、中层决策和基层决策。（　）

14. 局务会议、局长办公会议、局领导专题会议讨论通过决定印发的文件，原则上应在会议结束后 5 个工作日内印发。（　）

15. 公文处理的质量与效率是决定机关工作质量与效率的决定性因素。（　）

16. 根据突发事件及处置结果，无须另行向省税务局续报和终报情况的事件，初报即为终报。（　）

17. 外汇储备是一个国家清偿力的重要组成部分，同时对于平衡国际收支、稳定汇率有重要的影响。因此，外汇储备越多越好。（　）

18. 公务员职级改革对部分公务员应该实行聘期制、任期制。（　）

19. 市税务局领导要求向各单位下发一份简单的会议通知，办公室人员小张在综合办公系统内起草了一份标题为《××市税务局关于紧急召开××会议的通知》。（　）

20. 督办事项办结标准为所有工作流程办理完毕。（　）

四、情景判断题（每题 5 小题，每小题 2 分，共 10 分）

2022 年 7 月，为落实优化营商环境要求，某市税务局要开展一项全新的工作，该项工作时间紧、要求高、开拓性强。张副局长作为税务局分管此项工作的局领导，在上周刚调整工作分工，分管这项工作，而这项工作他从来没有干过。对下面要开展这项工作的部门以及部门的工作人员，也不太了解。对于这项工作的开展，张副局长采取了下列各项措施。请你对各项措施的有效程度逐项作出评价（请对每个措施的有效程度用①—⑦做出评价，其中“①”表示有效性程度最低，“⑦”表示有效性程度最高，选择你认为适当的等级数字，在相应的数字上打“√”。在作答时，对每个措施或办法的有效性程度单独作出评价，无须排序。若你认为有些措施或办法的有效性程度相同，也可以选择相同的等级数字）。

（1）磨刀不误砍柴工，组织一次培训，做好相关知识储备和能力的提升。

① ② ③ ④ ⑤ ⑥ ⑦

（2）时间紧迫，先干起来，干中学，学中干。

① ② ③ ④ ⑤ ⑥ ⑦

（3）坚持学以致用，解决好工作与学习的矛盾。

① ② ③ ④ ⑤ ⑥ ⑦

（4）聘用一位具有丰富实践经验的人指导工作。

① ② ③ ④ ⑤ ⑥ ⑦

（5）聘用一位高校专家指导工作。

① ② ③ ④ ⑤ ⑥ ⑦

五、案例分析题（共 2 大题，每题 5 小题，每小题 3 分，共 30 分）

1. 某县交通局党组书记王某之子王小某在该县开办一家劳务公司，后县委发现王小某从事可能影响王某公正执行公务的经营活动后，责令其纠正。王某收到通知后拒不纠正，也不服从调任其他单位的安排。

（1）应当根据哪个规定给予王某纪律处分？（　　）（单选题）

A.《中国共产党廉洁自律准则》　　B.《中国共产党纪律处分条例》

C.《中国共产党党内监督条例》　　D.《中国共产党巡视条例》

（2）王某收到通知后拒不纠正，也不服从调任其他单位的安排，应给予（　　）的党纪处分。（单选题）

A. 党内严重警告　B. 留党察看　C. 撤销党内职务　D. 开除党籍

（3）根据（　　）的规定，党纪处分决定应当在（　　）内向王某所在支部全体党员及其本人宣布，还应当向所在党组织领导班子宣布，并按照干部管理权限和组织关系将处分决定材料归入受处分者档案。（单选题）

A.《中国共产党廉洁自律准则》；1 个月

B.《中国共产党纪律处分条例》；1 个月

C.《中国共产党党内监督条例》；3 个月

D.《中国共产党巡视条例》；3 个月

（4）若王某违反工作制度，在王小某从事经营活动中为其谋求特殊待遇，情节严重的，给予（　　）或者（　　）处分。（多选题）

A. 警告　B. 严重警告　C. 撤销党内职务　D. 留党察看

（5）发现领导干部配偶、子女及其配偶经商办企业违反禁业规定的，（　　）。（多选题）

A. 责令领导干部作出说明

B. 由其配偶、子女及其配偶退出经商办企业

C. 领导干部本人退出现职、接受职务调整

D. 视情况给予领导干部相应处理处分

2. 经查，2022 年 6 月之前，某地级市税务局稽查一局局长李某（正科级）和该局副局长赵某（副科级）、一名一般工作人员江某（非领导干部）共用一间办公室，使用面积为 32 平方米。2022 年 7 月，赵某调整到市税务局机关工作，江某被组织安排到某县税务局所辖分局任分局长（副科级领导干部），但原办公桌椅仍在该办公室，李某也未安排他人使用该办公室。此外，李某还存在公款旅游、违规公务接待和铺张浪费的问题。2022 年 5 月 9 号记账凭证及附列资料记载：4 月 10 日李某在某饭店接待某省税务局考核组成员 4 人，公务接待单上列名其他陪同人员有分管领导张某，相关科室负责人李某、王某等 5 人，饭店开具发票账单显示饭菜费 2 700 元、烟 1 000 元。

（1）根据《党政机关办公用房使用面积标准》规定，李某办公室使用面积超（　　）平方米。（单选题）

A. 8　　B. 14　　C. 20　　D. 23

（2）江某任某县税务局所辖分局局长后，其办公室使用面积不应超过（　　）平方米。（单选题）

A. 9　　B. 12　　C. 18　　D. 24

（3）李某作为市税务局稽查一局局长，其办公室使用面积超标，情节较重。根据《中国共产党纪律处分条例》第一百零九条之规定：违反办公用房管理等规定，超标准配备、使用办公用房的对直接责任者和领导责任者，情节较重的，给予（　　）处分。（单选题）

A. 警告或者严重警告　　B. 撤销党内职务

C. 留党察看　　D. 免职

（4）李某违规公务接待和铺张浪费的问题，根据《中国共产党纪律处分条例》第一百零六条之规定，应给予李某（　　）。（单选题）

A. 警告或者严重警告处分　　B. 留党察看处分

C. 撤销党内职务处分　　D. 免职

（5）李某一人有两种以上应当受到党纪处分的违纪行为，请说出给予李某纪律处分应当运用的规则及如何量纪（不考虑从轻情节）？（单选题）

A. 警告或者严重警告处分　　B. 留党察看处分

C. 撤销党内职务处分　　D. 免职

模拟试卷（十）答案及解析

一、单项选择题

1.【参考答案】A

【解析】习近平同志指出，坚定不移跟党走，为党和人民奋斗，是共青团的初心使命。

2.【参考答案】B

【解析】会议指出，要毫不动摇坚持“动态清零”总方针，坚决同一切歪曲、怀疑、否定我国防疫方针政策的言行作斗争。

3.【参考答案】C

【解析】督查立项的事项，应有明确的时限要求，承办单位应按时限要求办结，没有明确时限要求的，承办单位一般在30日内办结并上报。

4.【参考答案】C

【解析】党的十九大报告指出：中国共产党人的初心和使命，就是为中国人民谋幸福，为中华民族谋复兴。这个初心和使命是激励中国共产党人不断前进的根本动力。

5.【参考答案】C

【解析】社会安全事件主要包括恐怖袭击事件、民族宗教事件、经济安全事件、群体性事件、刑事案件、信访事件、舆情事件和税收行政执法引起的其他事件等。

6.【参考答案】D

【解析】中共中央总书记、国家主席习近平在中国共产党第十八届中央纪律检查委员会第五次全体会议上发表重要讲话时指出，讲规矩是对党员、干部党性的重要考验，是对党员、干部对党忠诚度的重要检验。

7.【参考答案】B

【解析】党的十九大报告指出：伟大斗争，伟大工程，伟大事业，伟大梦想，紧密联系、相互贯通、相互作用，其中起决定性作用的是党的建设新的伟大工程。

8.【参考答案】B

【解析】依据《国家税务总局关于2022年“我为纳税人缴费人办实事暨便民办税春风行动”第二批措施的通知》（税总纳服函〔2022〕24号）。

9.【参考答案】D

【解析】宪法修正案中，宪法第二十七条增加一款，作为第三款：“国家工作人员就职时应当依照法律规定公开进行宪法宣誓。”故本题选 D。将“国家保障各少数民族的合法的权利和利益，维护和发展各民族的平等、团结、互助关系”修改为“国家保障各少数民族的合法的权利和利益，维护和发展各民族的平等、团结、互助、和谐关系”。将“平等、团结、互助的社会主义民族关系已经确立，并将继续加强”修改为“平等、团结、互助、和谐的社会主义民族关系已经确立，并将继续加强”。将“国家提倡爱祖国、爱人民、爱劳动、爱科学、爱社会主义的公德”修改为“国家倡导社会主义核心价值观，提倡爱祖国、爱人民、爱劳动、爱科学、爱社会主义的公德”。

10.【参考答案】D

【解析】根据《中华人民共和国行政复议法》第三条规定，行政机关中初次从事行政复议的人员，应当通过国家统一法律职业资格考试取得法律职业资格。

11.【参考答案】B

【解析】中央组织部最新党内统计数据显示，截至 2021 年底，中国共产党党员总数为 9 671.2 万名，比上年净增 343.4 万名。党的基层组织 493.6 万个，比上年净增 11.7 万个。中国共产党一路走来，始终把基层党组织和党员队伍建设作为党的建设的基础性工作，不断吸收新鲜血液，着力锻造先锋队伍，使党始终保持旺盛生命力和强大战斗力。

12.【参考答案】A

【解析】对消费者需求量影响最大的是价格因素。

13.【参考答案】A

【解析】历史再现性是档案的本质属性，因此档案才具有凭证价值。

14.【参考答案】D

【解析】秘书事务工作的“三办”主要有办文，如文书撰写、文书制作等；办事，如调查研究、信访工作、日常事务等；办会、如会议组织等。

15.【参考答案】C

【解析】现代成本管理认为，成本管理的对象是成本责任，体现了以人为中心的管理特点。故选 C。

16.【参考答案】D

【解析】《国家税务总局办公厅关于进一步加强保密管理工作的通知》，认真执行《税务系统涉密文件信息资料保密管理办法》，严格落实涉密文件接收、运转、复制、清退、销毁等环节的管理要求，强化涉密文件痕迹化管理。严格执行中央文件“专人管理、专本登记、专柜存放”要求，确保中央文件万无一失。

17.【参考答案】B

【解析】绿色营销观念认为，企业在营销活动中，要顺应时代可持续发展战略的要求，注重地球生态环境保护，促进经济与生态环境协调发展，以实现企业利益、消费者利益、社会利益及生态环境利益的协调统一。

18.【参考答案】A

【解析】《国家税务总局关于印发〈国家税务局系统会议费管理办法〉的通知》规定，严格执行会议用房标准，不得安排高档套房；会议用餐严格控制菜品种类、数量和份量，一般安排自助餐；严禁提供高档菜肴，不安排宴请，不上烟酒；会议会场一律不摆花草，不制作背景板，不提供水果。

19.【参考答案】A

【解析】团队的构成要素包括目标、人员、团队的定位、权限、计划。

20.【参考答案】D

【解析】依据《财政部 税务总局 海关总署关于深化增值税改革有关政策的公告》（财政部 税务总局 海关总署公告 2019 年第 39 号）。

21.【参考答案】B

【解析】税收是人类社会发展到一定阶段，伴随着私有制和国家的产生而起源的。

22.【参考答案】C

【解析】《全国税务系统突发事件信息报告工作管理办法》第十条，突发事件信息报告实行首报、续报和终报制度。根据应急管理有关规定和突发事件具体情况，实行向上级税务机关和事发地人民政府有关部门同时报告制度。

23.【参考答案】C

【解析】行政机关的经济职能主要包括以下几个方面：①经济调节；②公共服务；③市场监管；④社会管理。A 项属于①；B 项属于④；D 项属于③。C 项，交管部门对违章司机进行罚款处理属于行政机关履行社会职能，而非经济职能。故本题选 C。

24.【参考答案】D

【解析】《系统督查管理办法》第十七条规定，为确保督查发现的问题整改落实到位，对部分单位组织开展“二次督查”。督查主要内容：（一）整改通知中指出问题的整改落实情况。（二）整改落实长效机制建设情况。（三）尚未整改落实的问题及原因。（四）需要了解的其他情况。

25.【参考答案】B

【解析】本题实际上是考查民事行为与民事法律行为的区别。民事行为是民事法律行为的上位概念，在不清楚民事行为的有效条件的情况下，可直接与民事法律行为的有效条件相对照，不难得出结论。民事法律行为人有效要件包括三个方面：主体合格，即有民事权利能力和行为能力；内容合法，即行为内容不违反法律或者社会公共利益；意思表示真实，即不是基于欺诈或胁迫等作出的意思表示。ACD 三项都是民事法律行为的有效要件要求，只有 B 符合题意。

26.【参考答案】B

【解析】《中共国家税务总局委员会工作规则》第十二条，党委委员应当认真落实基层联系点工作制度，注重调查研究，广泛听取意见，掌握实际情况，研究和解决实际问题，切实减轻基层负担。每年深入基层的时间不少于1个月。

27.【参考答案】A

【解析】公文用词应当规范、明确。A项中，国家公务员是指各级国家行政机关中除工勤人员以外的工作人员，只是一个笼统的概念，而非具体的职位或专业技术职称，在公文写作中使用属于不规范用词。故本题选A。

28.【参考答案】A

【解析】依据习近平总书记在省部级主要领导干部学习贯彻党的十九届六中全会精神专题研讨班上的重要讲话《更好把握和运用党的百年奋斗历史经验》。

29.【参考答案】B

【解析】要进一步完善我国现行个人所得制，解决收入分配公平问题，应该实行分类与综合相结合的税制模式，减少税率档次，应当降低最高税率，扩大税率级距，强化对高收入者的收入监督和征收管理。故本题选B。

30.【参考答案】B

【解析】康采恩是一种更为复杂的高级垄断组织形式，它是以一两个实力最为雄厚的大企业或大银行为核心，通过跨部门、跨行业的联合而形成的垄断集团。

31.【参考答案】B

【解析】A项，继—既；B项，纯—淳，渊—源；C项，霄—宵，新—心，汇—荟；D项，赝—膺，滥—斓，慨—忾。故此选B。

32.【参考答案】A

【解析】依据《系统督查管理办法》第六条。

33.【参考答案】A

【解析】①②：某电商直播就被曝出偷逃税，被追缴并处罚款共计13.41亿元，这说明依法纳税是每个公民应尽的义务，偷逃税款属于一种不诚信行为，是违背市场秩序的一种表现，而发展市场经济必须遵守公平、诚信的原则，诚信是社会主义市场经济的基础，所以①②正确。材料不涉及收入分配公平，③排除。偷逃税款是税收流失的原因之一，但不是主要原因，④排除。故本题选A。

34.【参考答案】A

【解析】依据《税收违法违纪行为处分规定》第十一条。

35.【参考答案】D

【解析】外汇储备是一个国家国际清偿力的重要组成部分，同时对于平衡国际收支、稳定汇率有重要的影响，故A项正确。外汇储备的主要用途是支付清偿国际收支逆差，还经常被用来干预外汇市场，以维持该国货币的汇率，B项正确。广义的外汇储备是指以外汇计价的资产，包括现钞、国外银行存款、国外有价证券等，外国国库券属于国外有价证券，C 项正确。经济实力越强的国家，其外汇储备未必就多，如英国。因此 D 项错误。

36.【参考答案】D

【解析】欧洲联盟不是政治军事组织，其他 ABC 三项全是正确的。

37.【参考答案】A

【解析】扩张性财政政策指的是政府通过发行国债，增大财政支出和减少税收等措施，来刺激经济需求，从而缓和经济萧条的状况。但由于支出增多，税收减少，会造成政府的财政赤字，形成债务。故选 A。

38.【参考答案】C

【解析】CPI 即居民消费价格指数，英文缩写为 CPI，是反映与居民生活有关的产品及劳务价格统计出来的物价变动指标，通常作为观察通货膨胀水平的重要指标。

39.【参考答案】A

【解析】向上级机关行文，应当遵循以下规则：（三）下级机关的请示事项，如需以本机关名义向上级机关请示，应当提出倾向性意见后上报，不得原文转报上级机关。

40.【参考答案】A

【解析】《税务系统党委理论学习中心组学习制度》，分管党建工作的党委委员是党委理论学习中心组学习的主管责任人，主要职责是配合党委书记做好学习的组织工作。学习各级税务局党委理论学习中心组集体学习研讨每季度不少于 1 次，并结合地方党委的有关要求完成学习任务，每位成员至少作 1 次重点发言，每次应有发言记录，形成学习纪要。每次集体学习中心组成员出席人数不少于三分之二，因特殊情况不能参加学习的，应当严格履行请假手续，并及时补学。党委书记不能参加时，由主持党委工作的负责人代行职责。

二、多项选择题

1.【参考答案】ABCD

【解析】习近平总书记于 2017 年 10 月 18 日在中国共产党第十九次全国代表大会上作的报告指出：坚持正确舆论导向，高度重视传播手段建设和创新，提高新闻舆论传播力、引导力、影响力、公信力。

2.【参考答案】AC

【解析】以下情况一般使用司局便函：召开四类会议、视频会议，组织培训（包括视频培训）的通知；通报各内设机构年度重点工作安排或要点的通知；以下情况不得使用司局便函：不得进行税收征管问题解释；不得部署直接面向纳税人的具体税收征管工作；其他不得以司局便函行文的情况。

3.【参考答案】ABC

【解析】本题考查的是法律保留原则中的绝对保留。法律保留分为绝对保留和相对保留。绝对保留事项是指在任何时候都只能制定法律，而不能由其他国家机关代为行使立法权。除宪法外，还包括有关犯罪和刑罚的事项、对公民政治权利的剥夺和限制人身自由的强制措施及处罚事项、有关司法制度的事项。相对保留事项经全国人大常委会授权，可以由国务院制定行政法规。

4.【参考答案】ADE

【解析】遇重大活动和敏感时期发生10人以上集体上访的，所在地税务机关主要领导要第一时间带队进行劝返。信访工作机构收到信访事项，应当进行登记。信访事项应当自受理之日起60日内办结；情况复杂的，经机关领导批准可以适当延长办理期限，但延长期限不得超过30日，并告知信访人延期理由。

5.【参考答案】ABD

【解析】党的十九大明确指出：要深刻认识党面临的执政考验、改革开放考验、市场经济考验、外部环境考验的长期性和复杂性，深刻认识党面临的精神懈怠危险、能力不足危险、脱离群众危险、消极腐败危险的尖锐性和严峻性，坚持问题导向，保持战略定力，推动全面从严治党向纵深发展。

6.【参考答案】BE

【解析】A选项，机关日常督办以案头为主，系统专项督查以实地督查为主。C选项，对于督办事项，1个月内办结的，及时反馈办理情况；超过1个月不足3个月的，在中期反馈一次工作进展情况；超过3个月的，每季度反馈一次工作进展情况。D选项，下级税务机关请示件，承办单位应在30日内予以答复。根据《系统督查管理办法》，对税务机关的暗访，可以通过拍照、录音、录像等留存记录，填写督查工作底稿；必要时暗访人员可以公开身份，进一步核实有关问题。

7.【参考答案】BD

【解析】进口配额制是一国政府在一定时期内，对某些商品的数量或金额加以直接限制。在规定的期限内，配额以内的商品可以进口，超过配额的商品不准进口，或者征收更高的关税或罚款后才能进口。

8.【参考答案】ABD

【解析】就其基本内涵而言，构建税收治理体系的核心在于创新税收征管模式，其基本内容不仅包括构建完善的制度体系，还包括税收征纳双方通过沟通与协调，实现税收的共赢善治，具体而言：（1）税收治理主体多元化；（2）税收治理责任模糊化；（3）税收治理路径网络化；（4）税收治理效果持续化。

9.【参考答案】ACE

【解析】根据《关于进一步深化税收征管改革的意见》，制定出台电子发票国家标准，有序推进铁路、民航等领域发票电子化，2025 年基本实现发票全领域、全环节、全要素电子化，着力降低制度性交易成本。

10.【参考答案】ABCD

【解析】习近平总书记在民营企业座谈会上指出，一些民营企业在经营发展中遇到不少困难和问题，有的民营企业家形容为遇到了“三座大山”：市场的冰山、融资的高山、转型的火山。这些困难和问题成因是多方面的，是外部因素和内部因素、客观原因和主观原因等多重矛盾问题碰头的结果。一是国际经济环境变化的结果。二是我国经济由高速增长阶段转向高质量发展阶段的结果。三是政策落实不到位的结果。我国民营经济遇到的困难也有企业自身的原因。

三、判断题

1.【参考答案】×

【解析】根据《关于进一步深化税收征管改革的意见》，到 2022 年，在税务执法规范性、税费服务便捷性、税务监管精准性上取得重要进展。

2.【参考答案】×

【解析】根据《关于进一步深化税收征管改革的意见》，到 2025 年基本实现发票全领域、全环节、全要素电子化，着力降低制度性交易成本。

3.【参考答案】√

【解析】根据《2022 年政府工作报告》，当前我国经济发展面临需求收缩、供给冲击、预期转弱三重压力。

4.【参考答案】×

【解析】根据组合式税费支持政策，自 2021 年 4 月 1 日至 2022 年 12 月 31 日，对月销售额 15 万元以下（含本数）的增值税小规模纳税人，免征增值税。

5.【参考答案】√

【解析】根据《中华人民共和国公务员法》。

6.【参考答案】√

【解析】略。

7.【参考答案】√

【解析】金融全球化是指金融业跨国发展，金融活动按全球统一规则运行，同质的金融资产价格趋于等同，巨额国际资本通过金融中心在全球范围内迅速运转，从而形成全球一体化趋势。

8.【参考答案】√

【解析】根据《中国共产党支部工作条例（试行）》第六条。

9.【参考答案】×

【解析】对党的领导干部的问责方式包括：通报、诫勉、组织调整或者组织处理、纪律处分。

10.【参考答案】×

【解析】内设机构有关负责任人只能指定为秘密级国家秘密定密责任人。

11.【参考答案】√

【解析】在其他条件相同的情况下，均一商品税比差别商品税的超额负担小。征差别商品税后，直接改变了商品之间的比价，造成超额负担。征税差别越大，超额负担越大。

12.【参考答案】√

【解析】非常设机构，又称“临时机构”或“议事协调机构”。它是指为便于某些工作的开展，在某些常设机构之上或之间设立的松散性的协调或协商机构。非常设机构的决定一般仍需通过有关常设机构执行。

13.【参考答案】×

【解析】依据决策的条件不同，决策可分为确定型决策、风险型决策和非确定型决策；依据决策的层次不同，决策可分为高层决策、中层决策和基层决策。

14.【参考答案】×

【解析】《国家税务总局工作规则》第四十条规定，局务会议、局长办公会议、局领导专题会议讨论通过决定印发的文件，原则上应在会议结束后 7 个工作日内印发。

15.【参考答案】×

【解析】公文处理的质量和效率的确对办事机关工作质量和效率有着重要的影响，但是，并不能认为其能够起到决定性因素。故本题说法错误。

16.【参考答案】√

【解析】根据突发事件及处置结果，无须另行向省税务局续报和终报情况的事件，初报即为终报。

17.【参考答案】×

【解析】外汇储备作为一个国家经济金融实力的标志，它是弥补该国国际收支逆差，抵御金融风暴，稳定该国汇率以及维持该国国际信誉的物质基础。对于发展中国家来说，往往要持有高于常规水平的外汇储备。但是，外汇储备并非多多益善，多年来中国外汇储备规模的急剧扩大对经济发展产生了许多负面影响。

18.【参考答案】√

【解析】公务员职级改革应与公务员退出机制等关联性制度改革同时进行，不能实行职级终身制，更不能把职级当成福利，对部分公务员应该实行聘期制、任期制，打破终身制。

19.【参考答案】×

【解析】根据《国家税务总局办公厅关于规范省税务机构在公文中称谓问题的通知》，标题中省税务机关名称应使用全称。

20.【参考答案】×

【解析】《国家税务总局办公厅关于印发〈国家税务总局机关督办管理办法〉的通知》规定，督办事项以按文件、领导批示指示要求全部完成为办结标准。

四、情景判断题

【参考答案】（1）④　（2）⑤　（3）⑥　（4）④　（5）④

五、案例分析题

1.（1）【参考答案】B

【解析】依据《中国共产党纪律处分条例》第九十七条规定。

（2）【参考答案】C

【解析】依据《中国共产党纪律处分条例》第九十七条规定。

（3）【参考答案】B

【解析】依据《中国共产党纪律处分条例》第四十一条规定。

（4）【参考答案】CD

【解析】依据《中国共产党纪律处分条例》第九十九条规定。

（5）【参考答案】ABCD

【解析】依据《领导干部配偶、子女及其配偶经商办企业管理规定》。

2.（1）【参考答案】B

【解析】依据《党政机关办公用房使用面积标准》。

（2）【参考答案】C

【解析】依据《党政机关办公用房使用面积标准》。

（3）【参考答案】A

【解析】根据《中国共产党纪律处分条例》第一百零九条之规定。

（4）【参考答案】C

【解析】根据《中国共产党纪律处分条例》第一百零六条之规定。

（5）【参考答案】B

【解析】对李某纪律处分运用的规则是：一人有《中国共产党纪律处分条例》规定的两种以上（含两种）应当受到党纪处分的违纪行为，应当合并处理，按其数种违纪行为中应当受到的最高处分加重一档给予处分。

模拟试卷（十一）

一、单项选择题（下列各题的备选答案中，只有1个正确选项，请将正确选项填入括号中。多选、不选、错选均不得分，每小题0.5分，共40小题，共计20分）

1. 科学社会主义的核心内容是（　　）。

A. 统一战线学说　　B. 无产阶级专政和社会主义民主

C. 无产阶级政党学说　　D. 阶级斗争学说

2. 总路线是相对于具体路线而言的根本指导路线。毛泽东第一次提出“新民主主义革命”的总路线和科学概念的著作是（　　）。

A. 《新民主主义论》　　B. 《中国革命和中国共产党》

C. 《在晋绥干部会议上的讲话》　　D. 《论人民民主专政》

3. 习近平总书记强调我们必须完整、准确、全面贯彻新发展理念，深入实施创新驱动发展战略，把科技的命脉牢牢掌握在自己手中，在科技自立自强上取得更大进展，不断提升我国发展（　　），催生更多新技术新产业，开辟经济发展的新领域新赛道，形成国际竞争新优势。

A. 独立性、自主性、安全性　　B. 独立性、完整性、安全性

C. 独立性、自主性、准确性　　D. 全面性、自主性、安全性

4. 2022年3月，国务院印发《关于设立3岁以下婴幼儿照护个人所得税专项附加扣除的通知》，关于纳税人填报3岁以下婴幼儿照护专项附加扣除政策，以下说法不正确的是（　　）。

A. 3岁以下婴幼儿的监护人，包括生父母、继父母、养父母，父母之外的其他人担任未成年人的监护人

B. 不是亲生父母不可以享受该项政策

C. 婴幼儿子女包括婚生子女、非婚生子女、养子女、继子女等受到本人监护的3岁以下婴幼儿

D. 无论婴幼儿在国内还是国外出生，其父母都可以享受扣除

5. 下列选项中，被党的十九大报告称为最大民生的是（　　）。

A. 住房　　B. 教育　　C. 医疗　　D. 就业

6. 党的纲领包括最高纲领和基本纲领两部分。现阶段中国共产党的基本纲领是（　　）。

A. 实现共产主义　　B. 中国特色社会主义事业总体布局

C. 实现中华民族伟大复兴　　D. 全面依法治国

7. 推进绿色税制建设，要系统考虑的手段是（　　）。

A. 税收和价格　　B. 税收和金融　　C. 税收和财政　　D. 税收和外贸

8. 根据《民法典》规定，向人民法院请求保护民事权利的诉讼时效期间为（　　）。法律另有规定的，依照其规定。

A. 一年　　B. 两年　　C. 三年　　D. 五年

9. “国家行政机关、监察机关、审判机关、检察机关都由人民代表大会产生，对它负责，受它监督。”在这四个机关中（　　）是修正后新加入宪法的。

A. 国家行政机关　　B. 监察机关　　C. 审判机关　　D. 检察机关

10. 商业利润是商业职工（　　）。

A. 必要劳动时间创造的剩余价值　　B. 第一部类内部各企业之间的交换

C. 剩余劳动时间实现的剩余价值　　D. 第三部类内部各企业之间的交换

11. 党的十九届六中全会通过的《中共中央关于党的百年奋斗重大成就和历史经验的决议》深刻总结了“两个确立”决定性意义。“两个确立”是指（　　）。

A. 确立习近平同志党中央的核心、全党的核心地位，确立党中央权威和集中统一领导

B. 确立习近平同志党中央的核心地位，确立习近平同志全党的核心地位

C. 确立习近平同志党中央的核心、全党的核心地位，确立习近平新时代中国特色社会主义思想的指导地位

D. 确立习近平新时代中国特色社会主义思想的指导地位，确立习近平同志党中央的核心、全党的核心地位

12. 一般的日用工业品市场和副食品市场接近（　　）。

A. 完全竞争市场　　B. 完全垄断市场　　C. 垄断竞争市场　　D. 寡头垄断市场

13. 经济学领域所谓的“看不见的手”的最初提出者是（　　）。

A. 亚当·斯密　　B. 凯恩斯　　C. 大卫·李嘉图　　D. 萨缪尔森

14. 近代中国，一些爱国人士提出过实业救国、教育救国、科学救国等主张，并为此付出巨大努力，但这些主张并不能从根本上给濒临危亡的中国指明准确的道路，这是因为他们都没有认识到的是（　　）。

A. 争取民族独立和人民解放是实现民族复兴的前提

B. 中国已经被卷入世界资本主义经济体系和世界市场中

C. 中国是一个政治经济发展不平衡的国家

D. 资本主义制度当时已经过时

15. 一个管理者所处的层次越高，面临的问题越复杂，越无先例可循，就越需要具备（　　）。

A. 领导技能　B. 组织技能　C. 概念技能　D. 人事技能

16. 下列选项中，属于政府的公共服务职能的是（　　）。

A. 建立社会舆论监督　B. 社会福利及社会保障

C. 健全宏观调控体系　D. 建立合理的市场监督

17. 近代中国第一个资产阶级政党是（　　）。

A. 中国同盟会　B. 中华革命党　C. 中国国民党　D. 中国民主同盟

18. 中国工人阶级除了具有一般无产阶级的优点外，还有自己的特点。下列选项中不属于中国工人阶级特点的是（　　）。

A. 深受帝国主义、封建主义和资本主义的三重压迫

B. 集中程度比较高，易于形成强大的政治力量

C. 多数来自农村，出身农民

D. 文化程度比较高，一开始就受到西方先进文化的熏陶

19. 俗语说："尺有所短，寸有所长""金无足赤，人无完人"。这要求领导者在用人时要（　　）。

A. 因事择人，量才使用　B. 用人不疑，充分信任

C. 公平竞争，择优用人　D. 扬长避短，发挥优势

20.（　　）是税收法定原则的核心内容。

A. 税种法定　B. 税收要素法定　C. 税收程序法定　D. 税收环节法定

21. 新文化运动的最重要成果是（　　）。

A. 民主和科学思想得到弘扬

B. 中国先进的知识分子接受了马克思主义

C. 为五四运动的爆发做了思想准备

D. 动摇了封建思想的统治地位

22. 法律思维要求讲法理。下列不属于"讲法理"要求的是（　　）。

A. 理由必须是公开的，而不能是秘密的

B. 理由必须是当事人双方确认无误的

C. 理由必须有法律上的依据

D. 理由必须具有法律上的说服力

23. 某市人民政府在实施国家重点项目时占用某县农民土地，市政府给予农民各种补偿费用和安置费，并安置多余劳动力，此行为属于（　　）。

A. 行政征用　B. 行政征收　C. 行政征购　D. 行政没收

24. 申请国家赔偿属于（　　）。

A. 司法救济　B. 行政救济

C. 政治救济与社会救济　D. 自力救济

25. 党委委员应当认真落实基层联系点工作制度，每年深入基层的时间不少于（　　）。

A. 10 天　　B. 半个月　　C. 1 个月　　D. 40 天

26. 局务会议、局长办公会议、局领导专题会议讨论通过决定印发的文件，原则上应在会议结束后（　　）个工作日内印发。

A. 3　　B. 5　　C. 7　　D. 10

27. 党政机关公文是党政机关实施领导、履行职能、处理公务的具有特定效力和规范体式的文书，与普通文书有着显著的不同。对于公文的这种特性，下面表述不正确的是（　　）。

A. 作者具有法定性　　B. 制作具有程序性

C. 作用具有政治性　　D. 读者具有确定性

28. 督查立项后，一般提前（　　）个工作日向被督查单位下发督查通知，告知督查事项、工作安排、督查组成员及有关要求。

A. 3　　B. 5　　C. 7　　D. 10

29. 下列属于扩张性财政政策工具的是（　　）。

A. 增加政府支出和增加税收　　B. 减少政府支出和增加税收

C. 增加政府支出和减少税收　　D. 减少政府支出和减少税收

30. 2022 年北京冬奥会是第（　　）届冬奥会。

A. 23　　B. 24　　C. 25　　D. 26

31. 决定税收转嫁和归宿的关键因素是（　　）。

A. 征税范围　　B. 税种性质　　C. 市场结构　　D. 商品供求弹性

32. 信访事项已经受理或者正在办理的，信访人在规定期限内向受理、办理机关的上级机关再提出同一信访事项的，该上级机关（　　）。

A. 应当受理　　B. 可以受理　　C. 不予受理　　D. 转下级受理

33. 党的十八大以来，在坚持党的全面领导上，党中央权威和集中统一领导得到有力保证，党的领导制度体系不断完善，党的领导方式更加科学，全党思想上（　　）、政治上（　　）、行动上（　　），党的政治领导力、思想引领力、群众组织力、社会号召力显著增强。

A. 更加团结；更加统一；更加一致　　B. 更加统一；更加一致；更加团结

C. 更加统一；更加团结；更加一致　　D. 更加一致；更加统一；更加团结

34. 按照行政层级分类，行政组织可分为（　　）。

A. 统率机关与被统率机关　　B. 中央行政机关与地方行政机关

C. 常设机关与临时机关　　D. 派出机关、分支机关与合署办公机关

35. 属于下行文的是（　　）。

A. 请示　　B. 函　　C. 决定　　D. 议案

36. 公文的秘密等级和保密的期限。涉密公文应当根据涉密程度分别标注“绝密”“机密”“秘密”和保密期限。密级和保密期限一般用3号黑体字，顶格编排在版心左上角第二行，标注为（　　）。

A. 保密期限★密级　　B. ★密级保密期限

C. ★保密期限密级　　D. 密级★保密期限

37. 中共中央印发的《法治中国建设规划（2020—2025年）》提出，对某一领域有多部法律的，条件成熟时进行（　　）。

A. 法典编纂　　B. 法律汇编　　C. 法律整合　　D. 法律修订

38. 政府制定了（　　），通过各种贸易措施限制外国产品的进口，防止对本国产品形成竞争，以保护本国产品相关产业的发展，同时政府对于本国出口产品给予各种优惠和补贴，以增强本国产品的国际竞争力。

A. 贸易自由政策　　B. 对外贸易政策

C. 贸易保护政策和贸易自由政策　　D. 贸易保护政策

39.（　　）是党在社会基层组织中的战斗堡垒，是党的全部工作和战斗力的基础。

A. 党支部　　B. 党小组　　C. 基层党委　　D. 党的基层组织

40. 党委委员应当认真落实基层联系点工作制度，每年深入基层的时间不少于（　　）个月。

A. 15天。　　B. 30天　　C. 15个工作日　　D. 30个工作日

二、多项选择题（下列各题的备选答案中，至少有两个正确选项，请将正确选项的字母填写在括号中，多选、错选、少选、不选均不得分。每小题2分，共计20分）

1. 2022年实施新的组合式税费支持政策，着重聚焦（　　）。

A. 鼓励创业创新　　B. 工业经济平稳增长

C. 服务业恢复发展　　D. 制造业恢复发展

E. 小微企业纾困发展

2. 建立完善与宣传、网信等部门的快速反应和协调联动机制，加强与新闻媒体的沟通联系，提高税收舆情回应的（　　）。

A. 主动性　　B. 针对性　　C. 有效性　　D. 准确性

3. 收文办理的审核程序是指对下级税务机关上报并需要办理的公文，应当对来文的（　　）进行审核。

A. 合法性　　B. 规范性　　C. 正确性　　D. 可靠性

4. 通报适用于（　　）。

A. 表彰先进　　B. 批评错误　　C. 传达重要精神　　D. 告知重要情况

5. 学习型组织的基本特征是（　　）。

A. 学习意识强烈

B. 具有鼓励创新并提供创新机会的组织文化

C. 以学习为组织的最终目标

D. 敏于学习知识

6. 关于改革开放后我国经济体制改革的表述，正确的是（　　）。

A. 我国经济体制改革的核心问题是如何正确认识和处理计划与市场的关系

B. 社会主义市场经济理论在认识上的重大突破是使计划和市场不再具有社会制度的属性

C. 社会主义市场经济既具有市场经济的一般性特征，也具有社会主义的制度性特征

D. 党的十八届三中全会，在政府与市场关系的认识上的突破是使市场在资源配置中起决定性作用

7. 市场规则是由权力机关制定的（或在长期市场交易中形成的）对市场主体及其经济行为的规范，是市场正常运行的重要保证。具体来说，市场规则主要有（　　）。

A. 市场进入规则　B. 市场竞争规则　C. 市场交易规则　D. 市场投资规则

8. 在经济发展水平既定的前提下，一国宏观税率水平高低主要取决于（　　）。

A. 经济增长方式　B. 产业结构　C. 税率形式　D. 税收弹性

9. 柏拉图说："法律有一部分是为有美德的人制定的，如果他们愿意和平善良地生活，那么法律可以教会他们在与他人的交往中所要遵循的准则；法律也有一部分是为那些不接受教诲的人制定的，这些人顽固不化，没有任何办法能使他们摆脱罪恶。"这段话所凸显的法律的规范作用是（　　）。

A. 教育作用　B. 保障作用　C. 预测作用　D. 强制作用

10. 下列属于实地督查方式的有（　　）。

A. 听取被督查单位关于督查事项的工作汇报

B. 查阅相关文件、会议纪要、税收执法卷宗和文书等资料

C. 编印督查工作手册，分发全体督查人员

D. 走访纳税人，征求意见建议

E. 对纳税人通过电话、邮件等途径反映的相关问题进行调查、核实

三、判断题（判断下列各题正误，正确的打"√"，错误的打"×"。每小题 1 分，共计 20 分）

1. 对与党组织失去联系 6 个月以上、通过各种方式查找仍然没有取得联系的党员，予以停止党籍的党纪处分。（　　）

2. 党中央高度重视北京冬奥会、冬残奥会，成立冬奥会工作领导小组，明确提出绿色、

共享、开放、廉洁的办奥理念。（ ）

3. 建设中国特色社会主义，实现中华民族伟大复兴是中国人民的最高理想。（ ）

4. 税务机关主要是通过网站进行政府信息公开。（ ）

5. 党的群众路线教育实践活动的主要内容是为民、务实、清廉。（ ）

6. 推进新型城镇化是解决“三农”问题的根本途径。（ ）

7. 税务总局具有税务工作国家秘密绝密级、机密级、秘密级定密权，省税务局、税务总局驻各地特派办具有税务工作国家秘密机密级、秘密级定密权。省税务局对市、县税务局进行定密授权。（ ）

8. 公务员年度考核优秀等次人数，一般控制在本机关参加年度考核的公务员总人数的15%以内，最多不超过20%。（ ）

9. 反映全面工作的综合报告一般不超过5 000字，反映单项工作的专项报告一般不超过3 000字。制发的政策性文件原则上不超过12页。（ ）

10. 机关内设机构厅局级正职以下领导职务出现空缺时，应当采取公开考试的方式择优上岗。（ ）

11. 机密级计算机口令长度应不少于8位，更换周期不超过1个月。（ ）

12. 公共行政的目的是公平，公共行政的价值是效率。（ ）

13. 现代社会日益复杂，组织的决策越来越难以依靠个人的力量实现，因此组织决策应该更多地运用集体智慧。（ ）

14. 复核机关是信访事项终结工作的责任主体，对终结结果终身负责。（ ）

15. 中国特色社会主义进入新时代，我国社会主要矛盾已经转化为人民日益增长的美好生活需要和不平衡不充分的发展之间的矛盾。（ ）

16. 录音带、录像带、摄像带、光盘、图片应分别进行收集、整理，按“年代—专题（问题）”分类，按作者或内容顺序排列、编号，按盘编定案卷目录。（ ）

17. 党支部委员会是党支部的议事决策机构，一般每季度召开1次。（ ）

18. 公务员分类管理实行政务官和业务官的分野。（ ）

19. 国家税务总局令、公告、通告和税收个案批复类公文应当主动公开。（ ）

20. 接受抄送公文的机关必须要向其他机关转抄、转送。（ ）

四、案例分析题（共2大题，每题5小题，每小题2分，共20分）

1. 2022年5月，A市税务局党风廉政建设领导小组对所有区、县税务局领导班子、领导干部2021年度党风廉政建设责任制执行情况进行了检查考核。

（1）根据《关于实行党风廉政建设责任制的规定》规定，检查考核结果作为对领导班子总体评价和领导干部（ ）的重要依据。（多选题）

A. 业绩评定　　B. 工资待遇　　C. 奖励惩处　　D. 选拔任用

（2）根据《关于实行党风廉政建设责任制的规定》规定，领导干部执行党风廉政建设责任制的情况，应当列为（　　）和（　　）的重要内容，并在本单位、本部门进行评议。（多选题）

A. 民主生活会　　B. 年终总结　　C. 重大事项报告　　D. 述职述廉

（3）根据《关于实行党风廉政建设责任制的规定》规定，（　　）协助同级党委（党组）开展对党风廉政建设责任制执行情况的检查考核，或者根据职责开展检查工作。（多选题）

A. 市局办公室　　B. 市局纪检组

C. 市局组织人事科　　D. 市局法制科

（4）区、县税务局党委应当将2021年度党风廉政建设责任制执行情况每年向（　　）专题报告。（多选题）

A. 市税务局党委　　B. 市税务局机关党委

C. 市税务局党委书记　　D. 市税务局党委纪检组

（5）党风廉政建设责任制检查考核工作（　　）进行一次。（单选题）

A. 半年　　B. 每月　　C. 每年　　D. 每季度

2. 2022年4月，A省B市C县税务局党委纪检组收到钱某实名举报信，反映C县税务局经济开发区税务分局局长丁某（副科级，中共党员）违规为儿子操办升学宴。

（1）反映丁某的问题线索，该由（　　）进行处置。（单选题）

A. C县税务局党委纪检组　　B. B市税务局党委纪检组

C. A省税务局党委纪检组　　D. C县纪委

（2）根据调查核实，丁某在操办儿子升学宴前未进行报备，丁某此举违反了（　　）纪律。（单选题）

A. 政治纪律　　B. 生活纪律　　C. 工作纪律　　D. 组织纪律

（3）根据调查核实，丁某邀请了20名同事及16名日常关系较好的纳税人参加了升学宴，分别收取礼金3 000元、4 000元，在调查核实过程中，丁某刻意隐瞒并销毁了宴请宾客名单。丁某此举违反了（　　）纪律。（多选题）

A. 政治纪律　　B. 生活纪律　　C. 廉洁纪律　　D. 组织纪律

（4）根据调查核实，经研究决定，给予丁某党内警告处分，下面说法正确的是（　　）。（多选题）

A. 一年内不得在党内提升职务

B. 一年内不得向党外组织推荐担任高于其原任职务的党外职务

C. 一年内不得提升工资档次

D. 该年度考核，不得确定为优秀等次

（5）该信访案件办结后，承办部门应在（　　）内向实名检举控告人反馈，并记

录反馈情况。（单选题）

A. 5 个工作日　　B. 10 个工作日　　C. 15 个工作日　　D. 5 日

E. 10 日　　F. 15 日

五、论述题（20 分）

2021 年 7 月 1 日，庆祝中国共产党成立 100 周年大会在北京天安门广场隆重举行，习近平总书记发表重要讲话。一百年前，革命先驱们创建了中国共产党，形成了“坚持真理、坚持理想，践行初心、担当使命，不怕牺牲、英勇斗争，对党忠诚、不负人民”的伟大建党精神，这是中国共产党的精神之源。经过全党全国各族人民持续奋斗，我们实现了第一个百年奋斗目标，在中华大地上全面建成小康社会，历史性解决了绝对贫困问题。正在意气风发向着全面建成社会主义现代化强国的第二个百年奋斗目标迈进。在向着第二个百年目标奋进的新征程上，我们要始终坚持中国共产党的领导，充分发挥党总揽全局、协调各方的领导核心作用；始终坚持以人民为中心，一切为了人民，依靠人民，造福人民；始终坚持中国特色社会三义发展道路，既不走封闭僵化的老路，也不走改旗易帜的邪路；始终坚持和弘扬伟大的斗争精神，顽强拼搏、百折不挠，解放思想，锐意进取。惟其如此，我们才能迈向民族复兴的康庄大道，创造出新时代中国特色社会主义的伟大成就。

运用生活与哲学的知识，说明材料中“四个始终坚持”体现的方法论。

模拟试卷（十一）答案及解析

一、单项选择题

1.【参考答案】B

【解析】无产阶级专政和社会主义民主是科学社会主义的核心内容。坚持无产阶级专政是建立和发展社会主义的政治保证。建设高度的社会主义民主，是工人阶级执政党为之奋斗的崇高目标和根本任务。因此，B 选项正确。

2.【参考答案】B

【解析】毛泽东同志 1939 年在《中国革命和中国共产党》一文中，第一次提出了“新民主主义革命”的科学概念和总路线的内容。1948 年，他在《在晋绥干部会议上的讲话》中完整地表述了总路线的内容，即无产阶级领导的，人民大众的，反对帝国主义、封建主义和官僚资本主义的革命。新民主主义革命总路线反映了中国革命的基本规律，指明了中国革命的对象、动力、领导力量，是新民主主义革命的根本指导路线。因此，选项 B 为正确答案。

3.【参考答案】A

【解析】中共中央总书记、国家主席、中央军委主席习近平 2022 年 6 月 28 日在湖北省武汉市考察时强调，科技自立自强是国家强盛之基、安全之要。我们必须完整、准确、全面贯彻新发展理念，深入实施创新驱动发展战略，把科技的命脉牢牢掌握在自己手中，在科技自立自强上取得更大进展，不断提升我国发展独立性、自主性、安全性，催生更多新技术新产业，开辟经济发展的新领域新赛道，形成国际竞争新优势。

4.【参考答案】B

【解析】根据《国务院关于设立 3 岁以下婴幼儿照护个人所得税专项附加扣除的通知》的官方解读，从婴幼儿出生的当月至年满 3 周岁的前一个月，纳税人可以享受这项专项附加扣除。该项政策的扣除主体是 3 岁以下婴幼儿的监护人，包括生父母、继父母、养父母，父母之外的其他人担任未成年人的监护人的，可以比照执行。不是亲生父母也可以享受该项政策，但其必须是担任 3 岁以下婴幼儿监护人的人员。婴幼儿子女包括婚生子女、非婚生子女、养子女、继子女等受到本人监护的 3 岁以下婴幼儿。无论婴幼儿在国内还是国外出生，其父母都可以享受扣除。

5.【参考答案】D

【解析】党的十九大报告指出：“就业是最大的民生。要坚持就业优先战略和积极就业政策，实现更高质量和更充分就业。大规模开展职业技能培训，注重解决结构性就业矛盾，鼓励创业带动就业。提供全方位公共就业服务，促进高校毕业生等青年群体、农民工多渠道就业创业。”

6.【参考答案】B

【解析】党的基本纲领是党在社会主义初级阶段的基本路线在经济、政治、文化、社会、生态文明等方面的展开，是建设有中国特色社会主义的基本目标和基本政策，即中国特色社会主义事业总体布局。

7.【参考答案】A

【解析】根据习近平总书记在中央财经领导小组第五次会议上的讲话。

8.【参考答案】C

【解析】根据《中华人民共和国民法典》第一百八十八条规定，“向人民法院请求保护民事权利的诉讼时效期间为三年。法律另有规定的，依照其规定。”

9.【参考答案】B

【解析】宪法修正案中，将宪法第三条第三款“国家行政机关、审判机关、检察机关都由人民代表大会产生，对它负责，受它监督”修改为“国家行政机关、监察机关、审判机关、检察机关都由人民代表大会产生，对它负责，受它监督”。

10.【参考答案】A

【解析】商业利润的本质是产业工人所创造的剩余价值的转化形式，体现了商业资本家和产业资本家共同剥削雇佣工人的关系。

11.【参考答案】C

【解析】《中共中央关于党的百年奋斗重大成就和历史经验的决议》指出，党确立习近平同志党中央的核心、全党的核心地位，确立习近平新时代中国特色社会主义思想的指导地位，反映了全党全军全国各族人民共同心愿，对新时代党和国家事业发展、对推进中华民族伟大复兴历史进程具有决定性意义。

12.【参考答案】C

【解析】垄断竞争市场的假设前提条件为：卖者的数目很多，彼此之间存在竞争；进入和退出该行业比较容易，产品之间存在差别；交易双方能够得到比较充分的信息。一般的日用工业品市场和副食品市场属于这种类型。

13.【参考答案】A

【解析】“看不见的手”最早出现于亚当·斯密的《国富论》中。故选A。

14.【参考答案】A

【解析】这些主张并不能从根本上给濒临危亡的中国指明准确的道路，是因为他们都没有认识到争取民族独立和人民解放是实现民族复兴的前提。

15.【参考答案】C

【解析】概念技能包括理解事物的相关性从而找出关键影响因素的能力，确定和协调各方面关系的能力以及权衡不同方案优劣和内在风险的能力等。任何管理者都会面临复杂混乱的环境，需要认清各种因素间的关系，以便抓住问题实质，根据问题和形势果断作出正确决策。故选 C。

16.【参考答案】B

【解析】社会福利和社会保障是公共服务的一部分，是政府调控社会群体之间收入差距、促进社会公平正义、保障社会安定有序的有效制度性手段和机制。

17.【参考答案】A

【解析】中国同盟会亦称为中国革命同盟会，是中国清朝末年，由孙中山领导和组织的一个全国性的革命政党，也是近代中国第一个资产阶级政党。

18.【参考答案】D

【解析】中国工人阶级除了具备世界工人阶级的一般特点如大公无私、富有组织纪律性等外，自身特点如下：1. 深受帝国主义、封建势力和资产阶级三重压迫和剥削，其革命性最强。2. 人数虽少，但相对集中，便于形成革命的力量和传播先进的思想。3. 主要是由破产农民和家庭手工业者转化而来，同农民有着天然的联系。

19.【参考答案】D

【解析】由题意可知每个人都有优缺点，所以领导者在用人时需要扬长避短，发挥优势。

20.【参考答案】B

【解析】税收要素必须由法律明确规定。所谓税收要素，具体包括征税主体、纳税主体、征税对象、税率、纳税环节、纳税期限和地点、减免税、税务争议以及税收法律责任等内容。税收要素是税收关系得以具体化的客观标准，是其得以全面展开的法律依据，这是税收法定原则的核心内容。

21.【参考答案】D

【解析】新文化运动最重要的成果是动摇了封建思想的统治地位。新文化运动前，资产阶级维新（改良）派和革命派，在宣传各自的政治观点时，都没有彻底地批判封建思想。经过新文化运动，封建思想遭到前所未有的冲击批判，人们的思想得到空前的解放。

22.【参考答案】B

【解析】任何理性的思维都应当用适当的理由来支持所获得的结论，而法律思维对理由的要求有特殊之处：其一，理由必须是公开的，而不能是秘密的。其二，理由必须有法律上的依据。其三，理由必须具有法律上的说服力。因此，B 选项错误。

23.【参考答案】A

【解析】A 项，行政征用是指行政主体出于公共利益的需要，依据法律、法规的规定，强制性地取得行政相对人财产所有权、使用权或劳务并给予合理经济补偿的一种具体行政行为。B 项，行政征收是指行政机关或者法定授权的组织根据法律、法规的规定，向公民、法人或者其他组织无偿收取一定财物的行政行为。C 项，行政征购是指行政机关通过合同方式取得相对人财产所有权的行为。D 项，行政没收是指行政主体对违反行政法有关规定的相对人所采取的强制性无偿取得其财产所有权的行政处罚性质的具体行政行为。本题中，市政府因公共利益需要占用农民土地并给予补偿，属于行政征用。因此，本题正确答案为 A。

24.【参考答案】A

【解析】申请国家赔偿是司法救济的重要组成部分。公民由于国家机关或其工作人员在行使国家或公共权力时基于违法行为而导致自己的权利受到损害，可以申请国家赔偿。《国家赔偿法》对国家赔偿的范围、方式、标准等作了具体规定。因此，选项 A 正确。

25.【参考答案】C

【解析】依据《中共国家税务总局委员会关于印发〈中共国家税务总局委员会工作规则（试行）〉的通知》。

26.【参考答案】C

【解析】依据《国家税务总局关于印发〈国家税务总局工作规则〉的通知》。

27.【参考答案】D

【解析】公文的特点主要表现在以下几个方面：一是鲜明的政治性；二是作者的法定性；三是体式的规范性；四是制作的程序性；五是效用的现实性；六是法定的权威性。ABC 三项都包含其中。故本题选 D。

28.【参考答案】A

【解析】依据《国家税务总局关于印发〈系统督查管理办法〉的通知》（税总发〔2016〕47 号）。

29.【参考答案】C

【解析】为了刺激总需求，可以实施扩张性财政政策，增加政府支出和减少税收，促进总需求增长。

30.【参考答案】B

【解析】本题考查时事。

31.【参考答案】D

【解析】商品的供给和需求弹性是决定税收转嫁和归宿状况的关键因素。因为对商品或生产要素的课税能否转嫁，转嫁多少，在很大程度上是由供求弹性决定的。

32.【参考答案】C

【解析】《中华人民共和国信访工作条例》第十九条规定：信访事项已经受理或者

正在办理的，信访人在规定期限内向受理、办理机关、单位的上级机关、单位又提出同一信访事项的，上级机关、单位不予受理。

33.【参考答案】C

【解析】参考中国共产党第十九届中央委员会第六次全体会议公报内容。

34.【参考答案】B

【解析】按照行政层级分类，行政组织可分为中央行政机关与地方行政机关。

35.【参考答案】C

【解析】依据《全国税务机关公文处理办法》。

36.【参考答案】D

【解析】依据《全国税务机关公文处理办法》。

37.【参考答案】A

【解析】中共中央印发的《法治中国建设规划（2020—2025 年）》提出，“对某一领域有多部法律的，条件成熟时进行法典编纂。”

38.【参考答案】D

【解析】贸易保护政策是一国政府通过各种贸易措施限制外国产品的进口，防止对本国产品形成竞争，以保护本国产品相关产业的发展，同时政府对于本国出口产品给予各种优惠和补贴，以增强本国产品的国际竞争力。

39.【参考答案】D

【解析】依据《中国共产党章程》第三十二条规定内容。

40.【参考答案】B

【解析】《中共国家税务总局委员会关于印发〈中共国家税务总局委员会工作规则〉的通知》（税总党委发〔2019〕246 号）第十二条规定，党委委员应当认真落实基层联系点工作制度，注重调查研究，广泛听取意见，掌握实际情况，研究和解决实际问题，切实减轻基层负担。每年深入基层的时间不少于 1 个月。

二、多项选择题

1.【参考答案】ABCE

【解析】今年组合式税费支持政策，主要聚焦工业经济平稳增长、服务业恢复发展、小微企业纾困发展和鼓励创业创新，在体量上突出规模性，导向上突出连续性，方式上突出精准性。

2.【参考答案】ABC

【解析】依据《国家税务总局办公厅关于进一步做好政务公开工作的通知》。建立完善与宣传、网信等部门的快速反应和协调联动机制，加强与新闻媒体的沟通联系，提高税收舆情回应的主动性、针对性、有效性。

3.【参考答案】AB

【解析】应当对来文的合法性、规范性进行审核。

4.【参考答案】ABCD

【解析】通报，适用于表彰先进，批评错误，传达重要精神和告知重要情况。通报分为表扬性通报、批评性通报和情况通报。通报属下行文。

5.【参考答案】ABD

【解析】学习型组织的特征包括：①组织成员拥有一个共同愿景；②组织由多个创造性团体组成；③善于不断学习；④“地方为主”的扁平式结构；⑤自主管理；⑥组织的边界将被重新界定；⑦员工家庭与事业的平衡；⑧领导者的新角色。学习型组织并非以学习为组织的最终目标，C项错误。故选ABD。

6.【参考答案】ABCD

【解析】①经济体制是指生产关系的具体形式及其运行方式，改革开放开始后一个很长时期内，我国经济体制改革的核心问题是如何正确认识和处理计划与市场的关系，我国经济体制经历了由计划经济向社会主义市场经济的转变过程。②社会主义市场经济理论的要点有：一是计划和市场不是划分社会制度的标志；二是计划和市场都是经济手段，对经济活动的调节各有优势和长处；三是市场经济作为资源配置的一种方式本身不具有制度属性。③社会主义市场经济既具有市场经济的一般性特征，也具有社会主义的制度性特征，主要体现在所有制结构、分配制度和宏观调控三个方面。④2013年，党的十八届三中全会明确提出，要使市场在资源配置中起决定性作用和更好地发挥政府作用。从市场在资源配置的“基本性作用”到“决定性作用”，反映了我们党对社会主义市场经济规律认识的深化，是理论和实践上的重大推进。因此，ABCD项均为正确选项。

7.【参考答案】ABC

【解析】市场规则主要有：（1）市场进入规则；（2）市场竞争规则；（3）市场交易规则；（4）市场仲裁规则。

8.【参考答案】ABC

【解析】在经济发展水平既定的前提下，一国宏观税率水平高低主要取决于以下因素：经济增长方式，产业结构，税率形式，税收征管条件。税收弹性是税收收入变动与经济水平变动的百分比，该比值不是决定因素。

9.【参考答案】AD

【解析】根据法律规范作用的指向和侧重，可以将社会主义法律的规范作用分为：①指引作用；②预测作用；③评价作用；④强制作用；⑤教育作用。题干中柏拉图的话中体现的是法律规范的教育作用和强制作用。其中，前半部分是教育作用，后半部分是强制作用。故AD项正确，BC项虽是法律规范的作用，但不符合题目要求。

10.【参考答案】ABDE

【解析】依据《国家税务总局关于印发〈系统督查管理办法〉的通知》（税总发〔2016〕47号）。

三、判断题

1.【参考答案】×

【解析】中央组织部负责人就印发《中国共产党党员教育管理工作条例》答记者问。正确表述为：对与党组织失去联系6个月以上、通过各种方式查找仍然没有取得联系的党员，予以停止党籍。停止党籍是一种管理手段，而不是党纪处分。

2.【参考答案】√

【解析】依据习近平总书记在北京冬奥会、冬残奥会总结表彰大会上的讲话。

3.【参考答案】×

【解析】建设中国特色社会主义，实现中华民族伟大复兴，是中国各族人民的共同理想，而实现共产主义是我们的最高理想。

4.【参考答案】×

【解析】除通过网站进行政府信息公开外，税务机关还可以利用在办税服务厅设置公告栏、印发税务公告、举行新闻发布会等多种形式主动向社会公众发布相关信息。

5.【参考答案】√

【解析】党的群众路线教育实践活动的主要内容是为民、务实、清廉。

6.【参考答案】×

【解析】《深化农村改革综合性实施方案》指出，城乡发展一体化是解决我国“三农”问题的根本途径，必须坚持工业反哺农业、城市支持农村的基本方针，协调推进城镇化和新农村建设，加快形成以工促农、以城带乡、工农互惠、城乡一体的新型工农城乡关系，努力缩小城乡发展差距。故本题判断错误。

7.【参考答案】×

【解析】《税务工作国家秘密定密管理暂行办法》第四条规定，税务总局具有税务工作国家秘密绝密级、机密级、秘密级定密权，省税务局、税务总局驻各地特派办具有税务工作国家秘密机密级、秘密级定密权。省税务局不得对市、县税务局进行定密授权。

8.【参考答案】√

【解析】依据《公务员考核规定》。

9.【参考答案】×

【解析】《关于解决税务系统形式主义突出问题为基层减负若干措施》规定，反映全面工作的综合报告一般不超过5 000字，反映单项工作的专项报告一般不超过3 000

字。制发的政策性文件原则上不超过 10 页。

10.【参考答案】×

【解析】《中华人民共和国公务员法》第四十五条规定，机关内设机构厅局级正职以下领导职务出现空缺时，可以在本机关或者本系统内通过竞争上岗的方式，产生任职人选。

11.【参考答案】×

【解析】涉密计算机口令长度应不少于 8 位，更换周期不超过 1 个月。机密级计算机口令长度应不少于 10 位，更换周期不超过 1 个星期，也可以采用 IC 卡或 USB Key 与口令（长度不少于 4 位）相结合的方式。

12.【参考答案】×

【解析】公共行政的目的是效率，公共行政的价值是公平。

13.【参考答案】√

【解析】既然难以依靠个人的力量来完成组织决策，那么就应该依靠集体的力量完成，而且集体智慧可以弥补个人认识事物的局限性。故本题判断正确。

14.【参考答案】√

【解析】复核机关是信访事项终结工作的责任主体，对终结结果终身负责。

15.【参考答案】√

【解析】依据党的十九大报告。

16.【参考答案】×

【解析】图片档案应按“专题（问题）—年代”的方法分类组卷。同属一类的图片按时间顺序编号，并以自然张为单元编写卷内目录。图片与底片应各自分类编号，并互相注明参见号。录音带、录像带、摄像带、光盘应分别进行收集、整理，按“年代—专题（问题）”分类，按作者或内容顺序排列、编号，按盘编定案卷目录。

17.【参考答案】×

【解析】依据《中国共产党支部工作条例（试行）》。党支部党员大会是党支部的议事决策机构，一般每季度召开 1 次。党支部委员会一般每月召开一次。

18.【参考答案】×

【解析】建立了富有中国特色的公务员分类管理制度，不实行政务官和业务官的分野。

19.【参考答案】×

【解析】《国家税务总局办公厅关于印发〈国家税务总局行政公文公开属性管理办法（试行）〉的通知》，国家税务总局令、公告、通告和不涉及国家秘密的税收个案批复类公文应当主动公开。

20.【参考答案】×

【解析】公文的抄送机关指除主送机关（上级、平级、下级）之外的需要了解公文内容的平级和下级机关。接受抄送公文的机关不必再向其他机关转抄、转送。故本题判断错误。

四、案例分析题

1.（1）【参考答案】ACD

【解析】《关于实行党风廉政建设责任制的规定》第十二条规定，党委（党组）应当建立和完善检查考核结果运用制度。检查考核结果作为对领导班子总体评价和领导干部业绩评定、奖励惩处、选拔任用的重要依据。

（2）【参考答案】AD

【解析】《关于实行党风廉政建设责任制的规定》第十五条规定，领导干部执行党风廉政建设责任制的情况，应当列为民主生活会和述职述廉的重要内容，并在本单位、本部门进行评议。

（3）【参考答案】BC

【解析】《关于实行党风廉政建设责任制的规定》第十三条规定，纪检监察机关（机构）、组织人事部门协助同级党委（党组）开展对党风廉政建设责任制执行情况的检查考核，或者根据职责开展检查工作。

（4）【参考答案】AD

【解析】《关于实行党风廉政建设责任制的规定》规定，党委（党组）应当将贯彻落实党风廉政建设责任制的情况，每年专题报告上一级党委（党组）和纪委。

（5）【参考答案】C

【解析】《关于实行党风廉政建设责任制的规定》规定，检查考核工作每年进行一次。检查考核可以与领导班子、领导干部工作目标考核、年度考核、惩治和预防腐败体系建设检查工作等结合进行，也可以组织专门检查考核。

2.（1）【参考答案】B

【解析】县级局纪检组收到信访举报和问题线索，应在5个工作日内将所有材料原件上报市级局纪检组，由市级局纪检组按规定程序处置。

（2）【参考答案】D

【解析】依据《中国共产党纪律处分条例（2018修订）》第七章。

（3）【参考答案】AC

【解析】依据《中国共产党纪律处分条例（2018修订）》第六章第五十六条、第八章第八十八条。

（4）【参考答案】ABD

【解析】依据《中国共产党纪律处分条例（2018修订）》第十条。

（5）【参考答案】C

【解析】根据《纪检监察机关处理检举控告工作规则》第二十七条。

五、论述题

1.【参考答案】

（1）立足整体，树立全局观；所谓一切着眼全局，就是坚持把全局作为我们考虑一切问题的出发点和落脚点，以全局利益作为最高的价值追求，在事关全局的重大问题上必须立场坚定、旗帜鲜明，必须牢固树立全局观念。“四个始终坚持”不是独立的，而是有机联系在一起的一个全局观念。

（2）坚持两点论和重点论统一；人们认识世界，就是认识事物的矛盾；人们改造世界，就是解决事物的矛盾。所以，矛盾分析法，是我们认识世界和改造世界的根本方法。掌握矛盾分析法，就是要坚持一分为二的矛盾分析法，坚持两点论和重点论相统一的认识方法，坚持具体问题具体分析的方法。“四个始终坚持”中，始终坚持中国共产党的领导，充分发挥党总揽全局、协调各方的领导核心作用是重要内容。

（3）坚持群众观点、群众路线；树立群众观点，坚持群众路线，是我们党的优良传统。所谓群众观点，说到底就是对人民群众的立场和态度。历史和现实一再表明，政权的兴衰，事业的成败，最终取决于是否以民为本，能否赢得民心。坚持党的群众路线，就是要求党员领导干部始终保持同人民群众的血肉联系，树立正确政绩观，努力做出经得起实践、人民、历史检验的实绩。

（4）一切从实际出发，实事求是；“四个始终坚持”体现了马克思主义哲学强调的想问题、办事情要坚持一切从实际出发，实事求是。坚持从实际出发、实事求是，不只是思想方法问题，也是党性强不强问题。

（5）解放思想、与时俱进，在实践中认识和发现真理，在实践中检验和发展真理。习近平新时代中国特色社会主义思想坚持以马克思列宁主义、毛泽东思想、邓小平理论、“三个代表”重要思想、科学发展观为指导，坚持解放思想、实事求是、与时俱进、求真务实，坚持辩证唯物主义和历史唯物主义，紧密结合新的时代条件和实践要求，以全新的视野深化对共产党执政规律、社会主义建设规律、人类社会发展规律的认识，它是新时代中国经济社会历史性变革实践的产物。

模拟试卷（十二）

一、单项选择题（下列各题的备选答案中，只有1个正确选项，请将正确选项填入括号中。多选、不选、错选均不得分，每小题0.5分，共40小题，共计20分）

1. 新时代我国社会主要矛盾是（　　）。

A. 人民日益增长的美好生活需要与不平衡不充分的发展之间的矛盾

B. 人民日益增长的物质文化需要同落后的社会生产之间的矛盾

C. 人民日益增长的物质文化需要同不平衡不充分的发展之间的矛盾

D. 人民日益增长的美好生活需要同落后的社会生产之间的矛盾

2. 习近平总书记在庆祝中国共产主义青年团成立100周年大会上的讲话中指出，社会主义革命和建设时期，共青团团结带领广大团员青年激发“敢教日月换新天”的豪情，喊出“把青春献给祖国”的响亮口号，______，展现出敢于拼搏、辛勤劳动的精神风貌。不属于以上讲话内容的选项是（　　）。

A. 向科学进军　　B. 向民主进军　　C. 向困难进军　　D. 向荒原进军

3. 对无正当理由，连续（　　）不交纳党费的党员，按（　　）处理。

A. 3个月，自行脱党　　B. 3个月，开除党籍

C. 6个月，自行脱党　　D. 6个月，开除党籍

4. 将公务活动中形成的应当归档的文件材料、资料据为己有，拒绝交档案机构、档案工作人员归档的，对有关责任人员，给予（　　）处分。

A. 警告　　B. 记过　　C. 记大过　　D. 降级

5. 中国特色社会主义理论体系之所以是马克思主义中国化的最新理论成果，不是因为中国特色社会主义理论体系是（　　）。

A. 既坚持了马克思主义的根本方法，又结合实际做出了一系列新的理论概括

B. 既贯彻了马克思主义的群众观点，又对人民群众创造的新鲜经验进行了理论升华

C. 坚持了马克思主义与时俱进的理论品质，体现了马克思主义理论创新的巨大勇气

D. 坚持用马克思主义现成模式解决了中国所面临的一系列问题

6. 党支部每年1月10日和7月10日前，通过党务公开栏等形式，向支部党员公示党费收缴情况，并报上级党组织备案。公示时间不少于（　　）工作日。

A. 3个　　B. 5个　　C. 7个　　D. 15个

7. 被中共中央总书记、国家主席习近平称为“共产党人精神上的‘钙’”的是（　　）。

A. 理想信念　　B. 群众观念　　C. 廉洁意识　　D. 自律意识

8. 党员教育管理是党的建设（　　）工作。

A. 基础性经常性　　B. 必要性重要性　　C. 常态性规范性　　D. 标准性合规性

9. 对信访人提出的信访事项，不能当场告知的，应当自收到信访事项之日起（　　）内书面告知信访人。

A. 7日　　B. 7个工作日　　C. 15日　　D. 15个工作日

10. 提任县（处）级以上领导职务，由副职提任正职的，应当在副职岗位工作两年以上，由下级正职提任上级副职的，应当在下级正职岗位工作（　　）年以上。

A. 1　　B. 2　　C. 3　　D. 5

11. 根据精简文件简报和报表资料要求，简报篇幅一般不超过（　　）字。

A. 1 000　　B. 1 500　　C. 2 000　　D. 3 000

12. 中国共产党的最高理想和最终目标是（　　）。

A. 反帝反封建　　B. 推翻三座大山

C. 实现中华民族伟大复兴　　D. 实现共产主义

13. 习近平总书记指出，年轻干部要胜任领导工作，需要掌握的本领是很多的。最根本的本领是理论素养。指导我们认识世界、改造世界的强大思想武器是（　　）。

A. 群众路线　　B. 理论联系实际

C. 马克思主义立场、观点、方法　　D. 习近平新时代中国特色社会主义思想

14. 供求机制是通过（　　）。

A. 竞争关系的不断变化而起作用的　　B. 供求关系的不断变化而起作用的

C. 商品生产的不断变化而起作用的　　D. 市场价格的不断变化而起作用的

15. 中共中央印发的《法治中国建设规划（2020－2025年）》提出，把（　　）要求融入法治建设和社会治理。

A. 社会公平正义　　B. 重大改革于法有据

C. 社会主义核心价值观　　D. 党的领导

16. 党员受到何种处罚，其党内职务自然撤销。（　　）

A. 严重警告　　B. 撤销党内职务　　C. 留党察看　　D. 开除党籍

17. 某产品逐渐被用户熟悉，销量迅速增加，盈利也增加，此时，该产品处于（　　）。

A. 引入期　　B. 成长期　　C. 成熟期　　D. 衰退期

18. 财政部就国家财政收支实施的监督是（　　）。

A. 职能监督　　B. 主管监督　　C. 专门监督　　D. 一般监督

19. 评价一个干部是不是人才，最主要考查他的（　　）。

A. 德　　B. 才　　C. 能　　D. 绩

20. 市级税务机关召开的四类会议，应严格控制会议规模，参会人员视内容而定，一般不得超过（　　）。

A. 40 人　　B. 50 人　　C. 60 人　　D. 70 人

21. 信访工作是（　　）的重要组成部分，是党和政府了解民情、集中民智、维护民利、凝聚民心的一项重要工作。

A. 党的群众工作　　B. 党的组织工作

C. 党和政府群众工作　　D. 党和政府组织工作

22. 人权的法律保障包括宪法保障、立法保障、行政保护和司法保障，其中行政保护是人权保障的（　　）。

A. 前提和基础　　B. 重要条件　　C. 关键环节　　D. 最后防线

23. 档案的保管期限，从档案所属年代的（　　）起计算。

A. 当年 1 月 1 日起计算　　B. 当年 6 月 1 日起计算

C. 次年 1 月 1 日起计算　　D. 次年 6 月 1 日起计算

24. 根据《中国共产党纪律处分条例》规定，党员受到警告处分（　　）内、受到严重警告处分（　　）内，不得在党内提升职务和向党外组织推荐担任高于其原任职务的党外职务。

A. 一年、半年　　B. 一年、一年半

C. 半年、年半　　D. 一年、两年

25. 在制定和修改程序上，宪法比其他法律更为严格。我国宪法修改需由（　　）以上的多数通过。

A. 全国人大代表的 2/3　　B. 全国人大代表的 3/4

C. 全国人大全体代表的 2/3　　D. 全国人大全体代表的 3/4

26. 下列公文文种中，全部适用于省级以下税务机关的是（　　）。

A. 决定、通知、条例　　B. 意见、决定、通报

C. 批复、请示、命令　　D. 通报、报告、议案

27. 以下不属于行政机关公务员处分种类的有（　　）。

A. 警告　　B. 严重警告　　C. 记过　　D. 降级

28. 公文对于受文者，在法定的时间和空间内具有强制性，这是公文区别于其他文书的最大特点，这个特点指的是（　　）。

A. 具有传播知识性　　B. 具有查备的价值性

C. 具有政治和政策性　　D. 具有法定的权威性

29. 就基本内涵看，构建税收治理体系的核心在于（　　）。

A. 规范税法体系　　B. 创新税收征管模式
C. 理顺中央和地方政府财政　　D. 推进“互联网+”行动战略

30.《国家税务总局办公厅关于上报税务系统报刊情况的紧急通知》属（　　）。
A. 指示性通知　　B. 发布和转发性通知
C. 事务性通知　　D. 知照性通知

31. 税收收入政策所追求的比较理想的目标是（　　）。
A. 税收弹性越大越好　　B. 使税收弹性长期接近于0
C. 保持在接近于1的水平　　D. 等于1

32. 涉密会议应当按照（　　）和“全过程管理”的原则进行管理，明确涉密会议保密管理职责。
A. “谁主管，谁负责”　　B. “谁分管，谁负责”
C. “谁召开，谁负责”　　D. “谁主办，谁负责”

33. 根据《行政诉讼法》规定，被诉行政机关负责人应当出庭应诉。不能出庭的，应当委托行政机关（　　）出庭。
A. 法律顾问　　B. 公职律师
C. 相应的工作人员　　D. 法制机构负责人

34. 各级税务机关坚持（　　）工作宗旨。
A. 为企服务、为民办事　　B. 为国聚财、为民收税
C. 为企聚财、为民办事　　D. 为国收税、为民聚财

35. 根据《行政诉讼法》规定，公民、法人或者其他组织直接向人民法院提起诉讼的，应当自知道或者应当知道作出行政行为之日起（　　）内提出。法律另有规定的除外。
A. 一个月　　B. 两个月　　C. 三个月　　D. 六个月

36. 各级税务机关拟制公文时，明确主动公开、依申请公开、不予公开等属性，随公文一并报批，拟不公开的，依法依规说明理由。对拟不公开的政策性文件，报批前先送（　　）审查。
A. 本单位政务公开工作机构　　B. 上一级政务公开工作机构
C. 市级政务公开工作机构　　D. 省级政务公开工作机构

37. 根据《公务员法》规定，公务员执行公务时，认为上级的决定或者命令有错误的，可以向上级提出改正或者撤销该决定或者命令的意见；上级不改变该决定或者命令，或者要求立即执行的，公务员应当执行该决定或者命令，执行的后果（　　）；但是，公务员执行明显违法的决定或者命令的，应当依法承担相应的责任。
A. 由上级和公务员承担连带责任　　B. 由上级和公务员承担按份责任
C. 由上级负责，公务员不承担责任　　D. 由上级和公务员共同承担责任

38. 各级税务机关依法分类处理信访诉求应当进一步健全统一领导、部门协调，（　　）的信访工作格局。

A. 统筹兼顾、全面治理，各负其责、齐抓共管

B. 统筹兼顾、标本兼治，各负其责、齐抓共管

C. 统筹兼顾、标本兼治，权责同担、齐抓共管

D. 统筹兼顾、全面治理，权责同担、齐抓共管

39. 党委作出重大决策，一般应当经过（　　）等程序，按照规则由集体讨论和决定。

A. 集体领导、民主集中、个别酝酿　　B. 调查研究、征求意见、充分酝酿

C. 集体领导、民主集中、充分酝酿　　D. 调查研究、充分酝酿、会议决定

40. 社会主义时期，我国解决民族问题的根本出发点和归宿是（　　）。

A. 民族团结　　B. 民族平等

C. 各民族共同繁荣　　D. 维护祖国统一

二、多项选择题（下列各题的备选答案中，至少有两个正确选项，请将正确选项的字母填写在括号中，多选、错选、少选、不选均不得分。每小题 2 分，共计 20 分）

1. 全党全国各族人民要紧密团结在党中央周围，高举中国特色社会主义伟大旗帜，锐意进取，埋头苦干，实现三大历史任务。这三大历史任务包括（　　）。

A. 推进现代化建设　　B. 完成祖国统一

C. 维护世界和平与促进共同发展　　D. 全面从严治党

E. 全面依法治国

2. 正式党员不足 3 人的单位，应当按照一定的原则成立联合党支部。这些原则有（　　）。

A. 地域相邻的原则　　B. 行业相近的原则

C. 行业相同的原则　　D. 规模适当的原则

E. 便于管理的原则

3. 以下哪项属于脱贫攻坚的“两不愁三保障”？（　　）

A. 不愁吃　　B. 不愁穿　　C. 保障住房安全　　D. 保障基本就业

4. 十年社会主义建设时期，党在处理汉族与少数民族关系方面取得的正确认识有（　　）。

A. 反对地方民族主义　　B. 重点反对大汉族主义

C. 发展和巩固民族区域自治制度　　D. 大力培养少数民族干部

E. 限制少数民族发展

5. 2022 年，政府着力稳市场主体保就业，加大宏观政策实施力度，完善减负纾困等政策，夯实经济稳定运行、质量提升的基础。具体措施包括（　　）。

A. 实施新的组合式税费支持政策　　B. 加强金融对实体经济的有效支持
C. 推动降低企业生产经营成本　　D. 加大企业创新激励力度
E. 落实落细就业举措

6. 公有制经济与非公有制经济的不同点表现在（　　）。
A. 公有制经济要巩固和发展，非公有制经济要鼓励、支持和引导
B. 公有制经济在国民经济中处于主体地位，非公有制经济可以为社会主义服务
C. 公有制经济是社会主义性质的根本体现，非公有制经济不具有社会主义性质
D. 公有制经济所占比重要增加，非公有制经济所占比重要减少

7. 社会主义初级阶段按劳分配的劳动报酬的基本形式有（　　）。
A. 股息　　B. 津贴　　C. 计时工资　　D. 计件工资

8. 下列关于税收经济效率的认识，正确的有（　　）。
A. 降低税收的征收成本和缴纳成本
B. 保护税本
C. 通过税收分配来提高资源配置的效率
D. 税收的“额外负担”最小

9. 下列有关人民法院审理反倾销行政案件的说法，正确的是（　　）。
A. 利害关系人可以直接援引 WTO 规则起诉
B. 有关行政机关可以作为第三人参加诉讼
C. 人民法院应当依据有关法律、法规，并参照规章对被诉具体行政行为的合法性进行审查
D. 被告对被诉具体行政行为所举证据仅限于记入被告案卷的证据

10. 根据《国家税务总局关于开展 2022 年“我为纳税人缴费人办实事暨便民办税春风行动”的意见》，下列属于纳税服务需求快速响应举措的有（　　）。
A. 基本实现全国咨询“一线通答”
B. 加快推动咨询服务向以 24 小时智能咨询为主转变
C. 通过电子税务局、征纳互动平台等远程发起税费咨询求助，实现“办问协同”
D. 推出第二批全国统一的税务行政处罚“首违不罚”事项清单
E. 进一步推动涉税文书电子化推送，逐步实现“无接触”送达

三、判断题（判断下列各题正误，正确的打“√”，错误的打“×”。每小题 1 分，共计 20 分）

1. 唯物史观认为，人类的第一个历史活动是人的自觉意识活动。（　　）
2. 当下，全球之变、疫情之变、历史之变正以前所未有的方式展开，给人类提出了必须严肃对待的挑战。（　　）

3. 全面深化改革的总目标是建立社会主义民主社会。 ( )
4. 收文办理指对收到公文的处理过程，包括签收、登记、拟办、批办、承办、传阅、催办、答复等程序。 ( )
5.《中国共产党问责条例》规定，建立健全问责典型问题通报曝光制度，采取组织调整或者组织处理、纪律处分方式问责的，一般不用向社会公开。 ( )
6. 公文一般每面排 20 行，每行排 25 个字。 ( )
7. 新闻写作的基本要求有信息性、知识性、可读性、时效性以及针对性等。 ( )
8. 财政政策的工具包括预算、税收、公债、公共支出、政府投资和财政补贴等。 ( )
9. 凡未作书面通知的国家秘密事项，其保密期限按照绝密级事项 20 年、机密级事项 10 年、秘密级事项 5 年执行。 ( )
10. 不正当竞争行为的主体是经营者，因此政府及其所属部门滥用行政权力妨碍经营者的正当竞争行为不属于不正当竞争行为。 ( )
11. 在既定经济条件下，税收变动与国民收入呈反方向变化，即税收减少，国民收入增加；税收增加，国民收入减少。 ( )
12. 衡量政府绩效的标准：成本、效率、产出，又称为“三 E”。 ( )
13. 新闻通常有金字塔、倒金字塔两种结构形式。 ( )
14. 党委会议应当有三分之二以上党委委员到会方可召开，讨论和决定干部任免、处分党员事项必须有五分之四以上党委委员到会。 ( )
15. 为减少发文，在向上级机关呈送的报告中，可附带请示问题。 ( )
16. 随着中国特色社会主义进入新时代，宣传思想工作面临新形势新任务新要求，需要通过法治方式提升工作的科学化制度化规范化水平。 ( )
17. 间接调控是指政府运用行政手段和指令性手段，对每个微观经济单位实施调控的方式。 ( )
18. 档案的保管期限，从档案所属年代的 1 月 1 日起计算，长期计划、协议、协定、合同等有关文件，按其有效期满后次年 1 月 1 日起计算。 ( )
19. 领导体制决定组织工作运行的效率。 ( )
20. 留党察看处分的最长期限不超过三年。 ( )

四、案例分析题（共 2 大题，每题 5 小题，每小题 2 分，共 20 分）

1. 材料一：××市税务局根据本单位工作重点和个人研究方向，拟确定《离岸信托税收管理》作为 2022 年度重点课题，报送省税务局税收科研所备案，参与年度课题评选。6 月 16 日课题正式立项，成立了《离岸信托税收管理》课题组（以下简称“课题组”）。××市税务局办公室主任担任组长，其余 7 名成员，有 4 人为税务干部，2

人为××大学教师，1人为企业财务总监。

材料二：8月15日，课题组正式开题，并向市税务局办公室提交开题报告。课题组采取了案头分析与实地调研相结合的方式，深入企业开展调研，收集了2 000余条数据。根据计划安排，课题将于12月底前结题，但因疫情暴发，实地调研计划被耽误，无法按期结题。课题组将现实困难上报至省税务局税收科研所，申请待疫情稳定后，课题组继续进行课题调研工作。2023年3月，课题组按照规定填写了《结题申请书》，提出结题申请，同时报送了研究报告、1份1 000字左右的结题摘要。经审定，该课题未达到结题要求。2023年4月，课题组对研究成果进行了新一轮修改，并于5月重新申请结题。

（1）课题组成员原则上以本单位人员为主，也可邀请相关企业、院校、专家学者参加，但不得超过（　　）。（单选题）

A. 10%　　B. 20%　　C. 30%　　D. 40%

（2）税收科研课题组组长应由（　　）担任。（单选题）

A. 市局征收管理科科长　　B. 市局税收经济分析科科长

C. 市局办公室主任　　D. 市局分管办公室局领导

（3）税收科研课题正式立项，科研课题应在立项后（　　）内开题。（单选题）

A. 10日　　B. 15日　　C. 1个月　　D. 2个月

（4）科研课题在开题后向（　　）提交开题报告。（单选题）

A. 市局办公室　　B. 省局办公室　　C. 省局税科所　　D. 省局领导

（5）省局课题领导小组确定可以延期结题的课题，延期结题时间不得超过（　　）。（单选题）

A. 10日　　B. 15日　　C. 1个月　　D. 2个月

2. 根据下列材料，回答相关问题。

国务院关于20××年度国家科学技术奖励的通知

国发〔20××〕第44号

各省、自治区、直辖市人民政府。国务院各部委、各直属机构：

为深入贯彻落实习近平新时代中国特色社会主义思想。全面贯彻党的十九大和十九届二中、三中全会精神。坚定实施科教兴国战略、人才强国战略和创新驱动发展战略，国务院决定，对为我国科学技术进步、经济社会发展、国防现代化建设作出突出贡献的科学技术人员和组织给予奖励。

根据《国家科学技术奖励条例》的规定，经国家科学技术奖励评审委员会___①___、国家科学技术奖励委员会___②___和科技部___③___，国务院批准并报请国家主席习近平签署，授予刘永坦院士、钱七虎院士国家最高科学技术奖；国务院批准，授予“量子反常霍尔效应的实验发现”国家自然科学奖一等奖，授予

“黄瓜基因组和重要农艺性状基因研究”等37项成果国家自然科学奖二等奖，授予“云端融合系统的资源反射机制及高效互操作技术”等4项成果国家技术发明奖一等奖，授予“小麦与冰草属间远缘杂交技术及其新种质创制”等63项成果国家技术发明奖二等奖，授予“水下发射固体运载火箭系统研制”等2项成果国家科学技术进步奖特等奖。授予“凹陷区砾岩油藏勘探理论技术与玛湖特大型油田发现”等23项成果国家科学技术进步奖一等奖，授予“主要蔬菜卵菌病害关键防控技术研究与应用”等148项成果国家科学技术进步奖二等奖，授予简·迪安·米勒教授等5名外国专家中华人民共和国国际科学技术合作奖。

全国科学技术工作者要向刘永坦院士、钱七虎院士及全体获奖者学习，不忘初心，牢记使命，继续发扬科学报国的光荣传统和追求真理、勇攀高峰的科学精神，以实现国家富强、民族振兴、人民幸福为己任，深入实施创新驱动发展战略，坚定不移走中国特色自主创新道路，着力实现原始创新重大突破，功克关键核心技术，破解创新发展难题，为加快建设创新型国家、建设世界科技强国，诀胜全面建成小康社会、夺取新时代中国特色社会主义伟大胜利、实现中华民族伟大复兴的中国梦作出新的更大贡献。

国务院

20××年12月28日

（1）该公文标题的文种错误，其正确的文种应该是（　　）。（单选题）

A. 决议　　B. 公报　　C. 决定　　D. 公告

（2）该公文的发文字号不规范，正确的写法应该是（　　）。（单选题）

A. 国发〔44号〕20××　　B. 国发〔20××〕44号

C. 国发〔20××〕第44号　　D. 国发〔第44号〕20××

（3）依次填入文中①②③处最恰当的一项是（　　）。（单选题）

A. 评审 审核 审定　　B. 审核 评审 审定

C. 审定 评审 审核　　D. 评审 审定 审核

（4）该公文最后一段中的错别字有（　　）。（单选题）

A. 0个　　B. 1个　　C. 2个　　D. 3个

（5）这篇公文下面的日期“20××年12月28日”是公文的（　　）。（单选题）

A. 成文日期　　B. 印发日期　　C. 承办日期　　D. 归档日期

五、论述题（20分）

地摊经济，是指通过摆地摊获得收入来源而形成的一种经济形式。地摊经济是城市的一种边缘经济，一直由于影响市容环境难登大雅之堂。

由于受新冠疫情及全球经济整体不景气等因素影响，2020年地摊经济“复苏”。

李克强总理在2020年6月1日考察山东时表示，地摊经济、小店经济是就业岗位的重要来源，是人间的烟火，和“高大上”一样，是中国的生机。截止目前，全国已有27地鼓励发展地摊经济。“地摊经济”“烟火云”等新名词新概念奔腾而出，人间烟火气，最在街巷中。

但是，地摊经济的发展带来正面影响的同时也会存在一些问题，比如会带来交通拥堵、环境污染及噪音扰民等问题，很容易造成城市管理混乱；地摊所售大多是廉价商品，但也不乏假冒伪劣的产品，产品质量难以得到保证，食品安全……这些都损害了消费者权益。如何管理好城市的地摊，正在成为一个新的国家管理课题。

结合材料，运用相关知识，就为促进地摊经济有序发展提出合理建议。

模拟试卷（十二）答案及解析

一、单项选择题

1.【参考答案】A

【解析】新时代我国社会主要矛盾是人民日益增长的美好生活需要与不平衡不充分的发展之间的矛盾。依据《习近平新时代中国特色社会主义思想学习纲要》。

2.【参考答案】B

【解析】选项 B 向民主进军不属于讲话内容。

3.【参考答案】C

【解析】《中国共产党章程》规定，对无正当理由，连续 6 个月不交纳党费的党员，按自行脱党处理。

4.【参考答案】A

【解析】根据《档案管理违法违纪行为处分规定》，将公务活动中形成的应当归档的文件材料、资料据为己有，拒绝交档案机构、档案工作人员归档的，对有关责任人员，给予警告处分；情节较重的，给予记过或者记大过处分；情节严重的，给予降级或者撤职处分。

5.【参考答案】D

【解析】之所以说中国特色社会主义理论体系是马克思主义中国化的最新理论成果，是因为中国特色社会主义理论体系：第一，坚持辩证唯物主义和历史唯物主义这一马克思主义的根本方法，创造性地分析当今世界和当代中国的实际，做出了一系列新的理论概括；第二，坚持马克思主义关于无产阶级政党必须植根于人民的政治立场，贯彻马克思主义的群众观点，对人民群众在实践中创造的新鲜经验进行了理论上的总结和升华；第三，坚持马克思主义与时俱进的理论品质，体现了马克思主义理论创新的巨大勇气。因此，选项 ABC 正确。选项 D 表述错误，马克思主义提供的是方法，而不是现成模式，故排除。

6.【参考答案】C

【解析】略。

7.【参考答案】A

【解析】中共中央总书记、国家主席习近平指出，理想信念就是共产党人精神上的“钙”，没有理想信念，理想信念不坚定，精神上就会“缺钙”，就会得“软骨病”。故选 A。

8.【参考答案】A

【解析】2019 年 5 月印发的《中国共产党员教育管理工作条例》第二条。党员教育管理是党的建设基础性经常性工作。党组织应当加强党员教育管理，引导党员坚定共产主义远大理想和中国特色社会主义共同理想，增强“四个意识”、坚定“四个自信”、做到“两个维护”，增强党性，提高素质，认真履行义务，正确行使权利，充分发挥先锋模范作用。

9.【参考答案】C

【解析】参见《信访工作条例》。

10.【参考答案】C

【解析】参见《党政领导干部选拔任用工作条例》

11.【参考答案】C

【解析】《中共国家税务总局委员会印发〈关于解决税务系统形式主义突出问题为基层减负若干措施〉的通知》（税总党委发〔2019〕69 号），简报篇幅一般不超过 2 000 字。

12.【参考答案】D

【解析】党的十九大报告第二部分第 3 自然段“中国共产党一经成立，就把实现共产主义作为党的最高理想和最终目标，义无反顾肩负起实现中华民族伟大复兴的历史使命，团结带领人民进行了艰苦卓绝的斗争，谱写了气吞山河的壮丽史诗。”

13.【参考答案】C

【解析】习近平总书记在 2022 年春季学期中央党校（国家行政学院）中青年干部培训班开班式上的讲话

14.【参考答案】D

【解析】价格是市场供求关系的感应器，价格的不断变化及时准确地反映了市场供求关系的变化。

15.【参考答案】C

【解析】中共中央印发的《法治中国建设规划（2020－2025 年）》提出，“把社会主义核心价值观要求融入法治建设和社会治理。”

16.【参考答案】C

【解析】《中国共产党纪律处分条例》第十二条规定，党员受到留党察看处分，其党内职务自然撤销。对于担任党外职务的，应当建议党外组织撤销其党外职务。受到留党察看处分的党员，恢复党员权利后二年内，不得在党内担任和向党外组织推荐担任与其原任职务相当或者高于其原任职务的职务。

17.【参考答案】B

【解析】成长期是产品已经打开销路并迅速扩大市场份额的阶段。这一阶段的特点是消费者逐步接受该产品；生产规模扩大，生产成本、单位促销费用降低，企业利润迅速增加；销量上升较快。

18.【参考答案】A

【解析】职能监督是指政府各职能部门就其主管的工作在其职能范围内对其他部门实行的工作监督，它包括平行关系和上下级关系的政府职能部门的监督。职能监督是以业务内容为核心的专项监督。如财政部就其主管的国家财政收支工作对各部委、各地区的预算、计划、收支等工作实施的监督等。

19.【参考答案】D

【解析】评价一个干部是不是人才，最主要的就是要在实践中看他为党和人民做了哪些实实在在的贡献，是有功还是有过。实绩是实践的结果，是干部能力、品德、思想行为及所付出的心血、汗水的综合体现。

20.【参考答案】B

【解析】市级税务机关召开的四类会议，应严格控制会议规模，参会人员视内容而定，一般不得超过 50 人。

21.【参考答案】A

【解析】信访工作是党的群众工作的重要组成部分，是党和政府了解民情、集中民智、维护民利、凝聚民心的一项重要工作。

22.【参考答案】C

【解析】人权的法律保障包括宪法保障、立法保障、行政保护和司法保障。宪法保障是人权保障的前提和基础。宪法表明尊重和保障人权的鲜明态度，确立尊重和保障人权的有效机制，明确列出宪法保障的基本人权，能够推动整个国家和法律体系加强人权保障。立法保障是人权保障的重要条件。行政保护是人权保障的关键环节。司法保障是人权保障的最后防线。因此，选项 C 正确。

23.【参考答案】C

【解析】参见《全国税务机关档案管理办法》第二十六条。

24.【参考答案】B

【解析】《中国共产党纪律处分条例》第十条。党员受到警告处分一年内、受到严重警告处分一年半内，不得在党内提升职务和向党外组织推荐担任高于其原任职务的党外职务。

25.【参考答案】C

【解析】我国宪法的修改由全国人民代表大会常务委员会或者 1/5 以上的全国人民代表大会代表提议，并由全国人民代表大会全体代表的 2/3 以上的多数通过，而普通法律则只需要全国人民代表大会以全体代表的过半数通过即可。

26.【参考答案】B

【解析】参见《全国税务机关公文处理办法》。

27.【参考答案】B

【解析】《行政机关公务员处分条例》规定行政机关公务员处分的种类包括警告、记过、记大过、降级、撤职、开除。

28.【参考答案】D

【解析】公文区别于其他信息记录的特点是具有法定权威性与现行效用性，所以在法定的时间和空间内具有强制性。故本题选D。

29.【参考答案】B

【解析】构建税收治理体系的核心在于创新税收征管模式，其基本内容不仅包括构建完善的制度体系，还包括税收征纳双方通过沟通与协调，实现税收的共赢善治。

30.【参考答案】C

【解析】参见《全国税务机关公文处理办法》

31.【参考答案】C

【解析】从长期来看，税收弹性大于1不利于经济运行，因为对于宏观经济而言，税收是一种“漏出”因素，规模过大就会抑制储蓄与投资。为了“课及税源却不伤及税本”，应使税收弹性保持在接近于1的水平。若税收弹性长期接近于零，又会使公共支出逐渐萎缩。

32.【参考答案】D

【解析】参见《税务系统涉密会议保密管理暂行办法》。

“谁主办，谁负责”，是指涉密会议主办单位对涉密会议保密工作负总责，同时负责各项保密管理工作的落实。多个单位参与涉密会议筹办和组织工作的，由牵头单位负总责，参与单位根据会议分工，负责相关方面的保密工作。

33.【参考答案】C

【解析】参见修改后的《行政诉讼法》规定。

34.【参考答案】B

【解析】根据《国家税务总局关于加强税务系统应急管理工作的意见》，加强税务系统应急管理工作，是关系服务经济社会发展全局和保护人民群众生命财产安全的大事，是全面落实科学发展观、坚持走群众路线的重要内容，是各级税务机关坚持“为国聚财、为民收税”工作宗旨的重要体现，是税务系统加强社会管理、化解社会矛盾、有效应对事故灾害的形势所需。

35.【参考答案】D

【解析】根据《中华人民共和国行政诉讼法》第四十六条规定，“公民、法人或者其他组织直接向人民法院提起诉讼的，应当自知道或者应当知道作出行政行为之日起六个月内提出。法律另有规定的除外。”

36.【参考答案】A

【解析】根据《全面推进政务公开工作实施办法》，公文公开管理。各级税务机关拟制公文时，明确主动公开、依申请公开、不予公开等属性，随公文一并报批，拟不公开的，依法依规说明理由。对拟不公开的政策性文件，报批前先送本单位政务公开工作机构审查。办公厅（室）在对公文进行发文审核时，加强对公文公开属性的复核，对没有明确公开属性的，或者没有依法依规说明不公开理由的，办公厅（室）作退文处理。

37.【参考答案】C

【解析】根据《中华人民共和国公务员法》第六十条规定，“公务员执行公务时，认为上级的决定或者命令有错误的，可以向上级提出改正或者撤销该决定或者命令的意见；上级不改变该决定或者命令，或者要求立即执行的，公务员应当执行该决定或者命令，执行的后果由上级负责，公务员不承担责任；但是，公务员执行明显违法的决定或者命令的，应当依法承担相应的责任。”

38.【参考答案】B

【解析】国家税务总局办公厅关于印发《全国税务系统依法分类处理信访诉求工作规程》的通知，各级税务机关依法分类处理信访诉求应当进一步健全统一领导、部门协调，统筹兼顾、标本兼治，各负其责、齐抓共管的信访工作格局。

39.【参考答案】B

【解析】根据《中共国家税务总局委员会工作规则》，党委作出重大决策，一般应当经过调查研究、征求意见、充分酝酿等程序，按照规则由集体讨论和决定。

40.【参考答案】C

【解析】各民族共同繁荣是解决民族问题的根本出发点和归宿。A 选项是中国民族政策的核心内容；B 选项是中国民族政策的基石；D 选项是我国处理民族问题的最高利益。在新时期搞好民族工作，最重要的是要积极创造条件，加快发展少数民族地区的经济和科学文化事业。故选项 C 是正确答案。

二、多项选择题

1.【参考答案】ABC

【解析】习近平总书记在党的十九大报告中提出“全党全国各族人民要紧密团结在党中央周围，高举中国特色社会主义伟大旗帜，锐意进取，埋头苦干，为实现推进现代化建设、完成祖国统一、维护世界和平与促进共同发展三大历史任务。”

2.【参考答案】ABDE

【解析】依据《中国共产党支部工作条例（试行)》，正式党员不足 3 人的单位，应当按照地域相邻、行业相近、规模适当、便于管理的原则，成立联合党支部。

3.【参考答案】ABC

【解析】“两不愁三保障”是国家在易地扶贫搬迁中提出的主要目标。“两不愁”即不愁吃、不愁穿，“三保障”即义务教育、基本医疗、住房安全有保障。

4.【参考答案】ABCD

【解析】十年社会主义建设时期，党在处理汉族与少数民族关系方面取得的正确认识有：既反对地方民族主义，又重点反对大汉族主义，发展和巩固民族区域自治制度，大力培养少数民族干部等。

5.【参考答案】ABCE

【解析】2022 年政府工作报告中提出，着力稳市场主体保就业，加大宏观政策实施力度。完善减负纾困等政策，夯实经济稳定运行、质量提升的基础。实施新的组合式税费支持政策；加强金融对实体经济的有效支持；推动降低企业生产经营成本；落实落细稳就业举措。

6.【参考答案】ABC

【解析】(1) 毫不动摇地巩固和发展公有制经济，是坚持和完善社会主义基本经济制度的一条基本原则。公有制经济是我国社会主义现代化建设的支柱和国家进行宏观调控的主要物质基础，是社会主义经济性质的根本体现。毫不动摇地鼓励、支持和引导非公有制经济发展，激发非公有制经济活力和创造力，是坚持和完善基本经济制度必须遵循的又一条原则。(2) 坚持公有制的主体地位，主要体现在两个方面：一是公有资产在社会总资产中占优势；二是国有经济控制国民经济命脉，对经济发展起主导作用。这是就全国而言的，有的地方、有些产业可以有所差别。公有资产既要有量的优势，更要注重质的提高。国有经济起主导作用，主要体现在控制力上。把非公有制经济纳入到基本经济制度之中，是因为它们同公有制经济一样，也是为社会主义服务的。非公有制经济是促进经济社会发展的重要力量，在支撑增长、促进创新、扩大就业、增加税收等方面具有重要作用。非公有制经济是社会主义市场经济的重要组成部分。(3) 公有制经济包括国有经济、集体经济、混合所有制经济中的国有成分和集体成分。公有制经济是社会主义性质的根本体现。非公有制经济包括个体经济、私营经济、外商独资经济、混合所有制经济中的非公有制经济成分等。非公有制经济不具有社会主义性质。(4) 只要坚持公有制为主体，国有经济控制国民经济命脉，在经济中的控制力和竞争力得到增强，在这个前提下，国有经济比重减少一些，并不会影响我国的社会主义性质。故 ABC 项为正确选项。D 项观点不正确。

7.【参考答案】CD

【解析】计时工资和计件工资是社会主义初级阶段按劳分配的劳动报酬的基本形式，而津贴是补充形式，股息是按资金分配的形式。

8.【参考答案】BCD

【解析】选项 A：降低税收的征收成本和缴纳成本是税收行政效率的要求。

9.【参考答案】BD

【解析】A 错误，WTO 规则不能直接适用。《关于审理反倾销行政案件应用法律若干问题的规定》第二条规定："与反倾销行政行为具有法律上利害关系的个人或者组织为利害关系人，可以依照行政诉讼法及其他有关法律、行政法规的规定，向人民法院提起行政诉讼。前款所称利害关系人，是指向国务院主管部门提出反倾销调查书面申请的申请人，有关出口经营者和进口经营者及其他具有法律上利害关系的自然人、法人或者其他组织。"该《规定》第四条规定："与被诉反倾销行政行为具有法律上利害关系的其他国务院主管部门，可以作为第三人参加诉讼。"所以，B 正确。第六条规定："人民法院依照行政诉讼法及其他有关反倾销的法律、行政法规，参照国务院部门规章，对被诉反倾销行政行为的事实问题和法律问题，进行合法性审查。"选项 C 是参照规章，其中包括了地方规章，扩大了法条规定的范围，故选项 C 也错误。第七条规定："被告对其作出的被诉反倾销行政行为负举证责任，应当提供作出反倾销行政行为的证据和所依据的规范性文件。人民法院依据被告的案卷记录审查被诉反倾销行政行为的合法性。被告在作出被诉反倾销行政行为时没有记入案卷的事实材料，不能作为认定该行为合法的根据。"故只有记入案卷的证据才可作为定案的根据，未记入的不予认定。D 正确。故选 BD。

10.【参考答案】ABCE

【解析】根据《国家税务总局关于开展 2022 年"我为纳税人缴费人办实事暨便民办税春风行动"的意见》（税总纳服发〔2022〕5 号）第二条第（一）项的规定，整合优化知识库，推进知识库在全国共享共用，基本实现全国咨询"一线通答"。加快推动咨询服务向以 24 小时智能咨询为主转变。探索远程咨询和办税辅导新局、征纳互动平台等远程发起税费咨询求助，实现"办问协同"。进一步推动涉税文书电子化推送，逐步实现"无接触"送达。推出"首违不罚"事项清单属于优化执法方式。

三、判断题

1.【参考答案】×

【解析】人类为了创造历史，必须能够生活，为了生活，首先就需要衣、食、住及其他东西。因此，人类历史的第一个历史活动就是生产满足这些需要的物质资料本身。故本题判断错误。

2.【参考答案】×

【解析】根据习近平总书记在博鳌亚洲论坛 2022 年年会开幕式上的主旨演讲：当下，世界之变、时代之变、历史之变正以前所未有的方式展开，给人类提出了必须严肃对待的挑战。

3.【参考答案】×

【解析】党的十八届三中全会指出，全面深化改革的总目标是完善和发展中国特色社会主义制度，推进国家治理体系和治理能力现代化。

4.【参考答案】×

【解析】收文办理指对收到公文的处理过程，包括签收、登记、审核、拟办、批办、承办、传阅、催办、答复等程序。对下级税务机关上报并需要办理的公文，办公厅（室）应当对来文的合法性、规范性进行审核。来文出现以下情况的，应予退回：不应当由本机关办理的；与有关法律、法规及规章相抵触的；文种使用不当，违反行文规则的；上行文未注明签发人的；文头与机关代字不相符的；用印有误，未注明附件或附件有缺漏的；其他违反《党政机关公文处理工作条例》或本办法的。

5.【参考答案】×

【解析】根据《中国共产党问责条例》，建立健全问责典型问题通报曝光制度，采取组织调整或者组织处理、纪律处分方式问责的，一般应当向社会公开。

6.【参考答案】×

【解析】公文一般每面排20行，每行排28个字，并撑满版心。特定情况可以作适当调整。

7.【参考答案】√

【解析】新闻写作的基本要求有信息性、知识性、可读性、时效性以及针对性等。

8.【参考答案】√

【解析】财政政策是指一国政府为实现预期的经济社会发展目标，对财政收支关系进行调整的指导原则和措施。财政政策属于宏观调控手段。财政政策由预算政策、税收政策、支出政策、国债政策组成。财政政策的工具包括预算、税收、公债、公共支出、政府投资和财政补贴等。

9.【参考答案】×

【解析】根据《税务工作国家秘密定密管理暂行办法》第十三条，凡未作书面通知的国家秘密事项，其保密期限按照绝密级事项30年、机密级事项20年、秘密级事项10年执行。

10.【参考答案】×

【解析】经营者是构成不正当竞争行为最主要的主体，但是政府部门在某些特定的情形下，也可以成为该主体。

11.【参考答案】√

【解析】由于税收是对纳税人收入的一种扣除方式，税收高低会影响到投资并进而影响到国民收入。税收变动与国民收入呈反方向变化，即税收减少，国民收入增加；税收增加，国民收入减少。

12.【参考答案】×

【解析】政府绩效是指政府的工作成就或管理活动所产生的效果。衡量政府绩效的标准：经济（Economy）、效率（Efficiency）、效益（Effectiveness），又称为“三E”。“三E”实质上是三种关系，涉及政府管理活动的四个方面：成本、投入、产出、效果。

13.【参考答案】×

【解析】新闻通常有金字塔、倒金字塔和倒正混合结构三种结构形式。

14.【参考答案】×

【解析】根据《中共国家税务总局委员会工作规则》第二十一条，党委会议应当有半数以上党委委员到会方可召开，讨论和决定干部任免、处分党员事项必须有三分之二以上党委委员到会。党委委员因故不能参加会议的应当在会前请假，其意见可以用书面形式表达。党委会议议题涉及本人或者其亲属以及存在其他需要回避情形的，有关党委委员应当回避。

15.【参考答案】×

【解析】根据《党政机关公文处理工作条例》第十五条，向上级机关行文，应当遵循以下规则：请示应当一文一事。不得在报告等非请示性公文中夹带请示事项。

16.【参考答案】√

【解析】参见《中国共产党宣传工作条例》。

17.【参考答案】×

【解析】间接调控是宏观调控的一种方式，它主要是根据市场变动规律和长期趋势，通过对市场参数施加影响，来调整企业的经济行为，达到保持市场稳定、均衡和间接导向的目的。间接调控以总量控制为主，通过市场发出正确的信号引导企业，而不是直接干预企业的活动。故本题说法错误。

18.【参考答案】×

【解析】档案的保管期限，从档案所属年代的次年 1 月 1 日起计算，长期计划、协议、协定、合同等有关文件，按其有效期满后次年 1 月 1 日起计算。

19.【参考答案】√

【解析】领导体制是否科学合理，决定了组织成员作用发挥的好坏和组织工作运行效率的高低。

20.【参考答案】×

【解析】根据《中国共产党纪律处分条例》，留党察看处分，分为留党察看一年、留党察看二年。对于受到留党察看处分一年的党员，期满后仍不符合恢复党员权利条件的，应当延长一年留党察看期限。留党察看期限最长不得超过二年。

四、案例分析题

1.（1）【参考答案】B

【解析】课题组 8 人有 3 人为企业、专家人员，占比过高。课题组成员原则上以本单位人员为主，也可邀请相关企业、院校、专家学者参加，但不得超过 20%。

（2）【参考答案】D

【解析】选题确定后，根据实际情况，成立课题组。课题需由各市级局局领导牵头担任组长。

（3）【参考答案】C

【解析】科研课题应在立项后一个月内开题

（4）【参考答案】C

【解析】科研课题在开题后向省局税科所提交开题报告

（5）【参考答案】C

【解析】所有课题原则上应在当年结题，对无法按时结题的，课题组应及时向省局税科所通报情况。由课题领导小组确定是否予以延期结题，延期结题时间不得超过1个月。

2.【参考答案】

（1）【参考答案】C

【解析】“决定”是适用于对重要事项作出决策和部署、奖惩有关单位和人员、变更或者撤销下级机关不适当的决定事项的法定公文。决定具有全局性、指令性、规范性的特点。按照具体用途和内容的不同，决定可分为以下四类：法规性决定、指挥性决定、奖惩性决定、变更性决定。故本题选C。

（2）【参考答案】B

【解析】发文字号由机关代字、年份、发文序号三部分组成。其格式规范要求：年份必须是四位数的阿拉伯数字，外为六角号，发文序号不得有“第”字或前面有“0”样的虚位。故本题选B。

（3）【参考答案】D

【解析】评审、审定、审核三个词具有时间上、程序性上的先后逻辑性，不可颠倒混用。故本题选D。

（4）【参考答案】C

【解析】本题中有两个错别字。一是“功克关键核心技术”中的“功克”，应为“攻克”。“诀胜全面建成小康社会”中的“诀胜”应为“决胜”。故本题选C。

（5）【参考答案】A

【解析】20××年12月28日为成文日期，属于正文部分，通常以会议决定日期或领导签发日期作为成文日期。印发日期在版记，是公文的缮印时间。承办日期是指具体办理公文的时间，而归档日期是公文处理完毕后归档的时间。故本题选A。

五、论述题

【参考答案】

（1）建立健全推动地摊经济的政策措施。相关部门要结合当地实际，尽快着手研究适合推广的、满足疫情防控常态化需要的推进地摊经济发展、促进就业的指导意见，统筹协调公安、住建、市场质量监督与管理、发改、街道等部门，出台配合推进地摊经济发展的实施意见，并在全市各地推广，鼓励各地各部门因城施策、因地制宜，借鉴先进经验，积极探索适宜本地的措施，从政策层面鼓励群众灵活运用多种经营方式就业创业，满足人民群众呼吁，在全省形成万众创业局面，激发基层经济活力，有效应对疫情冲击。

（2）加强组织领导，强化制度保障，规范经营秩序。各级住建部门成立规范引导地摊经济发展领导小组，划定网格责任区，指派专职工作人员，分区分片负责指定区域内地摊摊位的市场和环境秩序，确保有序经营。制定地摊经营管理办法，加强宣传教育，积极引导摊主规范化经营；加大保洁力度，实行摊主+属地环卫站精细化保洁模式，优化考评机制，建立地摊环境卫生诚信档案，倒逼摊主注重环境卫生。

（3）坚持便民原则，明确“地摊”区域，提升服务水平。促进地摊经济发展的政策措施要以方便群众经营和消费为原则，严格划定“地摊”经营区域，因地制宜地在闹市区商业街、公园、小区门口等人流量较大的区域规划固定摊位，对不影响城市卫生环境和道路通行条件的商户适度开放占道经营，最大程度地为经营者和消费者提供便利条件，确保过路人看得见、摊主卖得出。

（4）提倡柔性执法，防止干群矛盾问题。教育引导城管工作人员转变思想观念，由过去的“赶”到现在的“服”，落实柔性执法，以不破坏市容环境为前提，实现摊主效益最大化，全方位服务群众。充分发挥数字监控，线上线下融合执法，教育为主、处罚为辅，督促摊主干净卫生经营。严禁在地摊市场管理中出现变相收取管理费、保护费等“吃拿卡要”行为，建立健全奖惩机制，对于引发干群矛盾，阻挠群众合理合法经营的，一经发现，严肃处理。

模拟试卷（十三）

一、单项选择题（下列各题的备选答案中，只有1个正确选项，请将正确选项填入括号中。多选、不选、错选均不得分，每小题0.5分，共40小题，共计20分）

1. 根据《宪法》规定，由于国家机关和国家工作人员侵犯公民权利而受到损害的人，有依照法律规定取得（　　）的权利。

   A. 物质帮助　　B. 经济补偿　　C. 赔偿　　D. 社会救助

2. 马克思主义是科学，从根本上说在于它（　　）。

   A. 以世界的一般规律为研究对象　　B. 始终严格地以客观事实为根据

   C. 提供了普遍适用的客观真理　　D. 形成了完整的理论体系

3. 将习近平新时代中国特色社会主义思想写入《中国共产党章程》的是党的（　　）。

   A. 十六大　　B. 十七大　　C. 十八大　　D. 十九大

4. 在社会主义思想发展史上，最早提到社会主义发展阶段问题的是（　　）。

   A. 马克思　　B. 列宁　　C. 毛泽东　　D. 邓小平

5. 关于党的组织制度，以下说法错误的是（　　）。

   A. 党的各级领导机关，都由选举产生

   B. 党的各级委员会实行集体领导和个人分工负责相结合的制度。凡属重大问题都要按照集体领导、民主集中、个别酝酿、会议决定的原则，由党的委员会集体讨论，作出决定

   C. 党的各级代表大会代表实行任期制

   D. 任何党员不论职务高低，都不能个人决定重大问题；如遇紧急情况，必须由个人作出决定时，事后要迅速向党组织报告

6. 税收个案批复应当自作出之日起（　　）日内，由批复机关的办公厅（室）在本级政府公报、税务机关公报、本辖区范围内公开发行的报纸或本级政府网站、本税务机关网站上公布。

   A. 5　　B. 10　　C. 15　　D. 30

7. 选拔任用党政领导干部，必须把（　　）放在首位。

   A. 德才兼备　　B. 公道正派　　C. 党管干部　　D. 政治标准

8. 劳动力成为商品是货币转化为资本的前提条件，这是因为（　　）。

   A. 资本家购买的是劳动力的价值

B. 劳动力商品具有价值和使用价值

C. 货币所有者购买的劳动力能够带来剩余价值

D. 劳动力自身的价值能够在消费过程中转移到新的商品中去

9. 关于批评和自我批评，下列说法中错误的有（　　）。

A. 坚持“团结—批评—团结”，按照“照镜子、正衣冠、洗洗澡、治治病”的要求，严肃认真提意见，决不能把自我批评变成自我表扬、把相互批评变成相互吹捧

B. 党的领导机关和领导干部对各种不同意见都必须听取，鼓励下级反映真实情况

C. 党内工作会议的报告、讲话以及各类工作总结，上级机关和领导干部检查指导工作，只讲问题和不足，不讲成绩和经验

D. 批评必须出于公心，不主观武断，不发泄私愤

10. 税务总局党校（干部学院）主体班次的教学安排中，以习近平新时代中国特色社会主义思想课程为主，理论教育和党性教育的比重不低于总课时的（　　）。

A. 30%　　B. 50%　　C. 70%　　D. 80%

11. 在生产资料所有制所包含的诸方面经济关系中，决定生产资料所有制性质的最基本的经济关系是生产资料的（　　）。

A. 归属关系　　B. 占有关系　　C. 支配关系　　D. 使用关系

12. 合同档案的保管期限按（　　）来计算。

A. 有效期满后次年 1 月 1 日　　B. 有效期满后次月 1 日

C. 签订期次年 1 月 1 日　　D. 签订合同当天

13. 根据《中华人民共和国慈善法》规定，企业慈善捐赠支出超过法律规定的准予在计算企业所得税应纳税所得额时当年扣除的部分，允许结转以后（　　）内在计算应纳税所得额时扣除。

A. 三年　　B. 五年　　C. 八年　　D. 十年

14. 2022 年税务部门办理正常出口退税的平均时间压缩至（　　）个工作日以内。

A. 7　　B. 6　　C. 5　　D. 4

15. 法律义务的内容和履行方式随着经济社会的发展和人权保障的进步而不断调整和变化。例如，随着我国经济社会的发展，国家免除了农民缴纳土地税的义务；随着国民收入的提高，国家逐步调整个人所得税的起征标准，收入在起征点以下人群缴纳所得税的义务也随之被免除；随着信息社会和汽车时代的到来，人们维护信息安全和遵守交通规则的义务则相应增多。因此，法律义务是（　　）。

A. 主观的　　B. 客观的　　C. 不固定的　　D. 历史的

16. 中办、国办印发的《关于进一步深化税收征管改革的意见》中提到要拓展容缺办理事项，为此，需要全面推行的制度为（　　）。

A. 税务证明事项告知承诺制　　B. 税务证明事项电子查验制
C. 税务证明事项留存备查制　　D. 税务证明事项免报制

17. 下列公文中可以不标准主送机关的是（　　）。
A. 通知　　B. 请示　　C. 报告　　D. 决议

18. 中国特色社会主义法治理念包含“依法治国、执法为民、公平正义、服务大局、党的领导”五个方面的基本内涵，它们是相辅相成、不可分割的有机整体，构成了社会主义法治理念的完整理论体系。其中，公平正义是（　　）。
A. 社会主义法治的价值追求　　B. 社会主义法治的本质要求
C. 社会主义法治的核心内容　　D. 社会主义法治的重要使命

19. 钧瓷以其古朴的________，精湛的________，复杂的配釉，湖光山色、云霞雾霭、人兽花鸟虫鱼等变化无穷的图形色彩和奇妙韵味，被列为中国宋代“五大名瓷”之首。
填入划横线部分最恰当的一项是（　　）。
A. 造型 技术　　B. 外形 工艺　　C. 外形 技术　　D. 造型 工艺

20. 社会主义法律在国家和社会生活中的权威和尊严是建设社会主义法治国家的前提条件。法律权威是就国家和社会管理过程中，法律的地位和作用而言的，是指（　　）。
A. 法的强制性　　B. 法的不可违抗性
C. 法的合理性　　D. 法的规范性

21. 税务系统特别重大、重大突发事件发生后，事发地税务机关要立即报告上一级税务机关，最迟不超过（　　）小时，省税务机关最迟在（　　）小时内报告国家税务总局。
A. 1，3　　B. 1，12　　C. 3，12　　D. 12，24

22. 加强和规范党内政治生活，必须以（　　）为根本遵循。
A. 党章　　B. 法律　　C. 党内监督条例　　D. 宪法

23. 市税务局涉密工作人员因工作需要，调离原涉密岗位，经审核批准后，原涉密人员主动清退了其保存和使用的秘密载体，办理了移交手续，并签订了（　　）。
A.《涉密人员离岗离职脱密审查书》　　B.《涉密人员离岗离职脱密承诺书》
C.《涉密人员离岗离职保密审查书》　　D.《涉密人员离岗离职保密承诺书》

24. 在为具有一定规模的重要决策活动做出领导决策时，一般需要经历发现决策问题、确定决策目标、明确决策条件、拟定决策方案、组织方案评估、选择决策方案、（　　）的基本程序。
A. 防范决策风险　　B. 执行决策方案
C. 反馈信息　　D. 重新选择决策方案

25. 依靠一定数量专家的创造性思维来对决策对象本来的发展趋势及其状况作出集中的判断，这种决策方法是（　　）。

A. 德尔菲法　　B. 回归分析法　　C. 头脑风暴法　　D. 系统工程方法

26. 以下不符合有关要求的是：（　　）

A. ××省税务局向总局报送一篇 2 341 字的工作简报

B. ××市税务局 7 月 7 日下发征求意见稿，要求各县级局 7 月 10 日前反馈意见

C. ××市作为发言单位，在某次会议上发言时长为 5 分钟

D. ××市以便函形式下发《关于开展岗位练兵集中培训的通知》

27. 为提高办事效率，某处长作出决定：用公费为处里副科级以上干部配备手机。有人提出这违背有关的规定，该处长却说这是例外原则。该处长这样做（　　）。

A. 属于该处长正常的职权范围，与例外原则无关

B. 是错误的，是对例外原则的曲解

C. 符合例外原则，但不符合法定原则

D. 是正确的，符合用权的例外原则

28. 展望 2035 年，我国将基本实现（　　），建成现代化经济体系。

A. 新型工业化、信息化、城镇化、农业现代化

B. 智能化、信息化、城市化、农业现代化

C. 新型工业化、智能化、城市化、农业科技化

D. 智能化、信息化、城镇化、农业科技化

29. 下列说法有误的是（　　）。

A. 领导群体决策代表了领导群体共同的意志

B. 领导群体决策属于群体参与决策

C. 领导群体决策不是领导个人拍板决策

D. 领导群体决策属于群体决策

30. 印章作为一种工具，印章的主要功能是（　　）。

A. 封存物品　　B. 递送物件　　C. 信用凭证　　D. 办理结算

31. 税务机关应当对纳税人（　　）的情况定期予以公告。

A. 生产经营　　B. 财务状况　　C. 应交税金　　D. 欠缴税款

32. 根据《税务工作国家秘密定密管理暂行办法》，各级税务机关均依法具有（　　）的定密权，无须申请相应的定密授权。

A. 原始定密　　B. 派生定密　　C. 原生定密　　D. 衍生定密

33. 税务人员进行税务检查时，必须出示（　　），否则，纳税人、扣缴义务人及其他当事人有权拒绝接受检查。

A. 工作证件　　B. 税务检查证和税务检查通知书

C. 单位介绍信　　D. 能证明税务人员身份的有效证件

34. 累进所得税制所体现出的是税收的（　　）。

A. 横向公平　　B. 纵向公平　　C. 行政效率　　D. 经济效率

35. 关于报告，说法错误的是（　　）

A. 报告可以分为工作报告，总结报告，调查报告和答复询问的报告

B. 报告是下级机关向上级机关反馈信息、沟通上下级机关纵向联系的一种重要形式，因此，为各机关普遍经常使用

C. 报告以议论为主要表达方式，例如撰写总结报告

D. 报告与请求不能结合使用，在报告中不得夹带请求事项

36. 根据《国家税务总局办公厅关于规范税务新媒体管理的通知》规定，税务干部以职务身份在微信、微博和其他第三方平台上开通新媒体，需事先经（　　）同意。

A. 县以上税务机关办公室　　B. 市以上税务机关办公室

C. 省以上税务机关办公厅（室）　　D. 国家税务总局税收宣传中心

37. 经机关负责人批示或者交有关部门办理的公文，办公室要负责督查催办。紧急公文应当（　　）。

A. 重点督查催办　　B. 跟踪督查催办　　C. 定期督查催办　　D. 专人督查催办

38. 向上级机关行文，以下说法中违背行文规则的是（　　）。

A. 受双重领导的机关向一个上级机关行文，必要时抄送另一个上级机关

B. 下级机关的请示事项，如需以本机关名义向上级机关请示，可以原文转报上级机关

C. 除上级机关负责人直接交办事项外，不得以本机关名义向上级机关负责人报送公文，不得以本机关负责人名义向上级机关报送公文

D. 不得在报告等非请示性公文中夹带请示事项

39. 科技型中小企业开展研发活动中实际发生的研发费用，未形成无形资产计入当期损益的，在按规定据实扣除的基础上，自 2022 年 1 月 1 日起，再按照实际发生额的（　　）在税前加计扣除。

A. 50%　　B. 100%　　C. 150%　　D. 200%

40. 税务机关对违法行为人进行罚款的行为，就内容上看属于（　　）。

A. 设定义务的行为　　B. 剥夺权益的行为

C. 变更法律地位的行为　　D. 确认某种法律事实的行为

二、多项选择题（下列各题的备选答案中，至少有两个正确选项，请将正确选项的字母填写在括号中，多选、错选、少选、不选均不得分。每小题 2 分，共计 20 分）

1. 中央办公厅、国务院办公厅印发的《关于进一步深化税收征管改革的意见》提出，

严格规范税务执法行为，需要全面落实的制度有（　　）。

A. 行政执法公示　　B. 执法全过程记录

C. 执法过错责任追究　　D. 重大执法决定法制审核制度

E. 税务行政处罚裁量基准

2. 强化上级党组织监督检查。主要采取任前事项报告、（　　）等方式进行。

A. 一报告两评议　　B. 专项检查　　C. 两位检查　　D. 问题核查

3. 2022 年实施新的组合式税费支持政策，主要特点有（　　）。

A. 退税减税总量历史最高　　B. 强化精准性

C. 突出组合式　　D. 政策发力适当靠前

E. 主要针对中小微工业企业

4. 为完善社会主义个人收入分配制度，确立生产要素按贡献参与分配是基于（　　）。

A. 各种生产要素都能创造价值　　B. 要素所有权关系在经济上的体现

C. 市场经济配置资源的内在要求　　D. 各种生产要素都具有价值

5. 尊重和保障人权是中国共产党人的不懈追求。党的百年奋斗史，贯穿着党团结带领人民为（　　）而进行的不懈努力。

A. 争取人权　　B. 尊重人权　　C. 保障人权　　D. 发展人权

6. 有下列情形之一，领导班子和领导干部年度考核结果不得确定为优秀等次（　　）。

A. 干事创业精气神不够，拈轻怕重、患得患失，不敢直面矛盾、不愿动真碰硬，不担当不作为的

B. 受到上级党委和政府通报批评，责令检查的

C. 工作实绩不突出的

D. 组织领导能力较弱，年度工作目标任务完成不好的

7. 涉密人员上岗应当经过保密教育培训，应当（　　），不得以任何方式泄露国家秘密。

A. 经过保密教育培训　　B. 掌握保密知识技能

C. 签订保密承诺书　　D. 严格遵守保密规章制度

E. 掌握涉密设备使用方法

8. 下列属于政务公开举措的有（　　）。

A. 转变观念，强化政务公开意识

B. 鼓励公民参与决策过程，参与公共事务的管理

C. 加快政府公开配套制度建设

D. 健全政务公开运行机制

9. 公文起草后，主办部门的有关人员和负责人应当进行审核。审核的重点包括（　　）。

A. 是否符合国家法律法规和党的路线方针政策，提出新的政策、规定和措施等是

否可行

B. 是否需要会签其他职能部门或者有关单位

C. 公文文种的选用是否适当，拟制的公文是否符合行文规则和公文格式的有关要求

D. 文稿的结构是否严谨，层次是否清楚，观点是否正确，情况是否真实，数据是否准确等

10. 下列税收优惠形式属于直接优惠的是（　　）。

A. 税收减免　　B. 加速折旧　　C. 再投资退税　　D. 盈亏相抵

三、判断题（判断下列各题正误，正确的打"√"，错误的打"×"。每小题1分，共计20分）

1. 在社会主义初级阶段，社会成员的思想觉悟和精神境界处在不同层次，因此社会主义精神文明建设也不能强求指导思想的一元化。（　　）

2. 建设中国特色社会主义法制体系，必须坚持立法先行，关键是立法数量的增加。（　　）

3. 机关、单位发生泄露国家秘密案件不按照规定报告或者未采取补救措施的，对直接负责的主管人员和其他直接责任人员依法给予处分。（　　）

4. 党的十九大报告指出，赋予有干部管理权限的党组相应纪律处分权限，强化监督执纪问责。（　　）

5. 某市税务局向上级起草公文的标题是《某市税务局关于2019年小微企业税收优惠政策落实工作情况的总结报告》。（　　）

6. 1949年正式将7月1日作为党成立纪念日。（　　）

7. 会议费开支范围包括会议住宿费、伙食费、会议场地租金、交通费、文件印刷费、医药费等。会议代表参加会议发生的城市间交通费，按照规定在会议费中列支。（　　）

8. 法律关系是在法律规范调整社会关系的过程中所形成的人们之间的权利和义务关系。（　　）

9. 凡是民事法律关系的主体，都具有民事权利能力和民事行为能力。（　　）

10. 当代中国初步形成了一种"一元多级"的法律解释体制。（　　）

11. 一面墙，如果出现一些涂鸦没有被清洗掉，很快地，墙上就布满了乱七八糟、不堪入目的东西。一个很干净的地方，人们不好意思丢垃圾，但是一旦地上有垃圾出现之后，人就会毫不犹豫地丢弃，丝毫不觉羞愧。上述观点被称为破窗效应。（　　）

12. 战略性计划指用于整体组织的，为组织较长时间设立总体目标和寻求组织在环境中

的地位的计划，具有整体性和长期性。（ ）

13. 冲突管理的三大关键是避免有道、控制有方、沟通有效。（ ）

14. 多人采用走访形式提出共同的信访事项的，应当推选代表，代表人数不得超过 3 人。（ ）

15. 五四运动，推动了中国社会进步，促进了马克思主义在中国的传播，促进了马克思主义同中国工人运动的结合，为中国共产党成立做了思想上组织上的准备。（ ）

16. 立足国际大循环，发挥比较优势，协同推进强大国内市场和贸易强国建设，以国际大循环吸引全球资源要素，充分利用国内国际两个市场两种资源，积极促进内需和外需、进口和出口、引进外资和对外投资协调发展，促进国际收支基本平衡。（ ）

17.《中华人民共和国印花税法》自 2022 年 7 月 1 日起施行。（ ）

18. 2022 年中央经济工作会议指出，在充分肯定成绩的同时，必须看到我国经济发展面临需求收缩、供给冲击、预期转弱三重压力。（ ）

19. 举办涉密会议活动，主办部门应当事先确定密级、参加人员范围以及活动涉及的涉密文件资料等。（ ）

20. 涉密会议活动要选择符合保密要求的场所举办，会场可以使用无线话筒。（ ）

四、案例分析题（共 2 大题，每题 5 小题，每小题 2 分，共 20 分）

1. 某县税务局第一党支部，有中共党员 6 名，支部委员 3 人，其中设书记 1 名、副书记 1 名。2022 年 1－7 月份，召开支委会议 4 次、支部大会 2 次、组织生活会 1 次，其中党员李某，由于工作岗位调整心存不满，上半年未参加党的组织生活，且 6 个月未交纳党费。

（1）党支部每年至少召开 1 次组织生活会，也可以根据工作需要随时召开，一般以（ ）形式进行。（单选题）

A. 党员大会、党支部委员会会议或者党小组会

B. 党员大会、党支部委员会会议、党小组会

C. 党员大会、党小组会、书记办公会

D. 党支部委员会会议、党小组会、书记办公会

（2）党员每年集中学习培训时间一般不少于（ ）学时。（单选题）

A. 32　　B. 58　　C. 100　　D. 200

（3）若李某能够正确认识错误、愿意接受教育管理并且决心改正，党组织应对李某如何处理？（ ）（多选题）

A. 批评教育

B. 警告

C. 作出限期改正处置，限期改正时间不超过 1 年

D. 对给予限期改正处置的党员应当采取帮助教育措施

（4）若进行了批评教育，但李某仍未改正，且已连续达到 6 个月，组织应对李某如何处理？（　　）（单选题）

A. 谈心谈话　　B. 警告

C. 开除党籍　　D. 按照自行脱党予以除名

（5）停止党籍的决定由（　　）按照有关规定作出。停止党籍 2 年后确实无法取得联系的，按照自行脱党予以除名。（单选题）

A. 所在党支部　　B. 上级党组织

C. 所在党支部或者上级党组　　D. 所在党委或党组

2. I 公司于 2021 年 12 月 1 日成立，从事国家非限制和禁止行业，2022 年 2 月登记为增值税一般纳税人并于当月 1 日生效。2 月末，I 公司从业人数为 200 人，资产总额为 3 000 万元。根据《增值税一般纳税人登记管理办法》（国家税务总局令第 43 号公布）和《国家税务总局关于统一小规模纳税人标准等若干增值税问题的公告》（2018 年第 18 号），《公告》第二条作出具体规定：增值税小规模纳税人按规定登记为一般纳税人的，自一般纳税人生效之日起不再按照增值税小规模纳税人适用“六税两费”减免政策。增值税年应税销售额超过小规模纳税人标准应当登记为一般纳税人而未登记，经税务机关通知，逾期仍不办理登记的，自逾期次月起不再按照增值税小规模纳税人申报享受“六税两费”减免优惠。

（1）下列行政行为中，不属于行政征收的是（　　）。（单选题）

A. 征收个人所得税的行为

B. 收取机场建设费

C. 对于自然资源的使用者收取资源使用费

D. 抗击“疫情”时期，将 × × 医院作为定点医院

（2）根据行政法理论，增值税一般纳税人资格认定属于（　　）。（单选题）

A. 行政许可　　B. 行政确认　　C. 行政裁决　　D. 行政征收

（3）下列各项中，属于依职权作出的行政确认行为有（　　）。（多选题）

A. 道路交通事故的责任认定　　B. 出国护照的审批

C. 火灾事故责任认定　　D. 一般纳税人资格的认定

E. 颁发机动车驾驶执照

（4）税务机关依法实施税务检查的行为属于（　　）行为。（多选题）

A. 行政确认　　B. 非要式行政　　C. 行政强制执行　　D. 依职权的行政

E. 具体行政

(5)“六税两费”减免政策享受主体不包括以下哪一项。(　　)(单选题)

A. 增值税小规模纳税人

B. 小型微利企业

C. 增值税一般纳税人中的个人独资企业

D. 个体工商户

五、论述题(20分)

2021年5月21日,中共中央办公厅、国务院办公厅印发的《关于常态化开展扫黑除恶斗争巩固专项斗争成果的意见》指出,要坚持以习近平新时代中国特色社会主义思想为指导,牢固树立以人民为中心的发展思想,加强系统治理、依法治理、综合治理、源头治理,持续保持对黑恶势力违法犯罪的高压态势,形成有效震慑。坚持网上与网下相结合,准确掌握涉黑涉恶犯罪新动向,不断加强行业领域监管和专项整治,与反腐“拍蝇”、加强基层组织建设结合起来,不断完善党委领导、政府负责、民主协商、社会协同、公众参与、法治保障、科技支撑的社会治理体系,不断健全以人民群众获得感、幸福感、安全感为导向的评价体系,持续提高扫黑除恶法治化、规范化、专业化水平。加强综合保障,强化专业队伍,加强普法宣传,增强人民群众运用法律与黑恶势力作斗争的信心和能力,营造全民参与平安创建和扫黑除恶专项斗争的良好社会氛围。

结合材料,从全面推进依法治国的原则角度,说明如何推动扫黑除恶斗争常态化。

模拟试卷（十三）答案及解析

一、单项选择题

1.【参考答案】C

【解析】根据《中华人民共和国宪法》第四十一条规定，“由于国家机关和国家工作人员侵犯公民权利而受到损害的人，有依照法律规定取得赔偿的权利。”

2.【参考答案】B

【解析】1997 年党的十五大报告指出：“马克思主义是科学，它始终严格地以客观事实为根据……马克思主义必定随着时代、实践和科学的发展而不断发展，不可能一成不变。”本题正是根据当时党的报告中的最新阐述而出的题。故选 B。

3.【参考答案】D

【解析】略

4.【参考答案】B

【解析】在社会主义思想发展史上，最早提到社会主义发展阶段问题的是列宁。B 项正确。马克思、恩格斯认为未来社会大体要经历资本主义到共产主义的革命转变时期、共产主义社会的第一阶段、共产主义社会的高级阶段。但没有对第一阶段将经历哪些阶段作进一步判断。A 项不合题意。20 世纪 50 年代末 60 年代初，毛泽东提出社会主义可能分为两个阶段：不发达的社会主义；比较发达的社会主义。邓小平第一次提出我国社会主义制度还处于初级阶段的思想。

5.【参考答案】A

【解析】根据《中国共产党章程》第十条，党的各级领导机关，除它们派出的代表机关和在非党组织中的党组外，都由选举产生。

6.【参考答案】D

【解析】根据《国家税务总局关于印发〈全面推进政务公开工作实施办法〉的通知》（税总发〔2017〕44 号），做好税收个案批复类文件公开，税收个案批复应当自作出之日起 30 日内，由批复机关的办公厅（室）在本级政府公报、税务机关公报、本辖区范围内公开发行的报纸或本级政府网站、本税务机关网站上公布。

7.【参考答案】D

【解析】参见《党政领导干部选拔任用工作条例》第三条。

8.【参考答案】C

【解析】劳动力商品在使用价值上的特点，就是它的使用价值是价值的源泉，它在消费过程中能够创造新价值，而且这个新的价值比劳动力本身的价值更大。货币所有者购买到劳动力这种特殊商品，能够获得剩余价值，货币才能转化为资本，故选 C。资本家购买的是劳动力有限的使用价值而非价值，故不选 A；劳动力商品具有价值和使用价值并非题干的原因，故不选 B；劳动力自身的价值在消费过程（即劳动过程）中不能转移到新的商品中去，而是通过劳动力的劳动过程再一次创造出来，故不选 D。

9.【参考答案】C

【解析】党内工作会议的报告、讲话以及各类工作总结，上级机关和领导干部检查指导工作，既要讲成绩和经验，又要讲问题和不足。

10.【参考答案】C

【解析】《2018—2022 年全国税务系统干部教育培训规划》规定，在税务总局党校（干部学院）主体班次的教学安排中，以习近平新时代中国特色社会主义思想课程为主，理论教育和党性教育的比重不低于总课时的 70%。

11.【参考答案】A

【解析】生产资料所有制作为经济范畴，其内部结构由人们对生产资料的所有、占有、支配、使用等经济关系组成。“所有”是一个归属关系。作为所有者可以按照自己的意志处理归自己所有的生产资料；“占有”是一种有条件的归属关系，即占有者不能任意处置占有的生产资料，但在一定条件下和一定期限内，他实际上占有生产资料，并且具有排他性。“支配”是指生产资料的处置和管理，它由所有和占有决定；“使用”是指人的劳动对生产资料的直接作用，是人们运用生产资料进行的生产活动。其中“所有”是所有制关系的基础。

12.【参考答案】A

【解析】档案的保管期限，从档案所属年代的次年 1 月 1 日起计算，长期计划、协议、协定、合同等有关文件，按其有效期满后次年 1 月 1 日起计算。

13.【参考答案】A

【解析】根据《中华人民共和国慈善法》第八十条规定，“企业慈善捐赠支出超过法律规定的准予在计算企业所得税应纳税所得额时当年扣除的部分，允许结转以后三年内在计算应纳税所得额时扣除。”

14.【参考答案】B

【解析】根据《国务院办公厅关于做好跨周期调节进一步稳外贸的意见》（国办发〔2021〕57 号），2022 年税务部门办理正常出口退税的平均时间压缩至 6 个工作日以内。

15.【参考答案】D

【解析】法律义务是历史的。法律义务的内容和履行方式随着经济社会的发展和人权保障的进步而不断调整和变化。因此，根据题干，AB 选项表述错误；C 选项表述不准确。选项 D 正确。

16.【参考答案】A

【解析】根据《意见》，全面推行税务证明事项告知承诺制，拓展容缺办理事项，持续扩大涉税资料由事前报送改为留存备查范围。

17.【参考答案】D

【解析】公文文种知识。

18.【参考答案】A

【解析】社会主义法治理念包括：①依法治国：依法治国是社会主义法治的核心内容；②执法为民：执法为民是社会主义法治的本质要求；③公平正义：公平正义是社会主义法治建设的根本价值追求；④服务大局：服务大局是社会主义法治的重要使命；⑤党的领导：党的领导是我国宪法确定的基本原则，是实现社会主义法治的根本保证和强大推动力量。故 A 项为正确选项。

19.【参考答案】D

【解析】造型指塑造、创造出的物体形象，而外形可以是先天自然形成。技术是解决问题的方法及方法原理，工艺是指利用各类生产工具对原材料进行加工和处理，最终使之成为成品的方法过程。此处应选“造型”“工艺”。

20.【参考答案】B

【解析】法律权威是就国家和社会管理过程中，法律的地位和作用而言的，是指法的不可违抗性。法律权威意味着法律在众多社会规范中居于主导地位，不得以政策、道德和习俗等社会规范代替法律；社会主体的一切行为都要以法律为最高权威。故 B 项为正确选项。

21.【参考答案】A

【解析】参见《国家税务总局突发事件总体应急预案（试行）》（税总发〔2014〕65 号）。

22.【参考答案】A

【解析】参见《关于新形势下党内政治生活的若干准则》。

23.【参考答案】D

【解析】经审核批准调离涉密岗位的，必须主动清退保存和使用的秘密载体，办理移交手续，并签订涉密人员离岗离职保密承诺书。

24.【参考答案】A

【解析】领导决策包含的基本程序有发现决策问题、确定决策目标、明确决策条件、拟定决策方案、组织方案评估、选择决策方案、防范决策风险。

25.【参考答案】C

【解析】头脑风暴法又称专家会议决策法，是指依靠一定数量专家的创造性思维来对决策对象本来的发展趋势及其状况作出集中的判断。故本题答案选 C。

26.【参考答案】A

【解析】简报篇幅一般不超过 2 000 字。

27.【参考答案】B

【解析】领导正确用权的原则是慎重用权、公正用权和例外处理。应该正确理解权力运用中的例外原则。例外处理是指为了更好地实现组织目标，针对本单位的实际情况作出的特殊决定，但例外处理不是为了破坏规章制度，而是为了使规章制度更加合理，用权更加有效。因此，例外处理必须有充分的正当理由，必须坚持组织的基本工作原则，并符合合法性原则，而用公费为处里的副科级以上干部配备手机的做法显然属于以权谋私，不具有正当性和合法性，所以说处长曲解了例外原则。故本题答案选 B。

28.【参考答案】A

【解析】《中华人民共和国国民经济和社会发展第十四个五年规划和 2035 年远景目标纲要》第一篇开启全面建设社会主义现代化国家新征程，第三章主要目标，第一节 2035 年远景目标。

29.【参考答案】B

【解析】群体决策包括领导群体决策和群体参与决策两种形式，因此，领导群体决策与群体参与决策是并列关系。故本题答案选 B。

30.【参考答案】C

【解析】根据《国务院关于国家行政机关和企业事业单位社会团体印章管理的规定》《中华人民共和国印章管理办法》，法定机关印章是代表机关职权的凭证，具有法定性、权威性和效用性。

31.【参考答案】D

【解析】税务机关应当对纳税人欠缴税款的情况定期予以公告。

32.【参考答案】B

【解析】《税务工作国家秘密定密管理暂行办法》第五条各级税务机关均依法具有派生定密的定密权，无需申请相应的定密授权。

33.【参考答案】B

【解析】税务机关要履行持证检查的义务，出示税务检查证和税务检查通知书。

34.【参考答案】B

【解析】税收纵向公平是指经济能力不同的人应缴纳数额不同的税收。

35.【参考答案】C

【解析】参见《党政机关公文处理工作条例》。

36.【参考答案】C

【解析】参见《国家税务总局办公厅关于规范税务新媒体管理的通知》。

37.【参考答案】B

【解析】参见《税务机关公文处理办法》。

38.【参考答案】B

【解析】根据《党政机关公文处理条例》第十五条，向上级机关行文，应当遵循以下规则：（1）原则上主送一个上级机关，根据需要同时抄送相关上级机关和同级机关，不抄送下级机关。（2）党委、政府的部门向上级主管部门请示、报告重大事项，应当经本级党委、政府同意或者授权；属于部门职权范围内的事项应当直接报送上级主管部门。（3）下级机关的请示事项，如需以本机关名义向上级机关请示，应当提出倾向性意见后上报，不得原文转报上级机关。（4）请示应当一文一事。不得在报告等非请示性公文中夹带请示事项。（5）除上级机关负责人直接交办事项外，不得以本机关名义向上级机关负责人报送公文，不得以本机关负责人名义向上级机关报送公文。（6）受双重领导的机关向一个上级机关行文，必要时抄送另一个上级机关。

39.【参考答案】B

【解析】《财政部 税务总局 科技部关于进一步提高科技型中小企业研发费用税前加计扣除比例的公告》（财政部 税务总局 科技部公告 2022 年第 16 号）

40.【参考答案】B

【解析】本题考查的是行政行为的内容。税务机关对违法行为人进行罚款，是对违反税收法律规范、不履行法定义务的当事人的一种经济上的处罚，是行政机关强制违法者承担一定的金钱给付义务的处罚方式。是对当事人合法财产的剥夺。故正确答案是 B。

二、多项选择题

1.【参考答案】ABD

【解析】中办、国办印发的《关于进一步深化税收征管改革的意见》提出，严格规范税务执法行为。全面落实行政执法公示、执法全过程记录、重大执法决定法制审核制度，推进执法信息网上录入、执法程序网上流转、执法活动网上监督、执法结果网上查询，2023 年基本建成税务执法质量智能控制体系。

2.【参考答案】ABCD

【解析】参见《干部选拔任用工作监督检查和责任追究办法》第十二条。

3.【参考答案】ABCD

【解析】在国务院新闻办公室 2022 年 3 月 23 日下午举行国务院政策例行吹风会上，财政部副部长答记者提问时指出，根据党中央、国务院决策部署，2022 年实施新的组合式税费支持政策，主要有以下四个特点：一是退税减税总量历史最高。二是强化精准性。三是突出组合式。四是政策发力适当靠前。

4.【参考答案】BC

【解析】把按劳分配和生产要素按贡献参与分配结合起来，是我国现阶段个人收入分配制度的一大特点，是社会主义的基本原则和市场经济的基本要求在分配制度上的体现。故选项 C 正确。所谓按生产要素分配，是指社会根据各种生产要素在商品和劳务生产服务过程中的投入比例和贡献大小给予的报酬，即劳动力、土地、资本、信息、管理等要素共同参与收益分配。简单地说，是要素所有者的所有权在经济上的实现。故选项 B 正确。并不是所有的生产要素都能创造价值，只有劳动者的劳动才能创造价值，因此选项 A 的表述不正确，应排除。各种生产要素都具有使用价值，但并不都具备价值，比如，土地具有使用价值，但是没有价值，因此，选项 D 的表述也是错误的，应当排除。因此，此题的正确答案是选项 BC。

5.【参考答案】ABCD

【解析】尊重和保障人权是中国共产党人的不懈追求。党的百年奋斗史，贯穿着党团结带领人民为争取人权、尊重人权、保障人权、发展人权而进行的不懈努力。

6.【参考答案】ABCD

【解析】参见《党政领导干部考核工作条例》第三十三条。

7.【参考答案】ABCD

【解析】根据《中华人民共和国保密法》第三十六条，涉密人员上岗应当经过保密教育培训，掌握保密知识技能，签订保密承诺书，严格遵守保密规章制度，不得以任何方式泄露国家秘密。

8.【参考答案】ACD

【解析】政务公开的举措包括：（1）转变观念，强化政务公开意识；（2）加快政府公开配套制度建设；（3）健全政务公开运行机制；（4）建设电子政府。

9.【参考答案】ABCD

【解析】参见公文管理办法。

10.【参考答案】AC

【解析】直接优惠侧重于事后利益让渡，主要针对企业经营结果减免税。间接优惠侧重于税前优惠，主要通过对企业征税税基进行调整。

三、判断题

1.【参考答案】×

【解析】社会主义精神文明建设的指导思想是马克思列宁主义、毛泽东思想、邓小平理论以及“三个代表”重要思想。马克思主义认为，在阶级社会里，一个阶级在经济上、政治上处于统治地位，也必然在精神上居于统治地位，虽然统治阶级和非统治阶级的思想同时存在，但它们是不平等的，只有统治阶级的思想占据支配的地位，才能成为全社会的指导思想。如果脱离了指导思想的一元化，精神文明建设将会出现混乱。因此社会主义精神文明建设的指导思想只能一元化，而不能多元化。故本题说法错误。

2.【参考答案】×

【解析】党的十八届四中全会提出，建设中国特色社会主义法制体系，必须坚持立法先行，发挥立法的引领和推动作用，抓住提高立法质量这个关键。因此，本题说法错误。

3.【参考答案】√

【解析】《中华人民共和国保守国家秘密法实施条例》第三十九条规定：机关、单位发生泄露国家秘密案件不按照规定报告或者未采取补救措施的，对直接负责的主管人员和其他直接责任人员依法给予处分。

4.【参考答案】√

【解析】参见党的十九大报告。

5.【参考答案】×

【解析】《全国税务机关公文处理办法》第十条规定：税务机关的公文种类主要有：命令（令）、决议、决定、公告、通告、意见、通知、通报、报告、请示、批复、函、纪要。报告是文种，总结报告不属于文种。

6.【参考答案】×

【解析】中共中央第一次正式将7月1日作为建党日是在1941年6月，此时正是抗日的艰苦阶段，中央为了鼓舞士气，决定庆祝中国共产党成立20周年。

7.【参考答案】×

【解析】会议费开支范围包括会议住宿费、伙食费、会议场地租金、交通费、文件印刷费、医药费等。前款所称交通费是指用于会议代表接送站，以及会议统一组织的代表考察、调研等发生的交通支出。会议代表参加会议发生的城市间交通费，按照差旅费管理办法的规定回单位报销。

8.【参考答案】√

【解析】法律关系实际上是一种权利和义务的关系，而权利和义务的内容都是由法律规范中明确规定的。

9.【参考答案】×

【解析】凡是法律关系的主体，都应具备能够依法享有权利、履行义务的法律资格，即权利义务能力，简称权利能力，但不一定具有民事行为能力。

10.【参考答案】√

【解析】一元，体现为“法律解释权属于全国人民代表大会常务委员会”；“多级”

则表现为除全国人大常委会的法律解释外还存在着其他类型如司法解释和行政解释等法律解释。

11.【参考答案】√

【解析】以一幢有少许破窗的建筑为例，如果那些窗不被修理好，可能将会有破坏者破坏更多的窗户。最终他们甚至会闯入建筑内，如果发现无人居住，也许就在那里定居或者纵火。一面墙，如果出现一些涂鸦没有被清洗掉，很快地，墙上就布满了乱七八糟、不堪入目的东西；一条人行道有些许纸屑，不久后就会看更多垃圾，最终人们会视若理所当然地将垃圾顺手丢弃在地上。这个现象，就是破窗效应。

12.【参考答案】√

【解析】战略性计划指用于整体组织的，为组织较长时间设立总体目标和寻求组织在环境中的地位的计划，具有整体性和长期性。

13.【参考答案】√

【解析】冲突管理的三大关键是避免有道、控制有方、沟通有效。

14.【参考答案】×

【解析】参见《中华人民共和国信访条例》。正确表述为：多人采用走访形式提出共同的信访事项的，应当推选代表，代表人数不得超过5人。

15.【参考答案】×

【解析】纪念五四运动100周年大会2019年4月30日上午在北京人民大会堂隆重举行。习近平总书记发表重要讲话指出，五四运动，推动了中国社会进步，促进了马克思主义在中国的传播，促进了马克思主义同中国工人运动的结合，为中国共产党成立做了思想上干部上的准备。

16.【参考答案】×

【解析】学习兴税，《中共中央关于制定国民经济和社会发展第十四个五年规划和二〇三五年远景目标的建议》中指出：立足国内大循环，发挥比较优势，协同推进强大国内市场和贸易强国建设，以国内大循环吸引全球资源要素，充分利用国内国际两个市场两种资源，积极促进内需和外需、进口和出口、引进外资和对外投资协调发展，促进国际收支基本平衡。

17.【参考答案】√

【解析】《中华人民共和国印花税法》已由中华人民共和国第十三届全国人民代表大会常务委员会第二十九次会议于2021年6月10日通过，现予公布，自2022年7月1日起施行。

18.【参考答案】√

【解析】参见2022年中央经济工作会议。

19.【参考答案】√

【解析】参见《税务系统保密工作规则》。

20.【参考答案】×

【解析】《税务系统保密工作规则》第五十三条规定，涉密会议活动要选择符合保密要求的场所举办。不得使用无线话筒、移动电话、对讲机等无线设备或装置，不得使用不具备保密条件的电视电话会议系统。

四、案例分析题

1.（1）【参考答案】A

【解析】参见《中国共产党党员教育管理工作条例》。

（2）【参考答案】A

【解析】根据《中国共产党党员教育管理工作条例》第二十条，市、县党委或者基层党委每年应当组织党员集中轮训，主要依托县级党校（行政学校）、基层党校等进行。根据事业发展和党的建设重点任务，结合本地区本部门本单位中心工作和党员实际，确定培训内容和方式。党员每年集中学习培训时间一般不少于32学时。

（3）【参考答案】ACD

【解析】参见《中国共产党党员教育管理工作条例》第三十条。

（4）【参考答案】D

【解析】参见《中国共产党党员教育管理工作条例》第三十一条。

（5）【参考答案】C

【解析】参见《中国共产党党员教育管理工作条例》第二十四条。

2.（1）【参考答案】D

【解析】本题考核行政征收与行政征用的区别。行政征收取得的是财产所有权，行政征用取得的是财产使用权。

（2）【参考答案】B

【解析】本题考查行政确认。

（3）【参考答案】AC

【解析】本题考核行政确认的分类。本题中，选项B、E是行政许可，选项A、C、D是行政确认。其中，选项A、C是依职权的行政确认行为，选项D是依申请的行政确认行为。

（4）【参考答案】BDE

【解析】本题考查税务检查行为的类别。

（5）【参考答案】C

【解析】《财政部 税务总局关于进一步实施小微企业“六税两费”减免政策的公告》（财政部 税务总局公告2022年第10号）把享受“六税两费”优惠政策的主体，在原来《财政部 税务总局关于实施小微企业普惠性税收减免政策的通知》（财税〔2019〕13号）规定的小规模纳税人基础上，扩展增加了个体工商户、小型微利企业。但增值税一般纳税人中的个人独资企业、合伙企业，因不是企业所得税的纳税人，不属于本次优惠的主体。

五、论述题

【参考答案】（1）始终坚持以法治思维和法治方式扫黑除恶。扫黑除恶必须依法进行，这既是对以往扫黑除恶专项斗争经验教训的汲取，也是新时代全面依法治国、建设社会主义法治国家的必然要求。要尽快出台反有组织犯罪法，推动扫黑除恶工作机制化、常态化开展，提升扫黑除恶工作法治化、规范化、专业化水平，为遏制黑恶犯罪滋生蔓延提供法治保障。

（2）在扫黑除恶“打伞破网”上持续发力。实践中，黑恶势力如果没有“保护伞”撑腰或者其背后没有强大的“关系网”，就难以坐大成势。黑恶势力在一些地方之所以长期盘踞，往往是有“保护伞”纵容、支持，甚或黑恶势力直接与“保护伞”彼此捆绑、深度勾连，形成利益共同体，得以游走于法律之外。因此，扫黑除恶常态化发展的过程中，应聚力深挖彻查黑恶势力“保护伞”，持续加大工作力度，努力凝聚起拔除“保护伞”、剪断“关系网”的强大合力。

（3）持之以恒推进重点行业领域乱象治理。重点行业领域乱象为黑恶势力的滋生提供了土壤，也是黑恶势力“前打后生”的重要原因之一。为此，应坚持扫黑、除恶、治乱同步推进，强化源头治理，在扫黑除恶中持续推进重点行业领域乱象整治，完善重点行业领域市场准入、行业管理等相关制度机制，堵塞政策和管理漏洞，真正实现打击与防范、治标与治本有机统一。要紧盯社会治安、乡村治理、金融放贷、工程建设、交通运输、市场流通、资源环保、信息网络、文化旅游等重点行业领域乱象，以“零容忍”的态度重拳出击，严厉惩治这些重点行业领域的涉黑涉恶违法犯罪，集中解决群众反映强烈的突出问题，切实增强人民群众的安全感和满意度。

（4）精准有效开展扫黑除恶督导督办。做好扫黑除恶督导督办工作，可以压实地方扫黑除恶政治责任，及时解决扫黑除恶中的重点难点问题，提升涉黑涉恶案件办理质效，助力扫黑除恶常态化见真章、出实效。要创新和改进扫黑除恶督导督办方式，探索完善特派督导组（员）、机动式督导督办、点穴式督导督办、回头看式督导督办等有效督导督办方式，及时发现解决问题，增强督导督办的实效。

模拟试卷（十四）

一、单项选择题（下列各题的备选答案中，只有1个正确选项，请将正确选项填入括号中。多选、不选、错选均不得分，每小题0.5分，共40小题，共计20分）

1. 习近平总书记指出，（　　）是人类同疾病较量最有力的武器。

A. 物联网　　B. 人工智能　　C. 科学技术　　D. 公共卫生体系

2. 下列不符合习近平总书记对宣传思想工作的有关论述的是（　　）。

A. 坚持文化自信是更基础、更广泛、更深厚的自信，是更基本、更深沉、更持久的力量

B. 做好新形势下宣传思想工作，必须自觉承担起举旗帜、聚民心、育新人、兴文化、展形象的使命任务

C. 中国特色社会主义进入新时代，必须把坚定自信、鼓舞斗志作为宣传思想工作的中心环节

D. 要把握正确舆论导向，提高新闻舆论传播力、引导力、影响力、公信力

3. 关于党支部“三会一课”，下列说法错误的是（　　）。

A. “三会一课”应当突出政治学习和教育，突出党性锻炼，以“两学一做”为主要内容，结合党员思想和工作实际，确定主题和具体方式，做到形式多样、氛围庄重

B. 党课应当针对党员思想和工作实际，回应普遍关心的问题，注重身边人讲身边事，增强吸引力感染力

C. 党员领导干部应当定期为基层党员讲党课，党委（党组）书记每半年至少讲1次党课

D. 党支部每月相对固定1天开展主题党日，组织党员集中学习、过组织生活、进行民主议事和志愿服务等

4. “从群众中来，到群众中去”，是党的群众路线的领导方法和工作方法。它的哲学理论基础是（　　）。

A. 物质决定意识的原理　　B. 矛盾推动事物发展的原理

C. 认识能动作用的原理　　D. 认识辩证运动过程的原理

5. 为进一步支持小微企业发展，由省、自治区、直辖市人民政府根据本地区实际情况，以及宏观调控需要确定，对增值税小规模纳税人、小型微利企业和个体工商户可以

在（　　）的税额幅度内减征资源税、城市维护建设税、房产税、城镇土地使用税、印花税（不含证券交易印花税）、耕地占用税和教育费附加、地方教育附加。

A. 30%　　B. 40%　　C. 50%　　D. 60%

6. 中共中央总书记、国家主席习近平指出，中国特色社会主义的根本任务是（　　）。

A. 解放和发展社会生产力　　B. 推进政治建设

C. 推进经济建设　　D. 推进文化建设

7. 增强党自我净化能力，根本靠强化群众监督和（　　）。

A. 党的自我监督　　B. 人大监督　　C. 舆论监督　　D. 司法监督

8. 2022 年政府工作报告提出，就业优先政策要提质加力。强化就业优先政策。大力拓宽就业渠道，注重通过（　　）来稳就业，增强创业带动就业作用。

A. 稳市场投资　　B. 稳外贸出口　　C. 稳市场主体　　D. 稳预期工作

9. 用于记载会议主要精神和议定事项的公文种类是（　　）。

A. 决议　　B. 决定　　C. 纪要　　D. 会议纪要

10. 下列各项政策措施中，不属于财政政策手段的是（　　）。

A. 发行国债　　B. 调控利率　　C. 财政补贴　　D. 转移支付

11. 培训时间应当达到干部教育培训的有关规定要求，确因特殊情况在提任前未达到培训要求的，应当在提任后（　　）内完成培训。

A. 一年　　B. 两年　　C. 三年　　D. 半年

12. 下列不属于领导职务的是（　　）。

A. 县处级正职　　B. 县处级副职　　C. 乡科级副职　　D. 一级巡视员

13. 根据《车辆购置税法》规定，车辆购置税的纳税义务发生时间为纳税人购置应税车辆的当日。纳税人应当自纳税义务发生之日起（　　）日内申报缴纳车辆购置税。

A. 十五　　B. 三十　　C. 六十　　D. 九十

14. 根据《外商投资法》规定，国家对外商投资实行（　　）制度。

A. 国民待遇管理　　B. 准入前国民待遇管理

C. 负面清单管理　　D. 准入前国民待遇加负面清单管理

15. 最可靠、最有效、最持久的管党治吏方式是加强（　　）建设。

A. 组织建设　　B. 纪律建设　　C. 作风建设　　D. 制度建设

16. 以下权利，不属于公民基本权利的是（　　）。

A. 选举权和被选举权　　B. 人身自由

C. 受教育权　　D. 婚姻自由权

17. 信访人对信访处理意见不服的，可以自收到书面答复之日起（　　）日内请求原办理机关、单位的上一级机关、单位复查。收到复查请求的机关、单位应当自收到复查请求之日起（ ）日内提出复查意见，并予以书面答复。

A. 15 15　B. 15 30　C. 30 30　D. 30 60

18. 对于一个国家的政治、经济、文化、科技、道德的发展具有基础性作用的权利是（ ）。

A. 选举权利　B. 表达权利　C. 民主管理权利　D. 监督权利

19. 严明党的纪律，首要严明的就是（ ）。

A. 廉政纪律　B. 工作纪律　C. 组织纪律　D. 政治纪律

20. 属于重大涉税负面舆情、突发紧急涉税负面舆情的，要在（ ）小时内予以回应；属于一般涉税负面舆情的，要在（ ）小时内予以回应，并根据应对处置进展动态发布权威信息。

A. 12 24　B. 24 48　C. 36 48　D. 48 72

21. 我国法的制定的基本原则之一是（ ）。

A. 借鉴外国经验　B. 公民在法律面前人人平等

C. 灵活性与原则性相结合　D. 领导与群众相结合

22. 以下公文用语不含歧义的一项是（ ）。

A. 本区新建三座一千平米的教学楼

B. 此案涉及四个课题组成员

C. 本项目有三个工作人员，分别在广州、上海、南宁调研

D. 贵单位接到通知后，请迅即办理。

23. 下列选项中不属于行政许可特征的是（ ）。

A. 行政许可是行政行为　B. 行政许可是具体行政行为

C. 行政许可是依职权的行政行为　D. 行政许可是依申请的行政行为

24. 局领导出席的会议，讲话一般不超过（ ）小时；视频会议一般不超过（ ）小时；会议交流发言单位一般不超过（ ）个，发言时间不超过（ ）分钟。

A. 1；2；5；6　B. 2；2；5；6　C. 2；2；6；5　D. 3；2；5；5

25. 认为某一具体的领导方式并不是到处适用的，持此观点的属于领导（ ）理论。

A. 特质　B. 行为　C. 权变　D. 替代

26. 公开招标项目，采购人根据价格测算情况，可以在采购预算额度内合理设定（ ）。

A. 最低限价　B. 浮动差价　C. 最高限价　D. 以上都不可设定

27. 政府采取（ ）的目的主要是出于公平的考虑，限制某些行业的发展，防止一些垄断行业索取高额利润。

A. 最低限价　B. 市场价格　C. 最高限价　D. 中间价格

28. 政府机构构成六要素中，属于政府机构行使行政权力、履行行政职责的物质基础是（ ）。

A. 机构设置　　B. 人员组合　　C. 行政经费　　D. 职能目标

29. 某竞争性磋商采购项目，磋商文件综合评分明细表中规定：“供应商为本项目提供服务的团队人员具备相关项目经验的可以加 2 分”。下列表述正确的是（　　）。

A. 该加分项违反财政部 87 号令的规定，应当停止评审

B. 相关项目经验属于间接限制供应商的事项，磋商文件有重大缺陷

C. 由评审专家直接宣布废标

D. 不存在歧视性的问题，可以继续评审

30. 某小型微利企业 2022 年企业所得税应纳税所得额为 280 万元，则应纳税额为（　　）万元。

A. 11.5　　B. 20.5　　C. 28　　D. 70

31. 纳税人因有特殊困难，不能按期缴纳税款的，经省级国家税务局批准，可以延期缴纳税款，但最长不得超过（　　）个月。

A. 1　　B. 2　　C. 3　　D. 6

32. 从资源配置角度分析，均一商品税所造成的超税负担要（　　）差别性商品税。

A. 小于　　B. 等于　　C. 大于　　D. 以上都不对

33. 下列税种中，课税对象和税源一致的是（　　）。

A. 资源税　　B. 房产税　　C. 个人所得税　　D. 契税

34. 某市辖区税务机关由于违法行使职权给甲公司造成鉴产损害，该税务机关依法对甲公司进行赔偿后，可以行使追偿权，责令有关工作人员承担部分或者全部赔偿费用。有关工作人员承担赔偿费用的前提条件是（　　）。

A. 有过失　　B. 有故意

C. 有过错　　D. 有故意或者重大过失

35. 2022 年，对小型微利企业年应纳税所得额超过 100 万元但不超过 300 万元的部分，计入应纳税所得额的比例是（　　）。

A. 12.50%　　B. 25%　　C. 50%　　D. 100%

36. 税务机关责令纳税人提供纳税担保的范围不包括（　　）。

A. 税款　　B. 滞纳金

C. 实现税款、滞纳金的费用　　D. 罚款

37. 根据我国《个人所得税法》规定，下列属于分类所得的项目是（　　）。

A. 稿酬所得　　B. 财产租赁所得

C. 其他所得　　D. 特许权使用费所得

38. 从 1840 年鸦片战争到 1919 年五四运动的 80 年间，中国人民面对外来侵略进行了英勇顽强的反抗，但历次的反侵略战争都以中国失败、中国政府被迫签订丧权辱国条约而告终。从中国内部因素分析，其根本原因是（　　）。

A. 军事战略错误　　B. 社会制度腐败
C. 经济技术落后　　D. 思想观念保守

39. 辛亥革命后，中华民族面对着两大历史任务：一个是要求得民族独立和人民解放；另一个是（　　）。
A. 建立民主共和国和人民政府　　B. 实现国家繁荣富强和人民共同富裕
C. 实现国家的工业化和现代化　　D. 推翻封建统治和半殖民地统治

40. 现阶段，我国各民族的共同理想是（　　）。
A. 建设中国特色社会主义，实现中华民族的伟大复兴
B. 依法治国，建设社会主义法治国家
C. 实施科教兴国战略
D. 解放生产力，发展生产力，消灭剥削，消除两极分化，实现共同富裕

二、多项选择题（下列各题的备选答案中，至少有两个正确选项，请将正确选项的字母填写在括号中，多选、错选、少选、不选均不得分。每小题 2 分，共计 20 分）

1. 习近平总书记在建党 100 周年庆祝大会重要讲话中提到了以史为鉴、开创未来的九个“必须”，其中包括（　　）。
A. 必须继续推进马克思主义中国化　　B. 必须坚持和发展中国特色社会主义
C. 必须加快科学技术现代化　　D. 必须加强中华儿女大团结
E. 必须不断推动构建人类命运共同体

2. 习近平总书记在建党 100 周年庆祝大会重要讲话中指出，中国共产党关注人类前途命运，同世界上一切进步力量携手前进，中国始终是（　　）。
A. 科学技术的发明者　　B. 世界和平的建设者
C. 世界文明的代表者　　D. 全球发展的贡献者
E. 国际秩序的维护者

3. 中国特色社会主义法治道路的核心要义包括（　　）。
A. 坚持党的领导　　B. 坚持中国特色社会主义制度
C. 贯彻中国特色社会主义法治理论　　D. 推进法制建设
E. 加强人权保障

4. 中国特色社会主义法律体系，是新中国成立以来特别是改革开放 30 多年来经济社会发展实践经验制度化、法律化的集中体现，是中国特色社会主义制度的重要组成部分，具有十分鲜明的特征，主要表现在（　　）。
A. 体现中国特色社会主义的本质要求
B. 体现改革开放和社会主义现代化建设的时代要求
C. 体现结构内在统一而又多层次的国情要求

D. 体现继承中国法治传统和借鉴人类法治文明成果的文化要求

5. 新中国成立后，一批在海外卓有成就的科学家，放弃优裕的工作环境和生活条件，先后回到祖国参加建设。其中的主要代表有（　　）。

A. 李四光　　B. 华罗庚　　C. 赵忠尧　　D. 钱学森

E. 屠呦呦

6. 法治思维方式是指人们按照法治的理念、原则和标准判断、分析和处理问题的理性思维方式。其基本内容是（　　）。

A. 法律至上　　B. 权力制约　　C. 人权保障　　D. 正当程序

7. 根据《中华人民共和国宪法》的规定，公民宗教信仰自由的含义包括（　　）。

A. 公民有信教或者不信教的自由

B. 公民有信仰这种宗教或者那种宗教的自由

C. 公民有信仰同一宗教中的这个教派或那个教派的自由

D. 公民有过去信教现在不信教或者过去不信教而现在信教的自由

8. 党政领导干部有下列情形之一的，一般应当免去现职。（　　）

A. 达到任职年龄界限

B. 组织选派，离职学习期限超过一年的

C. 因工作需要或者其他原因，应当免去现职的

D. 达到退休年龄界限的

9. 通常需要高层做出决策的决策类型是（　　）。

A. 战略决策　　B. 战术决策　　C. 程序化决策　　D. 非程序化决策

10. 2022 年，税务总局推动部分行政许可事项调整为其他权力事项，简化事项办理程序。这些已被调整或将要被调整的行政许可事项包括（　　）。

A. 对纳税人延期缴纳税款的核准

B. 对纳税人延期申报的核准

C. 对纳税人变更纳税定额的核准

D. 增值税专用发票（增值税税控系统）最高开票限额审批

E. 对采取实际利润额预缴以外的其他企业所得税预缴方式的核定

三、判断题（判断下列各题正误，正确的打“√”，错误的打“×”。每小题 1 分，共计 20 分）

1. 党的领导是人民当家作主和依法治国的根本保证，人民当家作主是社会主义民主政治的本质特征，依法治国是党领导人民治理国家的基本方式，三者统一于我国社会主义民主政治伟大实践。（　　）

2. 党员有权利在党的会议上任意批评党的任何组织和任何党员，揭露和纠正工作中存

在的缺点和问题。（　　）

3. 党的十九届六中全会是在我们党百年华诞的重要时刻，在“两个一百年”奋斗目标历史交汇关键节点上召开的一次重要会议。（　　）

4. 党的十九届六中全会认为，一年来，世界百年未有之大变局和新冠肺炎疫情全球大流行交织影响，外部环境更趋复杂严峻，国内新冠肺炎疫情防控和经济社会发展各项任务极为繁重艰巨。（　　）

5. 行文应当确有必要，讲求实效，注重针对性和可操作性。法律、法规中已有明确规定的，不再制发文件；现行文件规定仍然适用的，不再重复发文；已标注公开发布的文件，不再翻印；机关负责人的讲话，不以正式公文形式下发；对使用电话、内部网站等途径可以办理的事项，不发正式公文。（　　）

6. 需要外单位会签的公文，先送有关单位签署，再由本机关负责人明确签署意见。（　　）

7. 我国经济已由高速增长阶段转向高水平发展阶段。（　　）

8. 国家监督是我国法律监督体系的核心，社会监督是我国法律监督体系的重要组成部分。（　　）

9. 法律关系是在法律规范调整社会关系的过程中所形成的人与人之间的权利和义务关系。（　　）

10. 立法活动是指国家行政机关制定、修改、补充、解释或者废止法律、法规的活动。（　　）

11. 信访人对各级人民代表大会以及县级以上各级人民代表大会常务委员会、人民法院、人民检察院职权范围内的信访事项，应当向有关的人民代表大会及其常务委员会、人民法院、人民检察院提出。（　　）

12. 税务总局党委全面工作总结和计划应于每年的6月底前和12月底前上报。（　　）

13. “德”保证公职人员活动的方向，是“才”发挥的指导方向。（　　）

14. 机关名称过多导致公文首页不能显示正文时，应将主送机关名称移至版记部分。（　　）

15. 按照税法的职能作用不同，可分为税收基本法和税收普通法。（　　）

16. 会议费开支实行综合定额控制，各项费用之间可以调剂使用。（　　）

17. 党委会议的原始记录、会议纪要、议题及附件等材料作为永久性档案材料，按照规定存档备查。（　　）

18. 税务系统绩效管理指运用绩效管理原理和方法，建立符合税务系统实际的“战略——目标——执行——考评——改进”管理制度机制。（　　）

19. 税务行政相对人是仅指根据法律、行政法规规定承担纳税义务的单位和个人。（　　）

20. 凡经批准在传媒上全文发布的公文应视为正式公文遵行。 （ ）

四、案例分析题（共 2 大题，每题 5 小题，每小题 2 分，共 20 分）

1. 2022 年 3 月 28 日，国家税务总局某省税务局印发了《国家税务总局某省税务局办公室关于规范新媒体管理的通知》，通知明确要求各市税务局 4 月 23 日前向国家税务总局某省税务局（纳税服务中心）报送工作落实情况。

2022 年 3 月 29 日，某市税务局分管纳税服务中心工作的副局长对该文件阅示：4 月 1 日召开局务会议专题研究贯彻落实举措，市税务局办公室、纳税服务中心以及信息中心主要负责人参加会议。

2022 年 4 月 2 日，市税务局纳税服务中心科员李明根据会议精神起草了某市税务系统关于进一步加强新媒体管理的通知文稿。纳税服务中心主任杨超初审后，要求将文稿会签办公室和信息中心。

2022 年 4 月 3 日上午，办公室负责人无不同意见，签署了姓名送纳税服务中心。下午，李明将公文文稿送信息中心会签。

2022 年 4 月 4 日上午，信息中心主任电话告知李明，涉及信息中心工作的某个事项有不同意见，需要修改。李明认真记录了修改意见并向杨超作了汇报。杨超认为信息中心意见不妥，不予采纳。下午，信息中心主任电话联系杨超协调文稿修改事宜，杨超告之：“修改意见不予采纳，如果信息中心坚持己见，请列明各方意见及理由和依据，由纳税服务中心报请分管局领导协调或裁定。”

2022 年 4 月 8 日，经局领导协调后，纳税服务中心和信息中心形成统一意见，未对相关事项进行修改，信息中心会签意见后文稿送办公室审核。办公室认为内容需作进一步修改，征得纳税服务中心同意后，办公室进行了修改并按规定程序印发各单位。

2022 年 4 月 9 日，各县、区税务局收到《国家税务总局某市税务局办公室关于进一步加强新媒体管理的通知》。通知明确要求各县、区税务局在 4 月 19 日前向市税务局（纳税服务中心）报送工作落实情况。

2022 年 4 月 16 日，A 县税务局以“A 税办函”文件上报工作落实情况，主送“国家税务总局某市税务局办公室”。

2022 年 4 月 17 日，B 区税务局以“B 税办发”文件上报工作落实情况，主送“国家税务总局某市税务局纳税服务中心（税收宣传中心）”。

2022 年 4 月 18 日，C 县税务局以“C 税办便函”文件上报工作落实情况，主送“国家税务总局某市税务局纳税服务中心（税收宣传中心）”。

2022 年 4 月 22 日，某市税务局上报工作落实情况，文件为《国家税务总局某市税务局关于规范新媒体管理的报告》。

（1）某市税务局应该召开（　　）会议专题研究贯彻规范新媒体管理落实举措。（单选题）

A. 局务会议　　B. 局领导专题会议

C. 局长办公会　　D. 党委会议

（2）各县、区税务局应该以（　　）向市税务局报送工作落实情况。（单选题）

A. ×税发　　B. ×税函　　C. ×税办发　　D. ×税办函

（3）各县、区税务局向市税务局报送工作落实情况，主送单位应该是（　　）。（单选题）

A. 某市税务局

B. 某市税务局办公室

C. 某市税务局党委

D. 某市税务局纳税服务中心（税收宣传中心）

（4）某市税务局向省局报告落实情况，发文机关应该是（　　）。（单选题）

A. 某市税务局

B. 某市税务局党委

C. 某市税务局办公室

D. 市税务局纳税服务中心（税收宣传中心）

（5）某市税务局向省局报告落实情况，正确的是（　　）。（单选题）

A.《国家税务总局某市税务局关于规范新媒体管理的报告》

B.《国家税务总局某市税务局关于规范新媒体管理的函》

C.《国家税务总局某市税务局办公室关于规范新媒体管理的报告》

D.《国家税务总局某市税务局办公室关于规范新媒体管理的函》

2. 2022 年 4 月 18 日上午，××市税务局办公室从事保密工作的张某接市委办电话通知，要求市税务局立即派人去取一份秘密级文件。随后，邮政机要员送来一份省税务局下发的机密级文件。张某把省税务局机密级文件锁在办公桌抽屉后，骑电瓶车迅速赶往市委。

从市委取到秘密级文件后，张某携带该文件去市财政局商讨了联合行文事宜。回单位后，他把市委秘密级文件和省税务局机密级文件一起呈市局主要领导阅，并请主要领导阅后直接转交其他局领导传阅。主要领导指示，请分管领导根据市委秘密级文件和省税务局机密级文件规定组织学习、传达，并要求将贯彻落实情况在下午下班前上报省税务局。张某向分管局领导汇报后，确定 10 点按保密规定召开会议。会前，张某自行决定将市委秘密级文件复印供参会人员阅知，会后全部收回，并在办公室进行销毁。

下午 3 时，张某通过非涉密计算机，按秘密级起草了贯彻落实情况报告。经审批后，张某将该秘密级纸质文件通过顺丰快递发往省税务局。下午 4 时，张某将总局一份未标注密级的内部文件材料全文通过市局内网公开发布。为做好重大税收违法案件信息公布，张某通过省税务局网站公布了一起昨天刚刚作出税务处理和行政处罚决定的涉税案件信息，同时，张某还在市税务局外网公布了全市 A 级纳税人的企业名称、法定代表人姓名及身份证号码等全部信息。

（1）涉密人员不得在手机中存储（　　）的工作单位、职务等敏感信息，不得启用手机的远程数据同步功能。（单选题）

A. 一般涉密人员　　B. 重要涉密人员　　C. 核心涉密人员　　D. 各级涉密人员

（2）张某将该秘密级纸质文件可以通过（　　）发往省税务局。（单选题）

A. 顺丰快递　　B. 邮政 EMS　　C. 邮政机要通道　　D. 挂号信

（3）涉密会议、活动的保密工作实行（　　）的原则。（单选题）

A. 谁监督，谁负责　　B. 谁主管，谁负责

C. 谁批准，谁负责　　D. 谁主办，谁负责

（4）在市税务局外网可以公布的信息包括（　　）。（多选题）

A. 人事任免信息　　B. 年度工作总结

C. 办公地址　　D. 行政处罚信息

（5）机关、单位对不属于本机关、本单位确定的国家秘密，认为符合保密法规定应当解密的，（　　）向原定密机关、单位或者其上级机关提出建议，发现单位（　　）自行决定解密。（单选题）

A. 可以；可以　　B. 可以；无权　　C. 应当；可以　　D. 应当；无权

五、论述题（20 分）

截至 2021 年 6 月底，全国基本养老、失业、工伤保险参保人数分别为 10.14 亿人、2.22 亿人、2.74 亿人。我国用短短几十年的时间，基本建立起了世界上最大的社会保障安全网。社会保障制度已经成为全民共享国家发展成果的基本途径和制度保障。这是全民共享国家发展成果的制度安排，是引领我们走向共同富裕的必由之路。

结合材料，运用经济与社会相关知识回答，如何完善我国的社会保障体系。

模拟试卷（十四）答案及解析

一、单项选择题

1.【参考答案】C

【解析】习近平总书记在《打赢疫情防控阻击战提供强大科技支撑》文章中强调，人类同疾病较量最有力的武器就是科学技术，人类战胜大灾大疫离不开科学发展和技术创新。

2.【参考答案】C

【解析】统一思想、凝聚力量是宣传思想工作的中心环节。

3.【参考答案】C

【解析】根据《中国共产党支部工作条例（试行）》第十六条，党支部应当组织党员按期参加党员大会、党小组会和上党课，定期召开党支部委员会会议。

“三会一课”应当突出政治学习和教育，突出党性锻炼，以“两学一做”为主要内容，结合党员思想和工作实际，确定主题和具体方式，做到形式多样、氛围庄重。

党课应当针对党员思想和工作实际，回应普遍关心的问题，注重身边人讲身边事，增强吸引力感染力。党员领导干部应当定期为基层党员讲党课，党委（党组）书记每年至少讲 1 次党课。

党支部每月相对固定 1 天开展主题党日，组织党员集中学习、过组织生活、进行民主议事和志愿服务等。主题党日开展前，党支部应当认真研究确定主题和内容；开展后，应当抓好议定事项的组织落实。

对经党组织同意可以不转接组织关系的党员，所在单位党组织可以将其纳入一个党支部或者党小组，参加组织生活。

4.【参考答案】D

【解析】根据马克思主义哲学原理中的辩证认识论有关知识，群众路线体现了认识辩证运动过程的原理。

5.【参考答案】C

【解析】参见《财政部 税务总局关于进一步实施小微企业“六税两费”减免政策的公告》（财政部 税务总局公告 2022 年第 10 号）。

6.【参考答案】A

【解析】中共中央总书记、国家主席习近平在《紧紧围绕坚持和发展中国特色社会主义学习宣传贯彻党的十八大精神》中指出，中国特色社会主义的根本任务是解放和发展社会生产力。

7.【参考答案】A

【解析】十九大报告的“全面从严治党”部分指出：健全党和国家监督体系。增强党自我净化能力，根本靠强化党的自我监督和群众监督。

8.【参考答案】C

【解析】2022 年政府工作报告提出，就业优先政策要提质加力。强化就业优先政策。大力拓宽就业渠道，注重通过稳市场主体来稳就业，增强创业带动就业作用。

9.【参考答案】C

【解析】纪要用于记载会议主要情况和议定事项。

10.【参考答案】B

【解析】财政政策的手段主要包括税收、预算、国债、购买性支出和财政转移支付等。

11.【参考答案】A

【解析】《干部任用条例》规定，应当经过党校（行政学院）、干部学院或者组织（人事）部门认可的其他培训机构的培训，培训时间应当达到干部教育培训的有关规定要求。确因特殊情况在提任前未达到培训要求的，应当在提任后一年内完成培训。

12.【参考答案】D

【解析】一级巡视员属于综合管理类公务员职级序列，不是领导职务。其他选项均属于领导职务。

13.【参考答案】C

【解析】根据《中华人民共和国车辆购置税法》第十二条规定，“车辆购置税的纳税义务发生时间为纳税人购置应税车辆的当日。纳税人应当自纳税义务发生之日起六十日内申报缴纳车辆购置税。”

14.【参考答案】D

【解析】根据《中华人民共和国外商投资法》第四条规定，“国家对外商投资实行准入前国民待遇加负面清单管理制度。”

15.【参考答案】D

【解析】治国必先治党，治党务必从严，从严必依法度。加强制度建设，是最可靠、最有效、最持久的管党治吏方式。

16.【参考答案】D

【解析】基本权利是指宪法以及宪法性法律规定的权利，如选举权和被选举权、宗教信仰自由、人身自由、受教育权等；普通权利是指宪法以及宪法性法律以外的其他法律所规定的权利，如民法规定的物权、债权，婚姻法规定的婚姻自由权等。因此，选项 A、B、C 正确，故选 D。

17.【参考答案】C

【解析】信访人对信访处理意见不服的，可以自收到书面答复之日起 30 日内请求原办理机关、单位的上一级机关、单位复查。收到复查请求的机关、单位应当自收到复查请求之日起 30 日内提出复查意见，并予以书面答复。

18.【参考答案】B

【解析】离开了表达权利，人们就不能自由表达自己的思想并与他人交流，人的个性就必然被压抑，人的创造力必然被扼杀，社会的多样性就会因此被湮灭。所以，表达权利对于一个国家的政治、经济、文化、科技、道德的发展具有基础性作用。因此，选项 B 正确。

19.【参考答案】D

【解析】严明党的纪律，首要严明的就是政治纪律。

20.【参考答案】B

【解析】属于重大涉税负面舆情、突发紧急涉税负面舆情的，要在 24 小时内予以回应；属于一般涉税负面舆情的，要在 48 小时内予以回应，并根据应对处置进展动态发布权威信息。

21.【参考答案】C

【解析】法的制定的基本原则是在法的制定的整个活动中贯彻始终的行为准则，它是指导思想的规范化和具体化，是指导思想体现的形式和落实的保证。我国社会主义的立法，一般来说要遵循以下基本原则：（1）实事求是，一切从实际出发的原则；（2）合宪性和法制统一原则；（3）总结国内实践经验和借鉴外国经验相结合的原则；（4）原则性和灵活性相结合的原则；（5）立足全局、统筹兼顾、适当安排的原则；（6）群众路线和专门机关工作相结合，民主与集中相结合的原则；（7）维护法的稳定性、连续性和严肃性与及时创、改、废相结合的原则。

22.【参考答案】D

【解析】A. 不能确认是一座一千平米还是三座一共一千平米；B. 不能确认是一个课题组的四个成员还是四个课题组的全部成员；C. 不能确认是三个人一起去三个地方还是三个人各自去三个地方。

23.【参考答案】C

【解析】本题考查的是行政许可的特征。行政许可的特征包括①依申请的行政行为；②要式行政行为；③授益行政行为；④有特定的审查审批程序。故正确答案是 C。

24.【参考答案】B

【解析】局领导出席的会议，讲话一般不超过 2 小时；视频会议一般不超过 2 小时；会议交流发言单位一般不超过 5 个，发言时间不超过 6 分钟。

25.【参考答案】C

【解析】权变理论认为某一具体的领导方式并不是到处适用的，强调权宜应变。

26.【参考答案】C

【解析】根据《政府采购货物和服务招标投标管理办法》（财政部令第 87 号）第十二条，采购人根据价格测算情况，可以在采购预算额度内合理设定最高限价，但不得设定最低限价。

27.【参考答案】C

【解析】最高价格又称最高限价，是政府制定的低于市场均衡价格的限制价格，政府不允许市场价格涨至该限价。政府采取最高限行的目的主要是出于公平的考虑，限制某些行业的发展，防止一些垄断行业索取高额利润。如在战争或饥荒时，政府会为生活必需品制定最高限价，使大部分人能够负担得起，以利于社会稳定。故本题答案选 C。

28.【参考答案】C

【解析】政府机构构成的六个要素是职能目标、行政经费、运行规则、机构设置、人员组合、权责体系。政府机构行政权力，履行行政职责的物质基础是行政经费。故本题答案选 C。

29.【参考答案】D

【解析】根据《政府采购货物和服务招标投标管理办法》第十七条，采购人、采购代理机构不得将投标人的注册资本、资产总额、营业收入、从业人员、利润、纳税额等规模条件作为资格要求或者评审因素，也不得通过将除进口货物以外的生产厂家授权、承诺、证明、背书等作为资格要求，对投标人实行差别待遇或者歧视待遇。

30.【参考答案】A

【解析】根据《国家税务总局关于落实支持小型微利企业和个体工商户发展所得税优惠政策有关事项的公告》（国家税务总局公告 2021 年第 8 号）第一条的规定，对小型微利企业年应纳税所得额不超过 100 万元的部分，减按 12.5% 计入应纳税所得额，按 20% 的税率缴纳企业所得税。根据《财政部 税务总局关于进一步实施小微企业所得税优惠政策的公告》（财政部 税务总局公告 2022 年第 13 号）第一条，对小型微利企业年应纳税所得额超过 100 万元但不超过 300 万元的部分，减按 25% 计入应纳税所得额，按 20% 的税率缴纳企业所得税。应纳税额 $= 100 \times 2.5\% + 180 \times 5\% = 11.5$（万元）。

31.【参考答案】C

【解析】纳税人因有特殊困难，不能按期缴纳税款的，经省级税务局批准，可以延期缴纳税款，但最长不得超过 3 个月。

32.【参考答案】A

【解析】所谓均一商品税，是指所有商品和劳务按统一比例税率征税，差别商品税是指只选择部分商品和劳务征税，或对全部商品和劳务都征税，但采用差别税率征税。在其他条件相同的情况下，均一商品税比差别商品税的超额负担小。征差别商品税后，直接改变了商品之间的比价，造成超额负担。征税差别越大，超额负担越大。

33.【参考答案】C

【解析】税源是指税收的经济来源或最终出处。个人所得税的课程对象和税源都是纳税人的所得。

34.【参考答案】D

【解析】根据《国家赔偿法》第十六条的规定，赔偿义务机关赔偿损失后，应当责令有故意或者重大过失的工作人员或者受委托的组织或者个人承担部分或者全部赔偿费。

35.【参考答案】B

【解析】根据《财政部 税务总局关于进一步实施小微企业所得税优惠政策的公告》（财政部 税务总局公告 2022 年第 13 号）第一条，对小型微利企业年应纳税所得额超过 100 万元但不超过 300 万元的部分，减按 25% 计入应纳税所得额，按 20% 的税率缴纳企业所得税。

36.【参考答案】D

【解析】纳税担保范围包括税款、滞纳金和实现税款、滞纳金的费用。用于纳税担保的财产、权利的价值不得低于应当缴纳的税款、滞纳金，并考虑相关的费用。

37.【参考答案】B

【解析】根据我国《个人所得税法》规定，工资、薪金所得、劳务报酬所得、稿酬所得、特许权使用费所得等四项属于综合所得，经营所得、利息、股息、红利所得、财产租赁所得、财产转让所得和偶然所得等五项属于分类所得。AD 属于综合所得，C 取消，正确答案为 B。

38.【参考答案】B

【解析】社会制度腐败是其根本原因。

39.【参考答案】B

【解析】辛亥革命后，中华民族面对着两大历史任务：一是要求得民族独立和人民解放；二是实现国家繁荣富强和人民共同富裕。

40.【参考答案】A

【解析】建设中国特色社会主义，实现中华民族伟大复兴是现阶段我国各民族的共同理想。“依法治国，建设社会主义法治国家”是我国的治国方略。“实施科教兴国战略”是我国的基本国策。“解放生产力，发展生产力，消灭剥削，消除两极分化，实现共同富裕”是社会主义的本质。因此，选项 A 正确。

二、多项选择题

1.【参考答案】ABDE

【解析】2021年7月1日，习近平总书记在建党100周年庆祝大会重要讲话中提到：(1) 以史为鉴、开创未来，必须坚持中国共产党坚强领导。(2) 以史为鉴、开创未来，必须团结带领中国人民不断为美好生活而奋斗。(3) 以史为鉴、开创未来，必须继续推进马克思主义中国化。(4) 以史为鉴、开创未来，必须坚持和发展中国特色社会主义。(5) 以史为鉴、开创未来，必须加快国防和军队现代化。(6) 以史为鉴、开创未来，必须不断推动构建人类命运共同体。(7) 以史为鉴、开创未来，必须进行具有许多新的历史特点的伟大斗争。(8) 以史为鉴、开创未来，必须加强中华儿女大团结。(9) 以史为鉴、开创未来，必须不断推进党的建设新的伟大工程。故正确答案为选项A、B、D、E。

2.【参考答案】BDE

【解析】2021年7月1日，习近平总书记在建党100周年庆祝大会重要讲话中提到："以史为鉴、开创未来，必须不断推动构建人类命运共同体。和平、和睦、和谐是中华民族5 000多年来一直追求和传承的理念，中华民族的血液中没有侵略他人、称王称霸的基因。中国共产党关注人类前途命运，同世界上一切进步力量携手前进，中国始终是世界和平的建设者、全球发展的贡献者、国际秩序的维护者！"故正确答案为选项B、D、E。

3.【参考答案】ABC

【解析】中国特色社会主义法治道路的核心要义就是坚持党的领导，坚持中国特色社会主义制度，贯彻中国特色社会主义法治理论。依据《习近平新时代中国特色社会主义思想学习纲要》。

4.【参考答案】ABCD

【解析】中国特色社会主义法律体系，具有五大特征：第一，体现中国特色社会主义的本质要求；第二，体现改革开放和社会主义现代化建设的时代要求；第三，体现结构内在统一而又多层次的国情要求；第四，体现继承中国法治传统和借鉴人类法治文明成果的文化要求；第五，体现动态、开放、与时俱进的发展要求。因此，选项ABCD为正确答案。

5.【参考答案】ABCD

【解析】新中国成立后，以李四光、华罗庚、赵忠尧、钱学森等为代表的一批在海外卓有成就的科学家，放弃优裕的工作环境和生活条件，先后回到祖国参加建设。

6.【参考答案】ABCD

【解析】法治思维方式的基本内容有：第一，法律至上——法律的至上性，具体表现为法律的普遍适用性、优先适用性和不可违抗性。第二，权力制约——权力制约原则可以概括为职权由法定、有权必有责、用权受监督、违法受追究四项要求。第三，人权保障——法律的重要使命就是充分尊重和保障人权。第四，正当程序——正当程序具有中立性、参与性、公开性、时限性等基本特征。因此，ABCD 选项都正确。

7.【参考答案】ABCD

【解析】《中华人民共和国宪法》第三十六条第一款规定："中华人民共和国公民有宗教信仰自由。"其含义包括公民有信教或者不信教的自由，有信仰这种宗教或者那种宗教的自由，有信仰同一宗教中的这个教派或那个教派的自由，有过去信教现在不信教或者过去不信教而现在信教的自由。选项 ABCD 都正确。

8.【参考答案】ACD

【解析】《党政领导干部选拔任用工作条例》第五十七条规定："党政领导干部有下列情形之一的，一般应当免去现职：（1）达到任职年龄界限或者退休年龄界限的；（2）受到责任追究应当免职的；（3）辞职或者调出的；（4）非组织选派，离职学习期限超过一年的；（5）因工作需要或者其他原因，应当免去现职的。"

9.【参考答案】AD

【解析】高层做的决策通常具有全局性、战略性、统揽性特征。因而选择 AD。

10.【参考答案】ABCE

【解析】根据《国家税务总局关于开展 2022 年"我为纳税人缴费人办实事暨便民办税春风行动"的意见》（税总纳服发〔2022〕5 号）第二条第（二）项第 6 目，推动纳税人延期缴纳税款、延期申报、变更纳税定额的核准，以及采取实际利润额预缴以外的其他企业所得税预缴方式的核定等 4 个事项由行政许可事项调整为其他权力事项，简化事项办理程序。

三、判断题

1.【参考答案】√

【解析】参见党的十九大报告。

2.【参考答案】×

【解析】《党章》规定，党员有权利在党的会议上有根据地批评党的任何组织和任何党员，揭露和纠正工作中存在的缺点和问题。

3.【参考答案】√

【解析】参见党的《中国共产党第十九届中央委员会第六次全体会议公报》内容。

4.【参考答案】√

【解析】参见党的《中国共产党第十九届中央委员会第六次全体会议公报》内容。

5.【参考答案】√

【解析】参见党的《税务机关公文处理办法》。

6.【参考答案】×

【解析】需要外单位会签的公文，会签前，本机关负责人应当明确签署意见，再送有关单位。

7.【参考答案】×

【解析】党的十九大报告指出我国经济已由高速增长阶段转向高质量发展阶段，正处在转变发展方式、优化经济结构、转换增长动力的攻关期，建设现代化经济体系是跨越关口的迫切要求和我国发展的战略目标。

8.【参考答案】√

【解析】我国法律监督体系包括国家法律监督和社会法律监督。其中，国家机关的监督，包括国家权力机关、行政机关和司法机关的监督，具有国家强制力和法的效力，是我国法律监督体系的核心。

9.【参考答案】√

【解析】法律关系实际上是一种权利和义务的关系，而权利和义务的内容都是由法律规范中明确规定的。

10.【参考答案】×

【解析】法的制定，即立法，指特定的国家机关，依据法定的职权和程序，制定、修改、补充、废止和解释法律、法规的活动。

11.【参考答案】√

【解析】《信访条例》第十五条规定，信访人对各级人民代表大会以及县级以上各级人民代表大会常务委员会、人民法院、人民检察院职权范围内的信访事项，应当向有关的人民代表大会及其常务委员会、人民法院、人民检察院提出。

12.【参考答案】×

【解析】依据《中共国家税务总局委员会关于进一步做好税务系统重大事项请示报告工作的通知》（税总党委发〔2019〕104号）附件1《税务总局党委应当请示报告的重大事项清单》，应是“7月底前和次年1月底前”。

13.【参考答案】√

【解析】“德”保证公职人员活动的方向，是“才”得以发挥的指导方向。

14.【参考答案】√

【解析】依据《国家税务总局关于印发全国税务机关公文处理办法的通知》第33条，“主送机关。公文的主要受理机关，应当使用机关全称、规范化简称或者同类型机关统称。编排于标题下空一行位置，居左顶格，回行时仍顶格，最后一个机关名称后标全角冒号。如机关名称过多导致公文首页不能显示正文时，应将主送机关名称移至版记部分。”

15.【参考答案】×

【解析】按照税法的职能作用不同，可分为税收实体法和税收程序法。

16.【参考答案】√

【解析】会议费开支实行综合定额控制，各项费用之间可以调剂使用。

17.【参考答案】×

【解析】党委会议的原始记录、会议纪要、重要议题附件等材料作为永久性档案材料，按照规定存档备查。

18.【参考答案】√

【解析】参见《国家税务总局关于修订〈全国税务系统绩效管理办法〉的通知》（税总发〔2019〕73号）。

19.【参考答案】×

【解析】税务行政相对人是指在税务行政法律关系中被税务行政主体管理的一方当事人。只要受到税务行政权的影响和约束，都可成为税务行政相对人。除法律、行政法规规定承担纳税义务的单位和个人外，扣缴义务人、金融机构等都可成为税务行政相对人。

20.【参考答案】√

【解析】凡经批准在媒体上全文发布的公文应视为正式公文遵行。故本题判断正确。

四、案例分析题

1.【参考答案】B

【解析】局务会议参加人员为省税务局领导成员和省税务局各单位主要负责人，由局长主持。局领导专题会议由省税务局领导成员根据工作需要主持召开，有关单位负责人参加。主要任务是专题研究、部署、协调和处理有关工作事项。

（2）【参考答案】B

【解析】参见《税务机关公文处理办法》。

（3）【参考答案】D

【解析】参见《税务机关公文处理办法》。

（4）【参考答案】C

【解析】参见《税务机关公文处理办法》。

（5）【参考答案】D

【解析】参见《税务机关公文处理办法》。

2.【参考答案】C

【解析】参见《中华人民共和国保守国家秘密法》。

（2）【参考答案】C

【解析】传递秘密载体，应当通过机要交通、机要通信或者指派专人进行，不得通过普通邮政或非邮政渠道传递；设有机要文件交换站的城市，在市内传递机密级、秘密级秘密载体，可以通过机要文件交换站进行。

（3）【参考答案】D

【解析】参见《中华人民共和国保守国家秘密法》。

（4）【参考答案】ABCD

【解析】参见《政府信息公开条例》第二十条。

（5）【参考答案】D

【解析】参见《中华人民共和国保守国家秘密法》。

五、论述题

【参考答案】

随着社会主要矛盾深刻变化，新型城镇化、人口老龄化、就业方式多样化加快发展，如何实现社会保障高质量发展可持续发展也面临重大挑战。当前，必须积极顺应群众对高品质生活的期待，加快推进社会保障体系建设，使改革发展成果更多更公平惠及人民。

（1）落实企业职工基本养老保险全国统筹制度，建立养老保险工作考核机制和财政投入长效机制，探索企业年金自动加入机制和集合计划管理模式，推动个人养老金制度落地；深化医保支付方式改革和药品、医用耗材集中带量采购制度改革；健全工伤保险基金省级统收统支和失业保险基金省级统收统支制度。

（2）在健全社会救助和社会福利制度方面，明确完善最低生活保障、特困人员救助供养制度，健全基本生活保障标准动态调整机制；落实残疾人两项补贴标准动态调整机制，完善帮扶孤儿、事实无人抚养儿童等社会福利制度等。

（3）明确部门间的协作推进机制，共同推动落实社会保障卡“一卡通”，强化社会保障法治宣传教育。建立基金运行常态化预测预警机制，健全跨部门基金监管协作机制。同时，建立社保领域信用记录和严重失信主体名单制度。

模拟试卷（十五）

一、单项选择题（下列各题的备选答案中，只有1个正确选项，请将正确选项填入括号中。多选、不选、错选均不得分，每小题0.5分，共40小题，共计20分）

1. 习近平总书记在中央党校（国家行政学院）中青年干部培训班开班式上指出，（　　）是我们党的传家宝。

A. 勇挑重担、苦干实干　　B. 节俭朴素、力戒奢靡

C. 为国尽责、为民奉献　　D. 敢于斗争、善于斗争

2. 多人采用走访形式提出共同的信访事项的，应当推选代表，代表人数不得超过（　　）人。

A. 2　　B. 3　　C. 4　　D. 5

3. 习近平总书记在建党100周年庆祝大会重要讲话中指出，中国特色社会主义最本质的特征是（　　）。

A. 中华儿女大团结　　B. 中国共产党领导

C. 一国两制　　D. 马克思主义中国化

4. 协调推进"四个全面"战略布局，是党的十八大以来党中央从实现"两个一百年"奋斗目标，实现中华民族伟大复兴的中国梦的战略高度，统筹国内国际两个大局，把握我国发展新特征确定的治国理论新方略。在"四个全面"战略布局中居于引领地位的是（　　）。

A. 全面深化改革　　B. 全面建成小康社会

C. 全面依法治国　　D. 全面从严治党

5. 新文化运动是由陈独秀、李大钊、鲁迅、胡适、蔡元培、钱玄同等一些受过西方教育（当时称为新式教育）的人发起的一次"反孔教、反文言、抵制儒家学派"的思想文化革新、文学革命运动。其开始时间是（　　）。

A. 1911年　　B. 1914年　　C. 1915年　　D. 1917年

6. 全面推进公务用车制度改革，改革公务用车实物供给方式，取消一般公务用车，普通公务出行实行社会化提供并适度补贴交通费用，从严配备定向化保障的公务用车。加快推进公务用车制度改革，这有利于（　　）。

A. 从根本上提高政府的服务意识　　B. 降低行政成本，维护党和政府的形象

C. 不断提高公务员的福利待遇　　D. 坚持简政放权提高行政效率

7. 下列选项中，不属于税务行政管理特点的是（　　）。

A. 服务性　　B. 规范性　　C. 政策性　　D. 群众性

8. 某事业单位于2020年4月26日（星期天）8时30分在中国政府采购网发布了采购一批办公设施的公开招标公告，提供采购文件的最早截止日应为（　　）。

A. 2020年4月30日　　B. 2020年5月1日

C. 2020年5月6日　　D. 2020年5月16日

9. 社会主义初级阶段同新民主主义社会因为都存在多种经济成分而有某些相似之处，但在社会性质上存在着明显的区别。从经济基础方面看，它们之间的根本区别在于（　　）。

A. 在资源配置上是否实行计划经济

B. 在分配方式上是否坚持按劳分配为主体的原则

C. 社会主义公有制经济是否成为社会经济的主体

D. 社会主义国营经济是否掌握了主要经济命脉

10. 影响经济增长的主观因素是（　　）。

A. 劳动者的综合素质　　B. 自然资源条件

C. 科学技术水平　　D. 经济体制

11. 各省及以下税务机关接受人民日报、新华社、中央人民广播电台、中央电视台等中央主流媒体采访，要事先向（　　）报告。

A. 省局办公室　　B. 省局税宣中心　　C. 总局办公厅　　D. 总局税宣中心

12. 正确处理国家和企业的分配关系，关键问题是（　　）。

A. 生产要素价格的确定　　B. 企业要自主经营

C. 工资总额的确定　　D. 利润分配

13. 自然失业（　　）得到解决。

A. 可以通过经济手段　　B. 可以通过社会保障手段

C. 可以通过法律手段　　D. 不能通过经济手段

14. 人格尊严是人之所以为人所应当享有的地位、待遇或尊重的总和，其集中表现为（　　）。

A. 人的自尊心和自爱心　　B. 人的自尊心和自信心

C. 人的自爱心和自信心　　D. 人的自尊心和自重心

15. 社会经济权利的核心是（　　）。

A. 生存权　　B. 劳动权　　C. 休息权　　D. 社会保障权

16. 各级税务局党委理论学习中心组集体学习研讨（　　）不少于1次。

A. 每月　　B. 每季度　　C. 每半年　　D. 每年

17. 各级税务机关应当按照国务院办公厅政府信息与政务公开办公室规定的格式，于每年（　　）前向社会公布本机关上一年度政府信息公开工作年度报告。

A. 12 月 31 日　　B. 1 月 31 日　　C. 2 月 29 日　　D. 3 月 31 日

18. 对需要上报税务总局的信访突发事件，省税务局按规定及时报告，最迟不超过（　　）小时。

A. 1　　B. 2　　C. 3　　D. 4

19. 对无正当理由，连续（　　）不交纳党费的党员，按（　　）处理。

A. 3 个月，自行脱党　　B. 3 个月，开除党籍

C. 6 个月，自行脱党　　D. 6 个月，开除党籍

20. 宪法最主要、最核心的价值在于（　　）。

A. 确认社会各阶级的政治地位　　B. 使民主制度法律化

C. 保障公民的基本权利　　D. 集中体现阶级力量对比关系

21. 以下公文格式要素编排规则，准确的有（　　）。

A. 标题应排列对称，长短适宜，间距恰当，标题排列应当使用梯形、矩形或菱形，不得使用沙漏型

B. 签发人项目由“签发人”三字加全角冒号和签发人姓名组成，其中“签发人”三字用 3 号楷体字

C. 成文日期中的数字用阿拉伯数字将年、月、日标全，年份应标全称，月、日不编虚位（即 1 不编为 01）

D. 发文机关标志，由发文机关全称加“文件”二字组成，也可使用发文机关全称，不可使用简称

22. 党员受到警告处分一定时间内、受到严重警告处分一定时间内，不得在党内提升职务和向党外组织推荐担任高于其原任职务的党外职务。上述一定时间分别是指（　　）。

A. 半年、一年　　B. 一年、一年半

C. 一年、两年半　　D. 一年、两年

23. 对党组织的问责方式包括（　　）。

A. 检查、通报、改组　　B. 检查、通报、撤销

C. 批评、通报、诫勉　　D. 批评、通报、改组

24. 当前，特别是要大力宣传税务部门落实稳增长、促改革、调结构、（　　）政策措施的成效，重点宣传服务国家发展战略。

A. 强发展　　B. 增就业　　C. 惠民生　　D. 创效益

25. 下列关于现代企业制度的说法，错误的是（　　）。

A. 现代企业制度核心是企业法人制度

B. 产权清晰、权责明确、政企分开、管理科学是现代企业制度的主要特征

C. 公司（公司制企业）是由两个以上的出资者出资兴办并组成一个法人，能够独立自主经营、自负盈亏，对共同出资经营的财产享有民事权利、承担民事责任的经济实体

D. 股东大会是股份有限公司的经营决策和领导机构

26. 发生或可能发生特别重大、重大的突发事件信息，以及其他紧急重要情况，省税务局首次最迟不得超过事发后（　　）向税务总局总值班室电话报告，并在（　　）书面报告。

A. 1 小时内，24 小时内　　B. 30 分钟，1 小时内

C. 30 分钟，24 小时内　　D. 1 小时内，1 小时内

27. 我国五年发展计划属于的决策类型是（　　）。

A. 程序性决策　　B. 战略决策　　C. 战术决策　　D. 风险型决策

28. 各省税务局党委要牢记（　　），该请示报告的必须请示报告，该担当负责的必须担当负责。

A. 分级负责、层层落实　　B. 分级负责、守土有责

C. 授权有限、层层落实　　D. 授权有限、守土有责

29. 根据《宪法》规定，由于国家机关和国家工作人员侵犯公民权利而受到损害的人，有依照法律规定取得（　　）的权利。

A. 物质帮助　　B. 经济补偿　　C. 赔偿　　D. 社会救助

30. 互联式沟通的缺点不包括（　　）。

A. 沟通渠道杂乱，信息流失严重　　B. 沟通速度缓慢，易贻误时机

C. 信息垄断，易造成行政专断　　D. 不利于信息管理，容易泄露机密

31. 当税收弹性（　　）时，税收制度富有弹性。

A. 大于 1　　B. 小于 1　　C. 大于 0　　D. 等于 1

32. 根据《个人所得税法》，在中国境内无住所又不居住，或者无住所而一个纳税年度内在中国境内居住累计不满（　　）天的个人，为非居民个人。

A. 183　　B. 365　　C. 180　　D. 90

33.《中共中央 国务院关于完整准确全面贯彻新发展理念做好碳达峰碳中和工作的意见》指出，到（　　）年，绿色低碳循环发展的经济体系和清洁低碳安全高效的能源体系全面建立，能源利用效率达到国际先进水平，非化石能源消费比重达到 80% 以上，碳中和目标顺利实现，生态文明建设取得丰硕成果，开创人与自然和谐共生新境界。

A. 2030　　B. 2040　　C. 2050　　D. 2060

34.（　　）说明了税率与税收收入及经济增长之间的一般关系。

A. 洛伦斯曲线　　B. 拉弗曲线　　C. 供求曲线　　D. 菲利普斯曲线

35. 一份保密期限为20年的机密级文件，正确的密级标注为（　　）。

A. 机密 20 年　　B. 20 年★机密　　C. 机密★20 年　　D. 机密★二十年

36. 唐代中叶后实行的以资产多寡为课征标准并分（　　）两季征收的“两税法”，是中国古代赋税制度重大改革之一。

A. 春、夏　　B. 夏、秋　　C. 秋、冬　　D. 冬、春

37.《中国共产党章程》明确，党的市（地、州、盟）和县（市、区、旗）委员会建立（　　）。

A. 巡察制度　　B. 巡视制度　　C. 巡查制度　　D. 监察制度

38. 会议应当坚持厉行节约、反对浪费、规范简朴、务实高效的原则，严格控制会议数量和规模，规范会议费管理。三类会议工作人员控制在会议代表人数的（　　）以内。

A. 5%　　B. 10%　　C. 15%　　D. 20%

39. 下列各项中对行政机关实施行政许可权的条件表述正确的是（　　）。

A. 该行政机关具有管理公共事务的职能

B. 该行政机关具有行政许可权

C. 该行政机关具有行政管理权

D. 各级人民政府都可以行使

40. 各级税务机关的档案应当按照其内容和载体的不同科学分类，一般按照（　　）进行分类。

A. 年度——组织机构　　B. 年度——保管期限

C. 保管期限——年度　　D. 组织机构——年度

二、多项选择题（下列各题的备选答案中，至少有两个正确选项，请将正确选项的字母填写在括号中，多选、错选、少选、不选均不得分。每小题 2 分，共计 20 分）

1. 以下哪些是《进一步深化税收征管改革的意见》提出的重点任务。（　　）

A. 数据赋能更有效　　B. 税务执法更精确

C. 税费服务更精细　　D. 税务监管更精准

E. 税收共治更精诚

2. 资本主义社会的社会总产品从价值形式上划分，可以分为（　　）。

A. 不变资本　　B. 可变资本　　C. 流动资本　　D. 剩余价值

3. 2022 年实施新的组合式税费支持政策中，体现出“组合”的特点有（　　）。

A. 既有阶段性措施，也有制度性安排

B. 既有普惠性政策，也有特定领域帮扶举措

C. 既有中央统一出台政策，也有地方依法自主施策

D. 既有退税，也有减税、免税、缓税等多种支持方式

E. 既有对国内税收的优惠政策，也有对国际税收的政策安排

4. 对于涉及（　　）或者法律规定的其他应当保密的证据，依照规定不得在开庭时公开质证。

A. 国家秘密　　B. 商业秘密　　C. 个人隐私　　D. 个人信息

5. 以下属于我国物质帮助权特点的是（　　）。

A. 权利主体是特定公民

B. 权利主体是社会全体公民

C. 权利的内容是特定主体从国家和社会获得物质帮助

D. 实现物质帮助权的义务主体是国家和社会

6. 下列关于领导与管理的功能，说法正确的有（　　）。

A. 管理的任务是保证组织的秩序和一致性

B. 领导的主要任务是产生变化和运动

C. 管理寻求秩序和稳定

D. 领导的重点是正确地做事，即执行

7. 下列属于领导体制的作用与意义的有（　　）。

A. 科学的领导体制是领导活动正常进行的组织保证

B. 科学的领导体制是提高整体领导效能的重要因素

C. 科学的领导体制是正确规范领导行为的根本机制

D. 领导体制可以分为一体制与分离制

8. 适用《财政部 税务总局关于进一步加大增值税期末留抵退税政策实施力度的公告》（财政部 税务总局公告 2022 年第 14 号）的企业，还需要同时符合（　　）条件。

A. 纳税信用等级为 A 级或者 B 级

B. 申请退税前 36 个月未发生骗取留抵退税、骗取出口退税或虚开增值税专用发票情形

C. 申请退税前 36 个月未因偷税被税务机关处罚两次及以上

D. 2019 年 4 月 1 日起未享受即征即退、先征后返（退）政策

E. 2020 年 4 月 1 日起未享受即征即退、先征后返（退）政策

9. 税收需要保持收入适度，应注意（　　）要点。

A. 不应当妨碍简单再生产　　B. 应体现等价交换关系

C. 不能妨碍民间投资　　D. 重视单一税制的作用

10. 应急工作要遵循“（　　）、依法规范、统一指挥、注重预防、科学处置”的原则。

A. 减少危害　　B. 分级负责　　C. 以人为本　　D. 属地为主

三、判断题（判断下列各题正误，正确的打“√”，错误的打“×”。每小题 1 分，共计 20 分）

1. 新时代坚持和发展中国特色社会主义的总目标是把我国建设成为富强民主文明和谐美丽的社会主义现代化强国。 （ ）
2. 党委会议纪要和记录，由党委书记签发；行政会议纪要，经党委书记审阅同意后，由主持会议的局领导签发。 （ ）
3. 非公有制经济是引领发展的第一动力，是建设现代化经济体系的战略支撑。 （ ）
4. 党的各级代表大会的代表受到撤销党内职务以上（含撤销党内职务）处分的，党组织应当终止其代表资格。 （ ）
5. 市局机关直属机构、派出机构、事业单位副科级工作人员办公室使用面积标准为 18 平方米/人。 （ ）
6. 经济处于古典区域，则财政政策有效；经济处于凯恩斯区域，则货币政策有效。 （ ）
7. 既有主送机关又有抄送机关时，应将主送机关置于抄送机关之上一行，之间加上分隔线。 （ ）
8. 法是国家意志的唯一表现形式。 （ ）
9. 违规选人用人问题，党委（党组）负主要领导责任，领导班子主要负责人和直接主管的班子成员承担直接领导责任，参与决策的领导班子其他成员承担领导责任。 （ ）
10. 国家税务总局党委在《关于解决税务系统形式主义突出问题为基层减负若干措施》中指出，局领导出席的会议，讲话一般不超过 2 小时；视频会议一般不超过 2 小时；会议交流发言单位一般不超过 6 个，发言时间不超过 5 分钟。 （ ）
11. 人类只有肤色语言之别，文明只有姹紫嫣红之别，但绝无高低优劣之分。 （ ）
12. 局务会议、局长办公会议、局领导专题会议讨论通过决定印发的文件，原则上应在会议结束后 7 日内印发。 （ ）
13. 建立失泄密事件报告机制，发生失泄密事件的单位，原则上要在 14 个工作日内向税务总局保密办报告查处情况。 （ ）
14. 二类会议参会人员不得超过 200 人，其中，工作人员控制在会议代表人数的 10% 以内。 （ ）
15. 新颁布实施的税收实体法对其生效前后发生的应税事实或经济关系均产生效力。 （ ）
16. 税务总局有 12 个文种，即命令（令）、决议、决定、公告、通告、通知、通报、报告、请示、批复、意见和函，文种使用不得超出这一范围。 （ ）
17. 税收行政强制权是法律赋予税务机关的权力，但税务机关及其工作人员一旦违法行

使损害了相对人的合法权益时，应当承担赔偿责任，这体现了依法行政中的诚实守信的基本要求。（ ）

18. 对违反税收宣传纪律，造成税收损失或负面影响的，将依法依纪严肃追究有关负责人和责任人的责任。（ ）

19. 发文机关标志由发文机关全称加“文件”二字组成，不可以使用发文机关规范化简称。（ ）

20. 调整和优化经济结构是转变经济增长方式的主要途径和重要内容。（ ）

四、案例分析题（共 2 大题，每题 5 小题，每小题 2 分，共 20 分）

1. 某省税务局决定由考核考评处王某等 2 人对××市税务局 2022 年绩效管理和数字人事情况开展专项督查。督查发现××市税务局 2022 年绩效管理和数字人事方面的以下做法：

绩效管理方面：××市税务局比照《国家税务总局某省税务局关于印发 2022 年考评规则和考评指标的通知》（某税函〔2022〕61 号）制定了本局的考评规则及指标。在 2022 年对所辖某县税务局绩效考核中，对三项考核周期为年度的指标进行了扣分，分别是收入预测（量化计分法，指标分值 8 分）、保密管理（直接扣分法，指标分值 12 分）、减税降费（直接扣分法，指标分值 20 分），上述三项指标依次扣 0.2、0.3、0.5 分。查阅文件得知，××市税务局在机关考核方案中，将 28 个机关单位作为一个序列考核，共评选出 15 个第一等次单位；将 10 个县区局作为一个序列考核，共评选出 6 个第一等次单位。

数字人事方面：通过座谈了解，该局不少一般干部不掌握数字人事系统操作事项。查阅文件发现，××市税务局制定本局数字人事推行方案，确定适用范围为本市税务系统公务员，对事业单位人员按照其他办法进行考评。查阅会议记录得知，该局稽查局张某在当年受到政纪警告处分期间被评定为第 1 段。

（1）绩效管理考核扣分颗粒度至少（ ）分。（多选题）

A. 0.2　　B. 0.3　　C. 0.4　　D. 0.5

（2）绩效管理考核第一等次确定比例不应超过（ ）。（单选题）

A. 30%　　B. 40%　　C. 50%　　D. 60%

（3）省税务局在此次专项督查前，需要做好下列（ ）准备工作。（多选题）

A. 组建督查组　　B. 开展培训　　C. 下达督查通知　　D. 发布督查公告

（4）税务干部受（ ）的当年和记过、记大过、降级、撤职处分的期间，数字人事年度考核不得评定为第 1 段。（单选题）

A. 警告处分　　B. 批评教育　　C. 诫勉谈话　　D. 降职

（5）作为××市税务局一般干部，在数字人事系统中主要涉及确定个人工作任务

（自拟任务）、撰写工作记实（工作记实）、（　　）、考核结果申诉（申诉）等操作。（多选题）

A. 查看处理通知消息（通知）　　B. 开展工作自评（工作自评）

C. 查看个人成长账户（成长账户）　　D. 年终测评

2. 根据下面提供的材料按要求答题。

江某为某省某市税务局办公室主任，小王、小陈、小李为市税务局办公室工作人员。

2022 年 7 月 4 日（周四）上午，某日报社记者刘某某拨打市局办公室电话联系了江某，提出要采访减税降费相关情况。江某放下电话后立即向市局分管局领导报告，征得其同意后，安排相关单位接受其采访。

7 月 4 日下午，市稽查局副局长杜某到市局办公室提出拟在本市党报刊登一篇有关稽查信息化新战法的宣传稿件，江某仔细审阅后与报社取得联系，定于 7 月 8 日在党报二版头条刊载。

7 月 5 日上午，江某安排小王为下周二上午召开的局长办公会做前期的准备工作。在整理会议提交的议案时，为压缩会议时间，小王与财务科周科长就其提交处置 17 万元废旧办公设备的议案进行了沟通，建议周科长适当时候向有关领导汇报，就不再安排其参会。稽查局主办、信息中心协办的研究稽查业务工作流开发事项的议案上只有稽查局孙局长和分管稽查工作的市局韩副局长签字。小王得知信息中心刘主任在省局培训参加不了局长办公会，随即仅通知了稽查局孙局长参加会议。

7 月 5 日下午，某日报社记者刘某某到市税务局进行了采访，同时了解了市税务局上半年新增减税数据，采访完毕后，江某就采访有关情况向省税务局办公室和减税办进行了报告。

7 月 11 日上午，市局局长办公会讨论通过了纳税服务科提交的优化税收营商环境切实提升纳税人满意度的整改方案，要求纳税服务科根据讨论意见修改完毕后通过综合办公系统以正式文件下发。

7 月 15 日下午，小陈作为办公室机要人员对相关涉密文件进行处理，发现其中两份文件不具备归档和存查价值，报办公室主任江某同意后，小陈用自己办公室的粉碎机将公文销毁。

7 月 19 日（周五）下午 5：00，小李作为办公室公文管理岗工作人员发现纳税服务科主办的优化税收营商环境切实提升纳税人满意度的整改方案已经分管局领导签发并校对完毕，考虑到接近下班时间，小李与纳税服务科负责人沟通后，决定下周一上班后再将文件印发。

（1）江某接受省内主流媒体采访，应事先向（　　）报告。（单选题）

A. 省局党委　　B. 市局党委　　C. 省局办公室　　D. 市局办公室

（2）以下属于稽查工作保密的重要事项，应按照保密规定严格管理，不得对外发布。（单选题）

A. 税收违法行为举报事项　　B. 对外公开的检查结果

C. 税收稽查处罚信息　　D. 稽查局检查人员信息

（3）信息中心刘主任因故缺席会议应报请（　　）同意，履行请假手续，或者委托相关人员代为参加会议。（单选题）

A. 市局局长　　B. 会议主持人　　C. 办公室主任　　D. 分管副局长

（4）销毁涉密文件、资料要履行审批登记手续，并由（　　）以上工作人员到指定场所监销。（单选题）

A. 1 人　　B. 2 人　　C. 3 人　　D. 4 人

（5）上文中，局长办公会议专题会议讨论通过决定印发的文件，小李应在（　　）前处理完毕。（单选题）

A. 7 月 15 日　　B. 7 月 17 日　　C. 7 月 19 日　　D. 7 月 21 日

五、论述题（20 分）

新冠肺炎疫情作为“冷战”结束以来最严重的突发性全球危机，深刻影响了人类健康、经济增长、社会发展、国家安全和国际关系等方方面面。

习近平主席出席 2022 年世界经济论坛视频会议并发表演讲时指出，面对这场事关人类的前途命运的世纪疫情，国际社会打响了一场顽强的阻击战。事实再次表明，在全球性危机的惊涛骇浪里，各国不是乘坐在 190 多条小船上，而是乘坐在一条命运与共的大船上；世界正处在重要的十字路口，各国必须齐心协力，采取积极、果断和包容的态度；历史反复证明，对抗不仅于事无补，而且会带来灾难性后果。搞保护主义、单边主义，谁也保护不了，最终只会损人害己。

运用有关知识，结合材料分析在世纪疫情背景下我们如何继续走好经济全球化道路。

模拟试卷（十五）答案及解析

一、单项选择题

1.【参考答案】B

【解析】参见习近平总书记在中央党校（国家行政学院）中青年干部培训班开班式上的讲话。

2.【参考答案】D

【解析】参见《信访工作条例》第二十条。

3.【参考答案】B

【解析】2021 年 7 月 1 日，习近平总书记在建党 100 周年庆祝大会重要讲话中指出："以史为鉴、开创未来，必须坚持中国共产党坚强领导。办好中国的事情，关键在党。中华民族近代以来 180 多年的历史、中国共产党成立以来 100 年的历史、中华人民共和国成立以来 70 多年的历史都充分证明，没有中国共产党，就没有新中国，就没有中华民族伟大复兴。历史和人民选择了中国共产党。中国共产党领导是中国特色社会主义最本质的特征，是中国特色社会主义制度的最大优势，是党和国家的根本所在、命脉所在，是全国各族人民的利益所系、命运所系。"

4.【参考答案】B

【解析】"四个全面"战略布局是一个整体，全面建成小康社会是重大战略目标，在"四个全面"战略布局中居于引领地位。所以，B 项是符合题意的正确选项。ACD 三个选项不符合题意。全面深化改革、全面依法治国、全面从严治党是三大战略举措。

5.【参考答案】C

【解析】1915 年，陈独秀在其主编的《新青年》（原名《青年杂志》）刊载文章，提倡民主与科学，反对封建文化，揭开了新文化运动的序幕。

6.【参考答案】B

【解析】《关于全面推进公务用车制度改革的指导意见》指出："全面推进公务用车制度改革，是加强党风廉政建设、厉行节约反对浪费的重要举措，是转变政府职能、推进后勤服务社会化改革的重要内容，是顺应民意、维护党和政府形象的迫切要求。"由此可见，加快推进公务用车制度改革，有利于降低行政成本，维护党和政府的形象。

7.【参考答案】B

【解析】税务行政管理的特点包括服务性、政策性、复杂性、时间性、群众性。

8.【参考答案】C

【解析】依据《中华人民共和国政府采购货物和服务招标投标管理办法》第十八条，采购人或者采购代理机构应当按照招标公告、资格预审公告或者投标邀请书规定的时间、地点提供招标文件或者资格预审文件，提供期限自招标公告、资格预审公告发布之日起计算不得少于5个工作日。

9.【参考答案】C

【解析】社会主义初级阶段是继新民主主义社会后的一个历史发展时期。从经济基础方面看，其根本区别在于社会主义公有制经济是否成为社会经济的主体。新民主主义社会公有制经济处于领导地位，但并不是社会经济的主体。因此，正确答案是C项。

10.【参考答案】A

【解析】劳动者的素质包括劳动者平均受教育的程度、文化水平、生产经验、劳动技能等。劳动者的素质高，意味着能够适应较复杂的劳动，能够有较高的劳动生产率，能够在同样的时间里创造更多的价值，这是影响经济增长的主观因素。

11.【参考答案】C

【解析】国家税务总局办公厅关于严肃新闻宣传纪律加强税收宣传管理的通知（税总办函〔2015〕974号），各省及以下税务机关接受人民日报、新华社、中央人民广播电台、中央电视台等中央主流媒体采访，要事先向税务总局办公厅报告。

12.【参考答案】D

【解析】党的第十二次代表大会给全国人民提出了具有中国特色的社会主义建设的宏伟蓝图，实现这一宏伟计划的一个突出问题是重点经济建设与财力分散、资金不足的矛盾。为了解决这一矛盾，其中一个重要问题，就是要正确处理国家与企业之间的利润分配问题。故选D。

13.【参考答案】D

【解析】在充分就业状态下，难以避免的失业即是自然失业。自然失业是由非经济原因引起的，不能通过经济手段解决。

14.【参考答案】A

【解析】人格尊严是人之所以为人所应当享有的地位、待遇或尊重的总和，集中表现为人的自尊心和自爱心。《中华人民共和国宪法》第三十八条规定："中华人民共和国公民的人格尊严不受侵犯。禁止用任何方法对公民进行侮辱、诽谤和诬告陷害。"因此，选项A正确。

15.【参考答案】A

【解析】社会经济权利以生存权为核心，具体包括生存权以及与这项权利密切相关的劳动权、休息权、社会保障权、物质帮助权等。因此，选项A正确。

16.【参考答案】B

【解析】根据《中共国家税务总局委员会关于印发〈税务系统党委理论学习中心组学习制度〉的通知》（税总党委发〔2019〕46 号），各级税务局党委理论学习中心组集体学习研讨每季度不少于 1 次。

17.【参考答案】B

【解析】《国家税务总局关于进一步加强税务系统政府信息公开工作的通知》规定：各级税务机关应当按照《国务院办公厅政府信息与政务公开办公室关于政府信息公开工作年度报告有关事项的通知》规定的格式，于每年 1 月 31 日前向社会公布本机关上一年度政府信息公开工作年度报告。

18.【参考答案】D

【解析】参见《国家税务总局关于进一步加强税务系统政府信息公开工作的通知》。

19.【参考答案】C

【解析】《中国共产党章程》规定，对无正当理由，连续 6 个月不交纳党费的党员，按自行脱党处理。

20.【参考答案】C

【解析】“宪法是公民权利的保障书”，宪法规定的公民的基本权利为国家公权力划定了一个界限，避免受到国家公权力的侵害，也是宪法最主要、最核心的价值所在。其他各项也是宪法体现的价值，但不是最主要、最核心的价值。

21.【参考答案】C

【解析】参见《党政机关公文处理工作条例》。

22.【参考答案】B

【解析】参见《中国共产党纪律处分条例》第十条。

23.【参考答案】A

【解析】根据《中国共产党问责条例》第七条。对党组织的问责方式包括：（一）检查。对履行职责不力、情节较轻的，应当责令其作出书面检查并切实整改。（二）通报。对履行职责不力、情节较重的，应当责令整改，并在一定范围内通报。（三）改组。对失职失责，严重违反党的纪律、本身又不能纠正的，应当予以改组。

24.【参考答案】C

【解析】根据《国家税务总局办公厅关于严肃新闻宣传纪律加强税收宣传管理的通知》，当前，特别是要大力宣传税务部门落实稳增长、促改革、调结构、惠民生政策措施的成效，重点宣传服务国家发展战略、开展“便民办税春风行动”、落实“四个规范”、建设“互联网 +”税务、实施绩效管理、打击骗税等重点税收工作取得的进展。

25.【参考答案】D

【解析】股东大会是股份有限公司的最高权力机构，董事会是经营决策和领导的机构。

26.【参考答案】B

【解析】根据《全国税务系统突发事件信息报告工作管理办法》，首报是在发现或获悉突发事件后的初次报告，主要报告事发时间、地点、简要过程、造成或可能造成的危害、应急处置救援情况、负责现场指挥处置的部门、负责人及其联系方式等。

发生或可能发生特别重大、重大的突发事件信息，以及其他紧急重要情况，省税务局首次最迟不得超过事发后30分钟向税务总局总值班室电话报告，并在1小时内书面报告。

27.【参考答案】B

【解析】（1）按决策的作用分类：第一，战略决策。是指解决全局性、长远性、战略性的重大决策问题的决策。第二，管理决策。为保证总体战略目标的实现而解决局部问题的重要决策，由中层管理人员作出。第三，业务决策。是指基层管理人员为解决日常工作和作业任务中的问题所作的决策。（2）按决策的性质分类：第一，程序性决策。即有关常规的、反复发生的问题的决策。第二，非程序性决策。是指偶然发生的或首次出现而又较为重要的非重复性决策。（3）按决策的问题的条件分类：第一，确定性决策。是指可供选择的方案中只有一种自然状态时的决策。即决策的条件是确定的。第二，风险型决策。是指可供选择的方案中，存在两种或两种以上的自然状态，但每种自然状态所发生概率的大小是可以估计的。第三，不确定型决策。指在可供选择的方案中存在两种或两种以上的自然状态，而且，这些自然状态所发生的概率是无法估计的。故本题答案选B。

28.【参考答案】D

【解析】根据《中共国家税务总局委员会关于进一步做好税务系统重大事项请示报告工作的通知》，各省税务局党委要牢记授权有限、守土有责，该请示报告的必须请示报告，该担当负责的必须担当负责。各省税务局党委原则上无需再制发相应贯彻落实文件和清单，市级和市级以下税务局党委可参照各省税务局党委请示报告清单执行。

29.【参考答案】C

【解析】根据《中华人民共和国宪法》第四十一条规定，“由于国家机关和国家工作人员侵犯公民权利而受到损害的人，有依照法律规定取得赔偿的权利。”

30.【参考答案】C

【解析】信息垄断易造成行政专断是聚联式沟通的缺点，因为聚联式只存在一个沟通中心，容易造成这种缺陷。故本题答案选C。

31.【参考答案】A

【解析】税收弹性是指税收收入变动的百分比与经济水平变动的百分比之比值。当税收弹性大于1时，表明税收制度富有弹性。

32.【参考答案】A

【解析】《中华人民共和国个人所得税法》规定，以 183 天为划分居民和非居民纳税人的时间界限。

33.【参考答案】D

【解析】《中共中央 国务院关于完整准确全面贯彻新发展理念做好碳达峰碳中和工作的意见》指出，到 2060 年，绿色低碳循环发展的经济体系和清洁低碳安全高效的能源体系全面建立，能源利用效率达到国际先进水平，非化石能源消费比重达到 80% 以上，碳中和目标顺利实现，生态文明建设取得丰硕成果，开创人与自然和谐共生新境界。

34.【参考答案】B

【解析】拉弗曲线说明税率、税收与经济增长之间有着密切的联系。高税率不一定就能取得高收入。

35.【参考答案】C

【解析】《国家秘密定密管理暂行规定》第二十四条，国家秘密一经确定，应当同时在国家秘密载体上作出国家秘密标志。国家秘密标志形式为“密级★保密期限”“密级★解密时间”或者“密级★解密条件”。

36.【参考答案】B

【解析】唐代中叶后实行的以资产多寡为课征标准，并分夏、秋两季征收的“两税法”，是中国古代赋税制度的重大改革之一。

37.【参考答案】A

【解析】《中国共产党章程》第十四条规定，党的市（地、州、盟）和县（市、区、旗）委员会建立巡察制度。

38.【参考答案】B

【解析】三类会议。参会人员不得超过 150 人，其中，工作人员控制在会议代表人数的 10% 以内。

39.【参考答案】B

【解析】本题考查的是行政许可的实施机关。行政许可由具有行政许可权的行政机关在法定权限内实施，各级行政机关下属的事业单位、内部办事机构一律不得以自己的名义实施行政许可。故正确答案是 B。

40.【参考答案】A

【解析】各级税务机关的档案应当按照其内容和载体的不同科学分类，一般按照年度——组织机构（或者问题）进行分类。

二、多项选择题

1.【参考答案】ABCDE

【解析】《关于进一步深化税收征管改革的意见》一共围绕六大方面提出了 24 类重

点任务，分别是：全面推进税收征管数字化升级和智能化改造；不断完善税务执法制度和机制，大力推行优质高效智能税费服务；精准实施税务监管；持续深化拓展税收共治格局；强化税务组织保障。

2.【参考答案】ABD

【解析】从价值形式上看，资本主义社会的社会总产品由不变资本（c）、可变资本（v）和剩余价值（m）三部分组成；从实物形式上看，它由生产资料和消费资料两部分构成。

3.【参考答案】ABCD

【解析】依据《2022年政府工作报告》第三部分“2022年政府工作任务”第二点“（二）着力稳市场主体保就业，加大宏观政策实施力度。完善减负纾困等政策，夯实经济稳定运行、质量提升的基础”，及李克强总理出席记者会并回答中外记者提问内容。

4.【参考答案】ABCD

【解析】对于涉及国家秘密、商业秘密和个人隐私、个人信息或者法律规定的其他应当保密的证据，依照规定是不得在开庭时公开质证。

5.【参考答案】ACD

【解析】物质帮助权具有以下特点：第一，权利主体是特定公民，而非社会全体公民。第二，权利的内容是特定主体从国家和社会获得物质帮助。第三，实现物质帮助权的义务主体是国家和社会。因此，选项ACD正确。B选项表述错误。

6.【参考答案】ABC

【解析】领导的重点是做正确的事，即与目标、方向有关系，而管理的重点是在领导确定了目标后正确地做事，即执行。

7.【参考答案】ABC

【解析】D项是领导体制分类。

8.【参考答案】ABCD

【解析】适用本公告政策的纳税人需同时符合以下条件：

（1）纳税信用等级为A级或者B级；

（2）申请退税前36个月未发生骗取留抵退税、骗取出口退税或虚开增值税专用发票情形；

（3）申请退税前36个月未因偷税被税务机关处罚两次及以上；

（4）2019年4月1日起未享受即征即退、先征后返（退）政策。

9.【参考答案】AC

【解析】收入适度是指税收收入在满足国家财政需要的同时，必须兼顾负担可能，一般而言，不应突破3个禁区。

10.【参考答案】ABCD

【解析】《国家税务总局关于加强税务系统应急管理工作的意见》，健全应急协调工作机制。应急工作要遵循“以人为本、减少危害、属地为主、分级负责、依法规范、统一指挥、注重预防、科学处置”的原则。理顺业务主管部门和地方主管部门之间的关系，对应由税务部门响应的突发事件，要敢于担当，及时应对，积极争取当地政府的支持；对应由地方政府响应的突发事件，要服从指挥，及时报告，主动配合完成各项处置任务。

三、判断题

1.【参考答案】√

【解析】新时代坚持和发展中国特色社会主义的总目标是把我国建成富强民主文明和谐美丽的社会主义现代化强国。

2.【参考答案】√

【解析】党委会议纪要和记录，由党委书记签发；行政会议纪要，经党委书记审阅同意后，由主持会议的局领导签发。

3.【参考答案】×

【解析】党的十九大报告指出：创新是引领发展的第一动力，是建设现代化经济体系的战略支撑。

4.【参考答案】×

【解析】根据《中国共产党纪律处分条例》，党的各级代表大会的代表受到留党察看以上（含留党察看）处分的，党组织应当终止其代表资格。

5.【参考答案】×

【解析】市局机关直属机构、派出机构、事业单位副局（处）级、正科级工作人员办公室使用面积标准为18平方米/人；副科级为12平方米/人；科级以下为9平方米/人。

6.【参考答案】×

【解析】经济处于古典区域时，LM曲线为一条垂直线，此时财政政策无效，货币政策有效；经济处于凯恩斯区域时，LM曲线为一条水平线，此时货币政策无效，财政政策有效。

7.【参考答案】×

【解析】根据《国家税务总局关于印发〈全国税务机关公文处理办法〉的通知》，既有主送机关又有抄送机关时，应将主送机关置于抄送机关之上一行，之间不加分隔线。

8.【参考答案】×

【解析】国家意志的表现方法是多方面的，可以表现为法，也可以在政治、伦理等领域得以体现。

9.【参考答案】×

【解析】党委（党组）负全面领导责任，主要领导责任。依据《干部选拔任用工作监督检查和责任追究办法》第三十四条。

10.【参考答案】×

【解析】《中共国家税务总局委员会印发〈关于解决税务系统形式主义突出问题为基层减负若干措施〉的通知》规定，开短会讲短话。局领导出席的会议，讲话一般不超过2小时；视频会议一般不超过2小时；会议交流发言单位一般不超过5个，发言时间不超过6分钟。

11.【参考答案】√

【解析】参见习近平总书记在亚洲文明对话大会开幕式上的主旨演讲。

12.【参考答案】×

【解析】《国家税务总局工作规则》规定，局务会议、局长办公会议、局领导专题会议讨论通过决定印发的文件，原则上应在会议结束后7个工作日内印发。

13.【参考答案】×

【解析】建立失泄密事件报告机制，发生失泄密事件的单位，原则上要在7个工作日内向税务总局保密办报告查处情况。（参见国家税务总局办公厅关于进一步加强保密管理工作的通知）

14.【参考答案】×

【解析】二类会议。参会人员不得超过300人，其中，工作人员控制在会议代表人数的15%以内。一般不邀请中央部门和地方政府负责同志出席。（国家税务总局关于印发《国家税务局系统会议费管理办法》的通知）

15.【参考答案】×

【解析】根据禁止溯及课税原则，新颁布实施的税收实体法仅对其生效后发生的应税事实或经济关系产生效力，而不能溯及其生效之前。

16.【参考答案】×

【解析】税务总局有13个文种，即命令（令）、决议、决定、公告、通告、通知、通报、报告、请示、批复、意见、函和纪要，文种使用不得超出这一范围（国家税务总局办公厅关于修订《文秘工作规范》的通知）。

17.【参考答案】×

【解析】税务机关违法或者不当行使职权，应当依法承担法律责任，实现权力和责任的统一。这体现的是依法行政中的权责统一的基本要求，并非诚实守信的基本要求。

18.【参考答案】√

【解析】对违反税收宣传纪律，造成税收损失或负面影响的，将依法依纪严肃追究

有关负责人和责任人的责任。（国家税务总局办公厅关于严肃新闻宣传纪律加强税收宣传管理的通知）

19.【参考答案】×

【解析】《党政机关公文格式》规定，发文机关标志由发文机关全称或者规范化简称加“文件”二字组成。即可以使用发文机关全称或者规范化简称。故本题判断错误。

20.【参考答案】√

【解析】加快完善社会主义市场经济体制，形成有利于转变经济增长方式的机制是加快转变经济增长方式的关键。加快推进经济结构战略性调整。调整和优化经济结构是转变经济增长方式的主要途径和重要内容。故本题判断正确。

四、案例分析题

1.（1）【参考答案】CD

【解析】比照2022年国家税务总局某省税务局考核规则要求，（对标准分值小于10分的量化计分法指标，最小扣分颗粒度为标准分值的5%；对其他量化计分和直接扣分法指标最小扣分颗粒度为0.5分。对上述指标不足最小扣分颗粒度的，按最小扣分颗粒度计算；超过部分按“四舍五入法”保留小数点后两位。）

（2）【参考答案】C

【解析】绩效考核第一等次确定比例过高，不应超过50%。

（3）【参考答案】ABCD

【解析】专项督查开展前，应当做好下列准备工作：拟定方案；组建督查组；开展培训；下达督查通知；发布督查公告。

（4）【参考答案】C

【解析】税务干部受政纪警告处分的当年和记过、记大过、降级、撤职处分的期间，数字人事年度考核不得评定为第1段。

（5）【参考答案】ABC

【解析】数字人事系统中一般干部日常操作包括（1）确定个人工作任务（自拟任务）；（2）撰写工作记实（工作记实）；（3）查看处理通知消息（通知）；（4）开展工作自评（工作自评）；（5）查看个人成长账户（成长账户）；（6）考核结果申诉（申诉）等六个方面。

2.（1）【参考答案】C

【解析】接受省内主流媒体采访，应事先向省局办公室报告。

（2）【参考答案】A

【解析】稽查案源、稽查计划、稽查方案、信息化新战法、协查方案、税收违法行为举报事项、未对外公开的检查结果、税收稽查统计和分析等相关情况资料，均是稽查工作保密的重要事项，应按照保密规定严格管理，不得对外发布．

(3)【参考答案】B

【解析】信息中心刘主任因故缺席会议应报请会议主持人同意，履行请假手续，或者委托相关人员代为参加会议

(4)【参考答案】B

【解析】根据《中华人民共和国保守国家秘密法》第二十八条，企业事业单位从事国家秘密载体制作、复制、维修、销毁，涉密信息系统集成或者武器装备科研生产等涉及国家秘密的业务（以下简称涉密业务），应当由保密行政管理部门或者保密行政管理部门会同有关部门进行保密审查。保密审查不合格的，不得从事涉密业务。

(5)【参考答案】C

【解析】局长办公会议专题会议讨论通过决定印发的文件，原则上应在会议结束后7个工作日内印发，小李应在7月19日前处理完毕。

五、论述题

【参考答案】

(1) 要适应经济全球化，引导好经济全球化走向，推动经济全球化朝着更加开放、包容、普惠、平衡、共赢的方向发展。适应经济全球化新形势，必须实行更加积极主动的开放战略，完善互利共赢、多元平衡、安全高效的开放型经济体系。为实现这一目标，我国就要进一步坚持和完善全方位、宽领域、多层次的对外开放格局；必须拓展对外开放的广度和深度；坚持“引进来”和“走出去”相结合的战略。

(2) 中国要始终做全球发展的贡献者，国际秩序的维护者，推动构建人类命运共同体。习近平总书记倡导构建以合作共赢为核心的新型国际关系理念，提出要建立平等相待、互商互谅的伙伴关系，营造公道正义、共建共享的安全格局，谋求开放创新、包容互惠的发展前景，促进和而不同、兼收并蓄的文明交流，构筑尊崇自然、绿色发展的生态系统，形成“五位一体”打造人类命运共同体的总布局和总路径。这为国际关系发展提供了新理念，带来了新气象。

(3) 要完善全球治理，坚持正确义利观共同协商，加强合作。习近平总书记强调：要推动变革全球治理体制中不公正不合理的安排，推动国际货币基金组织、世界银行等国际经济金融组织切实反映国际格局的变化，特别是要增加新兴市场国家和发展中国家的代表性和发言权，推动各国在国际经济合作中权利平等、机会平等、规则平等，推进全球治理规则民主化、法治化，努力使全球治理体制更加平衡地反映大多数国家意愿和利益。

(4) 要顺应经济全球化和自由贸易大趋势，支持多边主义，反对贸易保护主义，积极进行对话合作，坚定支持多边贸易体制。多边主义是第二次世界大战后世界秩序

保持基本稳定的重要基础。从实践层面看，多边主义是在三个或三个以上国家间协调国家政策与行动的国际交往活动，它蕴含着国家之间要通过协商来达成非歧视性规则和秩序的要求，强调各方在处理对外关系时约束自身行为，以谈判方式协调彼此利益，合作解决有关问题。当今世界主要的多边机制有联合国、国际货币基金组织、世界银行、世界贸易组织等。多边主义体现平等协商、开放包容、合作共赢等精神，这些精神已越来越成为国际社会的共识，对世界和平与发展具有重大意义。

模拟试卷（十六）

一、单项选择题（下列各题的备选答案中，只有1个正确选项，请将正确选项填入括号中。多选、不选、错选均不得分，每小题0.5分，共40小题，共计20分）

1. 回首这一年，意义非凡，“两个一百年”奋斗目标历史交汇，我们开启了（　　）新征程，正昂首阔步行进在实现中华民族伟大复兴的道路上。

   A. 全面建设社会主义现代化强国　　B. 全面建成社会主义现代化国家

   C. 全面建成社会主义现代化强国　　D. 全面建设社会主义现代化国家

2. 中国共产党人的信仰之源是（　　）。

   A. 马克思主义

   B. 《中国共产党章程》

   C. 习近平新时代中国特色社会主义思想

   D. 科学发展观

3. 中国特色社会主义最本质的特征是（　　）。

   A. 人民当家作主

   B. 中国共产党的领导

   C. 公有制为主体，多种所有制共同发展

   D. 人民民主专政

4. 习近平总书记指出：“实现中国梦必须走中国道路、弘扬中国精神、凝聚中国力量。”下列关于“中国道路”最准确的表述是（　　）。

   A. 中国特色社会主义道路　　B. 改革开放道路

   C. 马克思主义中国化道路　　D. 社会主义道路

5. 党委书记、局长分设的省税务局第一责任人是（　　）。

   A. 党委书记和局长　　B. 党委书记

   C. 局长　　D. 由税务总局根据实际情况决定

6. 党委会议议题可以采用口头、举手、无记名投票或者记名投票等方式进行表决，赞成票超过（　　）为通过。

   A. 应到会党委委员一半　　B. 应到会党委委员三分之二

   C. 实际到会党委委员一半　　D. 实际会党委委员三分之二

7. 某职工在外资企业工作，年薪5万元；利用业余时间在民营企业兼职，年薪2万元；

购买股票分得的红利 2 万元；出租住房收入 2 万元；转让一项技术收入 1 万元。该员工一年的劳动收入为（　　）万元。

A. 12　　B. 9　　C. 8　　D. 7

8. 马克思说：“最蹩脚的建筑师从一开始就比最灵巧的蜜蜂高明的地方，是他在用蜂蜡建筑蜂房之前，已经在自己的头脑中把它建成了。”这表明了（　　）。

A. 意识能够直接作用于物质

B. 意识对物质具有反作用，人的意识具有目的性、计划性

C. 意识本身具有创造客观事物的能力

D. 意识是人脑主观自生的东西

9. 行政机关收到政府信息公开申请，能够当场答复的，应当当场予以答复。行政机关不能当场答复的，应当自收到申请之日起（　　）个工作日内予以答复；需要延长答复期限的，应当经政府信息公开工作机构负责人同意并告知申请人，延长的期限最长不得超过（　　）个工作日。

A. 20，10　　B. 7，10　　C. 20，20　　D. 10，20

10. 各种人才市场应该属于市场中介机构中的（　　）。

A. 半官方性质的中介机构　　B. 行业协会机构

C. 媒介性机构　　D. 专业性服务机构

11. 2022 年税务部门办理正常出口退税的平均时间保持在（　　）个工作日以内。

A. 4　　B. 5　　C. 6　　D. 7

12. 社会主义国民收入是由（　　）。

A. 体力劳动者创造的　　B. 脑力劳动者创造的

C. 社会全体劳动者创造的　　D. 物质生产部门劳动者创造的

13. 各级税务机关的信访工作部门收到转送、交办的信访诉求，认为不属于本机关以及所属下级税务机关职责范围的，应当自收到该诉求之日起（　　）个工作日内向转送、交办机关提出异议。

A. 3　　B. 5　　C. 7　　D. 15

14. 法律的指引作用主要是通过授权性规范、禁止性规范和义务性规范三种形式来实现的。其中，义务性规范是告诉人们（　　）。

A. 不得或者不准做什么　　B. 可以或者有权做什么

C. 应当或者必须做什么　　D. 能够或者不能做什么

15. 党和人民事业发展需要一代代中国共产党人接续奋斗，必须抓好（　　）这根本大计。

A. 薪火相传　　B. 接班人　　C. 后继有人　　D. 继承人

16. 法律关系的客体包括（　　）。

A. 动产、不动产、无形财产　　B. 物、人身、行为、智力成果

C. 人身、行为、货币　　D. 商品、货币、财产权利

17. 改革开放和社会主义现代化建设新时期，党面临的主要任务是，继续探索中国建设社会主义的正确道路，解放和发展社会生产力，使人民摆脱贫困、尽快富裕起来，为实现中华民族伟大复兴提供充满新的活力的（　　）和快速发展的（　　）。

A. 武装割据　阶级斗争　　B. 生产建设　政治建设

C. 体制保证　物质条件　　D. 生态环境　精神文化

18.（　　）是中华民族的民族心、民族魂，是中华民族最重要的精神财富，是中国人民和中华民族维护民族独立和民族尊严的强大精神动力。

A. 文化自信　B. 集体主义　C. 爱国主义　D. 民族团结

19. 全国人民代表大会常务委员会对宪法和法律的解释是（　　）。

A. 立法解释　B. 司法解释　C. 行政解释　D. 学理解释

20. 法律适用对象是一般的人而不是特定的人，法律可以反复适用而不是仅适用一次，这表明法律具有（　　）。

A. 规范性　B. 可诉性　C. 国家性　D. 利导性

21. 国家秘密载体管理中，以下做法错误的是（　　）。

A. 在机要室起草涉密文件

B. 通过普通邮政传递涉密文件

C. 按照规定报批复印涉密文件

D. 请外单位人员在单位内部维修涉密计算机，信息中心人员现场监督

22. 抄送机关同级机关排列方式正确的是（　　）。

A. 党委、政府、人大、政协、军队、法院、检察院、人民团体、民主党派

B. 党委、人大、政府、政协、法院、检察院、军队、人民团体、民主党派

C. 党委、人大、政府、政协、军队、法院、检察院、人民团体、民主党派

D. 党委、政府、人大、政协、军队、检察院、法院、人民团体、民主党派

23. 习近平总书记在规范数字经济发展中对税务部门提出的要求是（　　）。

A. 规范税收管理和纳税服务

B. 加强税收监管和税务稽查

C. 加快金税四期建设，推进税收管理信息化

D. 加强税收共治和信息共享

24. 近年来，利用现代信息技术手段而建立和发展起来的一种新型组织结构是（　　）。

A. 矩阵式组织结构　　B. 直线职能式组织结构

C. 网络型组织结构　　D. 委员会组织结构

25. 在下列各项中，属于现场控制的是（　　）。

A. 指导　B. 计划　C. 预算　D. 财务报告分析

26. 决策应具有（　　），这就要求在决策过程中，决策者不仅要考虑采取某种行动的必要性，而且要注意实施条件的限制。

A. 目标性　　B. 可行性　　C. 满意性　　D. 过程性

27. 税务绩效管理主要目标中不属于构筑一个闭环的内容是（　　）。

A. 绩效管理有目标　　B. 目标执行有监控

C. 监控过程有考评　　D. 考评结果有反馈

28. 关于危害税收征管罪法律特征表述错误的是（　　）。

A. 犯罪主体既包括自然人也包括单位

B. 在主观上可能是故意也可能是过失

C. 除抗税罪外，单位均可以构成危害税收征管犯罪

D. 犯罪目的方面具有牟利性

29. 公文办理包括（　　）。

A. 收文办理、发文办理　　B. 发文办理、整理归档

C. 收文办理、整理归档　　D. 收文办理、发文办理和整理归档

30. 关于2022年全国两会政府工作报告提出的“2022年政府工作任务”，下列说法错误的是（　　）。

A. 推进共同富裕，完成精准脱贫任务

B. 大力抓好农业生产，促进乡村全面振兴

C. 扩大高水平对外开放，推动外贸外资平稳发展

D. 切实保障和改善民生，加强和创新社会治理

31. 决定税负转嫁和归宿的关键因素是（　　）。

A. 征税范围　　B. 税种性质

C. 市场结构　　D. 商品供给和需求弹性

32. 五四运动与辛亥革命的最大不同在于（　　）。

A. 斗争对象　　B. 国情　　C. 群众基础　　D. 斗争方式

33. 在税收的职能中，（　　）是最基本的，是实现其他职能的基础条件。

A. 财政职能　　B. 调节职能　　C. 监督职能　　D. 法定职能

34. 自2022年5月1日至2022年12月31日，对纳税人为居民提供必需生活物资快递收派服务取得的收入，适用的政策是（　　）。

A. 免征增值税　　B. 缓征增值税

C. 减半征收增值税　　D. 退还留抵增值税

35. 公文处理工作中的主要责任不包括（　　）。

A. 政治责任　　B. 法律责任　　C. 纪律责任　　D. 赔偿责任

36. 下列关于公文撰写的要求，说法错误的是（　　）。

A. 撰写通知，应重点突出，措施具体，使受文者能正确理解并准备执行

B. 撰写纪要，要准确真实地反映会议内容，对与会者发言与议定事项严禁删减

C. 撰写计划，应预计在一定时期内所需做的工作或所要完成的任务

D. 撰写总结，要对取得的成绩、存在的问题、得到的经验和教训加以分析

37. 习近平总书记在统筹推进新冠肺炎疫情防控和经济社会发展工作部署会议上强调，要落实（　　）精准复工复产。

A. 分类分级　　B. 分区分级　　C. 分省分区　　D. 分类分区

38. 下列事件按因果关系排列顺序正确的是（　　）。

①国民议会运动　　②孙中山发表北上宣言

③冯玉祥北京政变　　④第二次直奉战争

A. ④③②①　　B. ①②③④　　C. ②④③①　　D. ③①②④

39. 下列不属于小微企业“六税两费”减免优惠的范围的税种是（　　）。

A. 城镇土地使用税　　B. 土地增值税

C. 资源税　　D. 耕地占用税

40. 严格控制会议时间，三、四类会议会期均不得超过（　　）天；传达、布置类会议会期不得超过（　　）天。

A. 2、1　　B. 3、2　　C. 2、0.5　　D. 3、1

二、多项选择题（下列各题的备选答案中，至少有两个正确选项，请将正确选项的字母填写在括号中，多选、错选、少选、不选均不得分。每小题 2 分，共计 20 分）

1. 中国特色社会主义理论体系包括（　　）。

A. 习近平新时代中国特色社会主义思想

B. 邓小平理论

C. “三个代表”重要思想

D. 科学发展观

2. 根据《关于进一步深化税收征管改革的意见》，到 2022 年要基本实现的智能归集包括（　　）。

A. 法人税费信息“一户式”　　B. 税务机关信息“一局式”

C. 自然人税费信息“一人式”　　D. 税务人员信息“一员式”

E. 财务人员信息“一员式”

3. 现阶段，我国确立按劳分配为主体、多种分配方式并存的分配制度的依据是（　　）。

A. 公有制为主体、多种所有制经济共同发展的所有制结构

B. 公有制经济实行多种经营方式

C. 资本、土地等生产要素也创造价值

D. 社会主义市场经济的要求

4. 全党要更加自觉地坚定党性原则，勇于直面问题，敢于刮骨疗毒，消除一切损害党的先进性和纯洁性的因素，清除一切侵蚀党的健康肌体的病毒，不断增强党的几种能力，确保我们党永葆旺盛生命力和强大战斗力，这些能力包括（　　）。

A. 政治领导力　B. 思想引领力　C. 群众组织力　D. 社会号召力

E. 社会公信力

5. 新时代党的建设任务十分艰巨，我们党面临的长期的、复杂的考验包括（　　）。

A. 执政考验　B. 法治建设考验　C. 改革开放考验　D. 市场经济考验

E. 外部环境考验

6. 选拔任用党政领导干部必须坚持的原则是（　　）。

A. 党管干部的原则　B. 德才兼备的原则

C. 注重实绩的原则　D. 群众公认的原则

7. 党管人才主要是（　　）。

A. 管政策　B. 管协调　C. 管服务　D. 管微观

8. 2022 年的组合式税费支持政策中加大了对制造业等行业增值税期末留抵退税政策力度，将先进制造业按月全额退还增值税增量留抵税额政策范围扩大至符合条件的制造业等行业企业（含个体工商户），并一次性退还制造业等行业企业存量留抵税额。除制造业外，还包括的行业有（　　）。

A. 科学研究和技术服务业　B. 电力、热力、燃气及水生产和供应业

C. 软件和信息技术服务业　D. 生态保护和环境治理业

E. 交通运输、仓储和邮政业

9. 管理的经济方法的特点有（　　）。

A. 普遍性　B. 直接性　C. 利益驱动性　D. 自愿自觉性

10. 以下属于税务部门对老年人加强服务保障的措施有（　　）。

A. 提供“一站式”综合服务

B. 优先办理服务

C. 推进办税缴费软件适老化改造

D. 线下办税缴费服务场所设置人工现金收付通道

E. 组建外语服务团队

三、判断题（判断下列各题正误，正确的打“√”，错误的打“×”。每小题 1 分，共计 20 分）

1. 习近平总书记在党史学习教育动员大会上发表重要讲话。他在讲话中指出我们要不断增强历史定力，增强做中国人的志气、骨气、锐气。（　　）

2. 无产阶级专政是新民主主义国家的国体。（ ）
3. 和谐社会的基本特征是民主法治、公平正义、生产发展、生活宽裕、诚信友爱、充满活力、安定有序、人与自然和谐相处。（ ）
4. 四类会议经本单位分管局领导审核后列入年度会议计划，提交本单位党委会审批后执行。（ ）
5. 对下级税务机关上报的公文，不应当由本机关办理的，应转交至有权处理的机关办理。（ ）
6. 局务会议、局长办公会议、局领导专题会议讨论通过决定印发的文件，原则上应在会议结束后5个工作日内印发。（ ）
7. 省税务局召开年度税务工作会议、全面从严治党工作会议后，应在10日内向税务总局报送会议主报告。（ ）
8. 国家监察委员会统筹协调与其他国家、地区、国际组织开展的反腐败国际交流、合作，组织反腐败国际条约实施工作。（ ）
9. 国家税务总局相关司局一般应在15个工作日内或信息公开办公室批转件要求的时限内办理完毕，并经由司局负责人审签后，交由信息公开办公室予以答复。（ ）
10. 根据《关于进一步深化税收征管改革的意见》，到2025年深化税收改革的主要目标是在税务执法规范性、税费服务便捷性、税务监管精准性上取得重要进展，实现税收精诚共治。（ ）
11. 在起草会议纪要时，“会议确定”常用于对人、财、物以及各项标准等不可量化的事项，以及非具体的工作任务予以明确。（ ）
12. 机关、单位负责人为定密责任人，负责本机关、本单位的国家秘密确定、变更和解除工作。（ ）
13. 职能制的优点是各部门业务专一，责任明确。（ ）
14. 行政机关违反《政府信息公开条例》的规定，有下列情形之一的，由上一级行政机关责令改正；情节严重的，对负有责任的领导人员和直接责任人员依法给予处分；构成犯罪的，依法追究刑事责任。（ ）
15. 领导班子年度考核结果一般分为优秀、良好、一般、较差4个等次。领导干部年度考核结果分为优秀、称职、基本称职、不称职4个等次。（ ）
16. 信访人对复查意见不服，仍然以同一事实和理由提出投诉请求的，各级党委和政府信访部门和其他机关、单位不再受理。（ ）
17. 行政机关在其法定职权范围内，依照法律、法规、规章的规定，可以委托其他行政机关实施行政许可。（ ）
18. 报告里面可以带有请示的事项。（ ）
19. “安而不忘危，存而不忘亡，治而不忘乱”这句话启示我们矛盾的主要方面决定事

物的性质。 (　　)

20. 行政许可一经授权，就不得撤回。 (　　)

四、案例分析题（共 2 大题，每题 5 小题，每小题 2 分，共 20 分）

1. 小赵是××大学会计系的高材生，2022 年毕业后和好友小钱一起相约报考了税务系统。他顺利通过了资格审核，小钱却因为在××公司任会计期间帮助老板偷税被列为失信惩戒人员而没有通过审核。经过艰难的笔试、面试，小赵从两万多名考生中脱颖而出，考入了是××市税务局，并于 2022 年 10 参加了初任脱产培训。请结合相关法律、法规和规定回答下列问题。

(1) 根据《中华人民共和国公务员法》规定，除小钱因为被列为失信联合惩戒对象不能通过考录资格审核外，不录用为公务员的还包括（　　）。(多选题)

A. 李某曾因盗窃罪被判处 1 年有期徒刑

B. 王某在某国企工作期间，曾被开除过党籍

C. 刘某年前因酒后驾驶被拘留 15 天，并被原事业单位开除

D. 周某患有重度的抑郁症，毕业后一直在家养病

E. 张某曾经在美国某大公司任职

(2) 根据《税务系统新录用公务员初任培训管理办法（施行)》规定，初任培训采取脱产集中培训、岗位实训、网络自学相结合的方式，分类分阶段组织实施。其中脱产培训时间最短时间是（　　）。(单选题)

A. 30 天　　B. 45 天　　C. 60 天　　D. 75 天

(3) 小赵培训考核不合格。在小赵年底的公务员考核时，下列说法正确的是（　　）。(单选题)

A. 初任培训考核不合格，不影响小赵的年度考核结果

B. 初任培训考核不合格，年度考核不得确定为优秀等次

C. 初任培训考核不合格，小赵年度考核将被定为基本称职

D. 结合小赵的其他工作表现确定小赵“合格”还是“不合格”

(4) 关于税务系统初任培训，下面说法正确的有（　　）。(多选题)

A. 新录用公务员应在试用期内完成初任培训，因特殊情况不能按时参加的，经所在单位人事部门批准可以延迟。

B. 初任培训集中脱产培训期间，可以设立临时党支部或党小组，规范开展主题党日、“三会一课”等组织生活。

C. 学员初任培训期间，通过初级会计师资格证、税务师、注册会计师等职业资格考试的，可予以适当加分。

D. 初任培训考核成绩作为新录用公务员试用期考核、定级的主要依据。初任培训

考核不合格者，不予按期转正定级。

E. 学员个人初任培训考核成绩将列入数字人事管理系统个人成长账户。

（5）培训期间，小赵与授课教师和同学建立起深厚的友谊，互相约定：①趁培训没有结束，组织全班同学邀请老师一起聚餐；②成立同学会，加强联系；③确定小王为召集人，不定期组织同学开展活动。关于小王以上行为下面说法正确的是：（单选题）

A. 小赵组织这些活动违反规定

B. 小赵组织第①和第②项活动不违反规定

C. 小赵组织第①和第③项活动不违反规定

D. 小赵组织第②和第③项活动不违反规定

E. 小赵组织这些活动都不违反规定

2. 某市税务局“四个着力”贯彻落实《中国共产党支部工作条例（试行）》（以下简称《条例》），把全面从严治党的要求落到党支部，全面提升党支部组织力，强化党支部政治功能。

一是着力抓好执行落实。引导党员干部特别是领导干部抓好对《条例》的学习。党支部书记坚持集中学习和个人自学相结合，带头深入学习，做到先学一步、学深一层、学以致用，自觉用《条例》指导实践、推动工作。教育党员干部进一步坚定理想信念，增强政治定力、纪律定力、道德定力、防腐定力，提升思想境界，践行入党初心，切实发挥党支部的战斗堡垒作用。

二是着力带头担当作为。党员领导干部带头履职尽责，以自身表率行为带动引导支部党员牢记党的宗旨，履行党员义务，忠于职守、担当奉献，自觉接受党员群众监督；带头加强政治理论学习，提高政治理论素养，带头践行“四讲四有”，争做合格党员，严守政治纪律和规矩，做政治上的“明白人”。支部书记加强思想政治工作，了解支部党员的思想、工作、生活情况，做党员和群众的带头人、知心人、领路人。

三是着力推进党支部规范化达标创建。认真按照《条例》明确的工作机制、组织生活等具体规定，严格落实“三会一课”、组织生活会、谈心谈话、民主评议党员等组织生活制度。多种形式开展主题党日活动，增强党组织的凝聚力和向心力。组织党员集中学习、过组织生活等，按照“五个基本”实现党支部达标创建的顺利完成。

四是着力履行管理监督职责。认真开展党组织书记述职评议考核及民主评议党员工作，对表现好的党员表扬鼓励，对后进党员批评帮助，关怀帮助困难党员；对党员参加组织生活、执行组织决议、履职尽责、遵纪守法、廉洁自律等情况加强日常监督；梳理廉政风险，规范工作流程，加强风险防控；实践运用“四种形态”，强化监督工作，对存在的苗头性倾向性问题党员及时提醒、督促改进，对违反纪律的党员及时教育或按规定处理，切实将《条例》各项规定落到实处。

结合材料，依据《中国共产党支部工作条例（试行）》，请回答下列问题。

（1）工程、工作项目等达到一定期限，符合条件的，应当成立党支部。这里的“一定期限”指的是（　　）。（单选题）

A. 为期3个月以上的　　B. 为期4个月以上的

C. 为期5个月以上的　　D. 为期6个月以上的

（2）党支部日常工作的领导机构是（　　）。（单选题）

A. 党支部委员会　　B. 党小组会　　C. 党员大会　　D. 党员代表大会

（3）关于党支部党员大会的召开时间，下列说法正确的是（　　）。（单选题）

A. 一般每周召开1次　　B. 一般每月召开1次

C. 一般每季度召开1次　　D. 一般每年召开1次

（4）关于党支部党员大会的职权，下列表述正确的有（　　）。（多选题）

A. 听取和审查党支部委员会的工作报告

B. 讨论和表决接收预备党员

C. 讨论决定对党员的表彰表扬

D. 按照规定开展党支部选举工作

E. 决定党费缴纳事宜

（5）党支部应当严格执行党的组织生活制度，增强党内政治生活的政治性等特性。这里的“特性”还有（　　）。（多选题）

A. 思想性　　B. 时代性　　C. 原则性　　D. 战斗性

E. 纪律性

五、论述题（20分）

2022年4月，《中共中央 国务院关于加快建设全国统一大市场的意见》发布。《意见》针对大市场建设中存在的制度规则不够统一、地方保护和市场分割、商品要素资源流动不畅、市场对技术创新、产业升级的作用发挥还不充分等突出问题作出明确部署，以加快建设高效规范、公平竞争、充分开放的全国统一大市场。

建设全国统一大市场，并不是封闭起来搞“自我循环”，而是在立足国内大循环的基础上，通过更高水平开放，推动国内市场和国际市场更好联通，助力国家竞争优势提升。加快建设充分开放的全国统一大市场是我国参与国际竞争的重要依托。

谈谈你对“加快建设充分开放的全国统一大市场是我国参与国际竞争的重要依托”的理解。

模拟试卷（十六）答案及解析

一、单项选择题

1.【参考答案】D

【解析】参见习近平总书记发表2022年新年贺词。

2.【参考答案】A

【解析】习近平总书记指出：我们共产党人的根本，就是对马克思主义的信仰，对共产主义和社会主义的信念，对党和人民的忠诚。

3.【参考答案】B

【解析】中国共产党的领导是中国特色社会主义最本质的特征，是中国特色社会主义制度的最大优势。

4.【参考答案】A

【解析】中国特色社会主义道路简称中国道路。

5.【参考答案】B

【解析】根据《关于党委书记、局长分设的省税务局的有关工作原则》，党委书记作为第一责任人。

6.【参考答案】A

【解析】党委会议议题提交表决前，应当进行充分讨论。可以采用口头、举手、无记名投票或者记名投票等方式，对会议议题进行表决，赞成票超过应到会党委委员半数为通过。

7.【参考答案】C

【解析】按生产要素分配有多种不同的分配形式，就其内容可以分为三种类型：第一，以劳动作为生产要素参与分配。这里不包括公有制中的按劳分配，因为按劳分配得到收入的劳动者不是凭借作为独立的生产要素的所有者、以提供生产要素的身份来参与分配。这种分配与其他分配方式中凭借提供劳动这个生产要素参与分配具有完全不同的性质。以劳动作为生产要素参与分配的主要是个体劳动者和被雇于非公有制经济的雇佣劳动者。个体劳动者的收入是凭借自己的劳动和占有的生产资料从事个体劳动和经营所取得的收入；被雇于非公有制经济的雇佣劳动者取得的劳动收入，实质上是劳动者出卖劳动力商品，按劳动力价值得到的收入。第二，劳动以外的生产要素所有者参与分配。主要包括资本所有者在生产经营活动中凭借资本所取得的利润；生产要素的所有者将自有的货币或资本借给他人经营或存入金融机构所取得的利息；以实物形态资本租借给他人经营或使用而取得的租金等。第三，管理和知识产权类的生产要素，如科技发明、创造、信息、专利等参与分配。这类生产要素来自它们所有者的劳动或劳动成果，在当代经济生活中发挥着越来越巨大的作用，在很大程度上决定着企业经营的成败和发展前途。本题中，在外资企业工作和民营企业兼职所得到的收入，是劳动力价值收入，属于劳动收入范畴。技术转让来自其所有者的劳动或劳动成果，转让所得也属于劳动收入。而股票红利和房租属于资产收入，属于劳动以外的生产要素参与分配。由此计算，选项 C 正确。

8.【参考答案】B

【解析】意识是人脑的机能，是人脑对客观世界的主观映像，它所反映的内容是客观的，形式是主观的；意识总是指挥者人们使用一种物质的东西去作用于另一种物质的东西，从而引起物质具体形态发生变化，其本身并不能够直接作用于物质、创造客观事物，A、C、D. 观点错误。B 项符合题意。

9.【参考答案】C

【解析】参见《中华人民共和国政府信息公开条例》第三十三条。

10.【参考答案】C

【解析】根据中介行为的性质，可将中介机构分为以下几类：（1）服务性机构。如证券交易所、黄金交易所、期货市场、批发市场等。（2）媒介性机构。如经纪商、代理商、拍卖行、职业介绍所、人才交流中心等。（3）咨询性机构。它通过调查研究，为各种市场主体提供信息、咨询和建议。（4）公证性机构。如会计、审计、资产评估组织等。（5）行业性机构。如行业协会、商会、联合会、消费者协会等。故选 C。

11.【参考答案】B

【解析】正常出口退税平均办理时间保持在 5 个工作日以内。

12.【参考答案】D

【解析】社会总产品扣除生产过程中消耗掉的生产资料以后，剩下的就是社会净产品，其价值形态就是社会净产值。这部分价值最终形成社会范围内的各种收入，因而也称为国民收入。国民收入是物质生产部门劳动者当年活动劳动创造的新价值。

13.【参考答案】B

【解析】《全国税务系统依法分类处理信访诉求工作规程》第六条规定：各级税务机关的信访工作部门收到转送、交办的信访诉求，认为不属于本机关以及所属下级税务机关职责范围的，应当自收到该诉求之日起 5 个工作日内向转送、交办机关提出异议，并详细说明理由，经转送、交办机关核实同意后，退还相关材料。

14.【参考答案】C

【解析】法律的指引作用主要是通过授权性规范、禁止性规范和义务性规范三种规范形式实现的。与之相应的指引形式分别为：①授权性规范：是指运用授权性法律规范，告诉人们可以做什么或者有权做什么；②禁止性规范：是指运用禁止性法律规范，告诉人们不得做什么；③义务性规范：是指运用义务性法律规范，告诉人们应当或者必须做什么。因此，C 项为正确选项。

15.【参考答案】C

【解析】参见中共中央关于党的百年奋斗重大成就和历史经验的决议。

16.【参考答案】B

【解析】法律关系客体是指法律关系主体之间权利和义务所指向的对象。它分为物、人身、精神产品和行为。物指法律关系主体支配的、在生产和生活上所需要的客观实体；人身指由各个生理器官组成的生理整体（有机体）；精神产品是人通过某种物体或大脑记载下来并加以流传的思维成果；行为是在法律关系中，主体的权利和义务所指向的对象是行为。

17.【参考答案】C

【解析】根据《党的十九届六中全会公报》，改革开放和社会主义现代化建设新时期这一时期党面临的主要任务是，继续探索中国建设社会主义的正确道路，解放和发展社会生产力，使人民摆脱贫困、尽快富裕起来，为实现中华民族伟大复兴提供充满新的活力的体制保证和快速发展的物质条件。

18.【参考答案】C

【解析】参见《新时代爱国主义教育实施纲要》。

19.【参考答案】A

【解析】根据法律解释的国家机关的不同，将解释分为立法解释、司法解释和行政解释。全国人民代表大会常务委员会对宪法和法律的解释属于立法解释。

20.【参考答案】A

【解析】法的规范性是指法所具有的规定人们的行为模式并以此指引人们行为的性质。从效力上看，具有规范性的法律，不是为某个特定的人而制定的，它所适用的对象是不特定的人。它不是适用一次，而是在其生效期间反复适用。

21.【参考答案】B

【解析】根据《中华人民共和国保守国家秘密法实施条例》第二十一条，国家秘密载体管理应当遵守下列规定：（一）制作国家秘密载体，应当由机关、单位或者经保密行政管理部门保密审查合格的单位承担，制作场所应当符合保密要求。（三）传递国家秘密载体，应当通过机要交通、机要通信或者其他符合保密要求的方式进行。（四）复制国家秘密载体或者摘录、引用、汇编属于国家秘密的内容，应当按照规定报批，不得擅自改变原件的密级、保密期限和知悉范围，复制件应当加盖复制机关、单位戳记，并视同原件进行管理。（五）维修国家秘密载体，应当由本机关、本单位专门技术人员负责。确需外单位人员维修的，应当由本机关、本单位的人员现场监督；确需在本机关、本单位以外维修的，应当符合国家保密规定。

22.【参考答案】C

【解析】抄送机关按上级机关、平级机关、下级机关次序排列；同级机关之间一般按照党委、人大、政府、政协、军队、法院、检察院、人民团体、民主党派等次序排列。参见《国家税务总局关于印发〈全国税务机关公文处理办法〉的通知》。

23.【参考答案】B

【解析】根据2021年10月18日，习近平总书记在中共中央政治局第三十四次集体学习时的讲话。习近平总书记提出，要规范数字经济发展，坚持促进发展和监管规范两手抓、两手都要硬，在发展中规范、在规范中发展。要加强税收监管和税务稽查。

24.【参考答案】C

【解析】网络型组织结构是基于当今飞速发展的现代信息技术手段而建立和发展起来的一种新型组织结构。故本题选C。

25.【参考答案】A

【解析】根据控制获取的方式和时间的不同而将管理控制划分为前馈控制、现场控制和反馈控制三类。前馈控制是在工作正式开始前对工作中可能产生的偏差进行预测和估计并采取防范措施，将可能的偏差消除于产生之前。现场控制是工作进行中，管理者亲临现场监督、指导。反馈控制是工作结束之后进行的控制（如对不合格产品进行修理），注意力集中于结果上，矫正今后活动。故本题答案选A。

26.【参考答案】B

【解析】决策的特点主要有（1）目标性：任何决策都包含着目标的确定。（2）可行性：在决策过程中，决策者不仅考虑采取某种行动的必要性，而且要注意实施条件的限制。（3）选择性：企业要提供可以相互替代的多种方案进行选择，决策的关键是选择。（4）满意性：决策的原则是满意而不是最优。（5）过程性：组织中决策并不是单项决策，而是一系列决策的综合。在这个系列的决策中，每个决策本身就是一个过程。（6）动态性：决策不仅是一个过程，而且是一个不断循环的过程，是动态的。故本题选B。

27.【参考答案】C

【解析】税务绩效管理主要目标中，构筑一个闭环包括：绩效管理有目标、目标执行有监控、执行情况有考评、考评结果有反馈、反馈结果有运用。

试题类型：其他——绩效管理。

28.【参考答案】B

【解析】从犯罪主观方面分析，在主观上均为故意犯罪，且是直接故意，过失不能构成危害税收征管罪各罪。

29.【参考答案】D

【解析】参见公文处理办法。

30.【参考答案】A

【解析】2022 年政府工作报告指出，2022 年政府工作主要任务包括：（1）着力稳定宏观经济大盘，保持经济运行在合理区间；（2）着力稳市场主体保就业，加大宏观政策实施力度；（3）坚定不移深化改革，更大激发市场活力和发展内生动力；（4）深入实施创新驱动发展战略，巩固壮大实体经济根基；（5）坚定实施扩大内需战略，推进区域协调发展和新型城镇化；（6）大力抓好农业生产，促进乡村全面振兴；（7）扩大高水平对外开放，推动外贸外资平稳发展；（8）持续改善生态环境，推动绿色低碳发展；（9）切实保障和改善民生，加强和创新社会治理。

31.【参考答案】D

【解析】商品的供给和需求弹性是决定税收转嫁和归宿状况的关键因素。因为对商品或生产要素的课税能否转嫁，转嫁多少，在很大程度上是由供求弹性决定的。

32.【参考答案】C

【解析】辛亥革命是资产阶级领导的，但五四运标志着无产阶级登上了历史舞台，两者群众基础不同。

33.【参考答案】A

【解析】税收财政职能是指税收具有组织财政收入的职能，是最基本的，是实现调节职能和监督职能的基础条件。调节职能和监督职能是由税收的财政职能派生出来的。

34.【参考答案】A

【解析】《财政部 税务总局关于快递收派服务免征增值税政策的公告》（财政部 税务总局公告 2022 年第 18 号）规定，自 2022 年 5 月 1 日至 2022 年 12 月 31 日，对纳税人为居民提供必需生活物资快递收派服务取得的收入，免征增值税。

35.【参考答案】D

【解析】公文写作要保证公文内容在政治上的正确性，公文处理工作中的责任首先包括政治责任；公文处理要符合党的理论路线方针政策和国家法律法规，因此应包括法律责任和纪律责任，但是不包括赔偿责任。故本题选 D。

36.【参考答案】B

【解析】纪要是根据会议的主导思想和会议记录，对会议的重要内容、决定事项进行整理综合、摘要、提高而形成的一种具有纪实性、指导性的公文。因此，在整理时会删除一部分不重要的内容。

37.【参考答案】B

【解析】习近平总书记在在统筹推进新冠肺炎疫情防控和经济社会发展工作部署会议上强调要落实分区分级精准复工复产。

38.【参考答案】A

【解析】顺序为第二次直奉战争——冯玉祥北京政变——孙中山发表北上宣言——国民议会运动。

39.【参考答案】B

【解析】依据《财政部 税务总局关于进一步实施小微企业“六税两费”减免政策的公告》（财政部 税务总局公告 2022 年第 10 号）第一条，“一、由省、自治区、直辖市人民政府根据本地区实际情况，以及宏观调控需要确定，对增值税小规模纳税人、小型微利企业和个体工商户可以在 50% 的税额幅度内减征资源税、城市维护建设税、房产税、城镇土地使用税、印花税（不含证券交易印花税）、耕地占用税和教育费附加、地方教育附加。”所以 B 选项不对。

40.【参考答案】A

【解析】三、四类会议会期均不得超过 2 天；传达、布置类会议会期不得超过 1 天。会议报到和离开时间，三类会议合计不得超过 2 天，四类会议合计不得超过 1 天。

二、多项选择题

1.【参考答案】ABCD

【解析】党的十九大报告及十九大后修订的《中国共产党章程》指出，中国特色社会主义理论体系包括邓小平理论、“三个代表”重要思想、科学发展观、习近平新时代中国特色社会主义思想。

2.【参考答案】AC

【解析】根据《关于进一步深化税收征管改革的意见》，2022 年基本实现法人税费信息“一户式”、自然人税费信息“一人式”智能归集。

3.【参考答案】ABD

【解析】生产资料所有制决定分配制度，公有制经济为主体、多种所有制经济共同发展是按劳分配为主体、多种分配方式并存的分配制度存在的根本原因；伴随着改革开放，公有制实现形式多样化；市场经济中多种所有制并存决定了多种分配方式的存在。在社会主义市场经济条件下，投入生产要素，要求得到相应的回报，使按生产要素参与分配成为必然。故选项 ABD 正确。按劳动价值论来说，资本、土地等生产要素参与生产，是社会生产不可或缺的要素，但它们本身并不创造价值，故选项 C 错误。

4.【参考答案】ABCD

【解析】习近平总书记告诫全党，“我们党要始终成为时代先锋、民族脊梁，始终成为马克思主义执政党，自身必须始终过硬”，同时，要求全党要更加自觉地坚定党性原则，勇于直面问题，敢于刮骨疗毒，消除一切损害党的先进性和纯洁性的因素，清除一切侵蚀党的健康肌体的病毒，不断增强党的政治领导力、思想引领力、群众组织力、社会号召力，确保我们党永葆旺盛生命力和强大战斗力。

5.【参考答案】ACDE

【解析】习近平总书记指出：推进党的建设新的伟大工程要一以贯之。影响党的先进性、弱化党的纯洁性的各种因素具有很强的危险性和破坏性，党面临的执政考验、改革开放考验、市场经济考验、外部环境考验将是长期的、复杂的。

6.【参考答案】ABCD

【解析】选拔任用党政领导干部，必须坚持党管干部、德才兼备、注重实绩、群众公认的原则。

7.【参考答案】ABC

【解析】《中共中央 国务院关于进一步加强人才工作的决定》指出，党管人才主要是管宏观、管政策、管协调、管服务。故选 ABC。

8.【参考答案】ABCDE

【解析】依据《关于进一步加大增值税期末留抵退税政策实施力度的公告》（财政部 税务总局公告 2022 年第 14 号）规定，加大“制造业”“科学研究和技术服务业”“电力、热力、燃气及水生产和供应业”“软件和信息技术服务业”“生态保护和环境治理业”和“交通运输、仓储和邮政业”（以下称制造业等行业）增值税期末留抵退税政策力度，将先进制造业按月全额退还增值税增量留抵税额政策范围扩大至符合条件的制造业等行业企业（含个体工商户，下同），并一次性退还制造业等行业企业存量留抵税额。所以答案 ABCDE 都正确。

9.【参考答案】AC

【解析】管理的经济方法是指依靠利益驱动，利用经济手段，通过调节和影响被管理者的物质需要而促进管理目标实现的方法。其具有如下特点：利益驱动性、普遍性和持久性。

10.【参考答案】ABCD

【解析】根据《国家税务总局关于开展 2022 年“我为纳税人缴费人办实事暨便民办税春风行动”的意见》（税总纳服发〔2022〕5 号）第二条第（一）项第 4 目和《国家税务总局办公厅关于税费征收过程中人民币现金收付有关事项的通知》（税总办函〔2021〕7 号）第一条可知，ABCD 正确。

三、判断题

1.【参考答案】×

【解析】2021 年 2 月 20 日，习近平总书记在党史学习教育动员大会上发表重要讲话。他在讲话中指出我们要不断增强历史定力，增强做中国人的志气、骨气、底气。

2.【参考答案】×

【解析】所谓新民主主义国家，指我国从 1949 年 10 月 1 日建国，到 1956 年社会主义三大改造完成这段时间的国体。这段时间的国体是各革命阶级的联合专政。

3.【参考答案】×

【解析】和谐社会是民主法治、公平正义、诚信友爱、充满活力、安定有序、人与自然和谐相处的社会。生产发展、生活宽裕是建设社会主义新农村的奋斗目标。

4.【参考答案】√

【解析】四类会议。经本单位分管局领导审核后列入年度会议计划，提交本单位党委会审批后执行。

5.【参考答案】×

【解析】根据《全国税务机关公文处理办法》第九十条，来文出现以下情况的，应予退回：不应当由本机关办理的。

6.【参考答案】×

【解析】根据《国家税务总局工作规则》第四十条，局务会议、局长办公会议、局领导专题会议讨论通过决定印发的文件，原则上应在会议结束后 7 个工作日内印发。

7.【参考答案】×

【解析】根据《省税务局执行请示报告制度有关规定（试行）》，省税务局召开年度税务工作会议、全面从严治党工作会议后，应在 15 日内向税务总局报送会议主报告。

8.【参考答案】√

【解析】参见《中华人民共和国监察法》。

9.【参考答案】×

【解析】国家税务总局相关司局一般应在 10 个工作日内或信息公开办公室批转件要求的时限内办理完毕，并经由司局负责人审签后，交由信息公开办公室予以答复。

10.【参考答案】×

【解析】依据《意见》，到 2022 年，深化税收改革的主要目标是在税务执法规范性、税费服务便捷性、税务监管精准性上取得重要进展。

11.【参考答案】×

【解析】“会议确定”常用于对人、财、物以及各项标准等可量化的事项，以及具体的工作任务予以明确。

12.【参考答案】×

【解析】根据《中华人民共和国保密法》第十二条规定，机关、单位负责人及其指定的人员为定密责任人，负责本机关、本单位的国家秘密确定、变更和解除工作。

13.【参考答案】√

【解析】职能制的优点是各部门业务专一，责任明确，有利于建立有效的工作秩序，提高行政效率。

14.【参考答案】√

【解析】参见修订后的《中华人民共和国政府信息公开条例》第五十三条。

15.【参考答案】√

【解析】参见《党政领导干部考核工作条例》第二十一条。

16.【参考答案】×

【解析】信访人对复核意见不服，仍然以同一事实和理由提出投诉请求的，各级党委和政府信访部门和其他机关、单位不再受理。

17.【参考答案】√

【解析】《中华人民共和国行政许可法》第二十四条规定，行政机关在其法定职权范围内，依照法律、法规、规章的规定，可以委托其他行政机关实施行政许可。委托机关应当将受委托行政机关和受委托实施行政许可的内容予以公告。

18.【参考答案】×

【解析】报告适用于向上级机关汇报工作、反映情况，回复上级机关的询问。请示适用于向上级机关请求指示、批准。请示的目的在于请上级批准并给予明确的答复，要求“一文一事”。两者不能混用。故本题判断错误。

19.【参考答案】×

【解析】安与危、存与亡、治与乱都是矛盾着的双方，它们会在一定条件下相互转化。因此，这句话启示我们矛盾双方会在一定条件下相互转化。故本题说法错误。

20.【参考答案】×

【解析】《中华人民共和国行政许可法》第八条第二款规定，行政许可所依据的法律、法规、规章修改或者废止，或者准予行政许可所依据的客观情况发生重大变化的，为了公共利益的需要，行政机关可以依法变更或者撤回已经生效的行政许可。

四、案例分析题

1.【参考答案】

（1）【参考答案】ABCD

【解析】新《公务员法》第十六条规定，下列人员不得录用为公务员：因犯罪受过刑事处罚的；被开除中国共产党党籍的；被开除公职的；被依法列为失信联合惩戒对象的。此外，第 13 条公务员应当具备的条件规定，公务员要具有正常履行职责的身体条件和心理素质；因此 ABCD 都不可以。答案 E 是混淆项。

（2）【参考答案】C

【解析】《税务系统新录用公务员初任培训管理办法（施行）》第 10 条规定，初任培训对象分为以下两类，实施分类培训：（一）具有财税类专业学位或拥有注册会计师证书、税务师等财税类职业资格证书的人员（A 类）。（二）不具有财税类专业学位的新录用人员、军队转业干部及其他人员（B类）。第16条规定，初任培训采取脱产集中培训、岗位实训、网络自学相结合的方式，分类分阶段组织实施。脱产集中培训由省局教育部门组织实施。A类人员集中培训时间不少于60天，B类人员集中培训时间不少于75天。小李是会计系毕业，因此答案选C。

（3）【参考答案】D

【解析】根据《公务员法》第三十四条，新录用的公务员试用期为一年。试用期满合格的，予以任职；不合格的，取消录用。因此，小王在试用期内不参加年度考核，不确定等次，根据工作表现确定“合格”或“不合格”。

（4）【参考答案】CDE

【解析】根据《税务系统新录用公务员初任培训管理办法》第十五条，新录用公务员应在试用期内完成初任培训，因特殊情况不能按时参加的，经所在省税务局人事部门批准可以延迟，故A错误；第二十条，初任培训集中脱产培训期间，应及时设立临时党支部和党小组，规范开展主题党日、“三会一课”等组织生活，故B错误；第二十四条，学员初任培训期间，通过初级会计师资格证、税务师、注册会计师等职业资格考试的，可予以适当加分。因此C正确；第二十二条，初任培训考核成绩作为新录用公务员试用期考核、定级的主要依据。初任培训考核不合格者，不予按期转正定级。因此D正确；第五条，省税务局人事部门负责确定年度参加初任培训人员，负责将本省学员个人初任培训考核成绩导入数字人事管理系统个人成长账户。故E正确。

（5）【参考答案】A

【解析】以上活动均违反相关规定。

2.（1）【参考答案】D

【解析】结合实际创新党支部设置形式，使党的组织和党的工作全覆盖。为期6个月以上的工程、工作项目等，符合条件的，应当成立党支部。

（2）【参考答案】A

【解析】党支部委员会是党支部日常工作的领导机构。

（3）【参考答案】C

【解析】党支部党员大会是党支部的议事决策机构，由全体党员参加，一般每季度召开1次。

（4）【参考答案】ABCD

【解析】党支部党员大会的职权是：听取和审查党支部委员会的工作报告；按照规定开展党支部选举工作，推荐出席上级党代表大会的代表候选人，选举出席上级党代表大会的代表；讨论和表决接收预备党员和预备党员转正、延长预备期或者取消预备党员资格；讨论决定对党员的表彰表扬、组织处置和纪律处分；决定其他重要事项。

（5）【参考答案】BCD

【解析】党支部应当严格执行党的组织生活制度，经常、认真、严肃地开展批评和自我批评，增强党内政治生活的政治性、时代性、原则性、战斗性。

五、论述题

【参考答案】

（1）建设充分开放的全国统一大市场，是建设高标准市场体系、构建高水平社会主义市场经济体制的必然选择，也是构建新发展格局的基础支撑和内在要求，更是参与国际竞争的重要依托。有利于推动国内市场与国际市场更好联通，促进要素跨境自由有序安全便捷流动，形成对全球先进资源要素的强大引力场。

（2）建设充分开放的全国统一大市场，将有效市场和有为政府结合起来，促进技术创新和产业转型升级，实现中国高质量发展，增强中国在全球产业链中的影响力竞争力，培育参与国际竞争合作新优势。

（3）建设充分开放的全国统一大市场，通过更高水平开放，推动国内市场和国际市场更好联通，促进要素跨境自由有序安全便捷流动，更好利用国际国内两个市场、两种资源，以实现国内国际双循环相互促进，让经济全球化更有活力。

（4）建设充分开放的全国统一大市场，营造市场化法治化营商环境，发挥超大市场对全球先进资源要素的强大引力场，让全球共享中国市场发展壮大的红利，有利于中国在国际竞争中掌握发展主动权，提高在国际经济治理中的话语权。